JN200572

柴田裕之・訳

NEXUS
A Brief History of Information Networks from the Stone Age to AI
Yuval Noah Harari

ユヴァル・ノア・ハラリ

NEXUS《ネクサス》 情報の人類史

上 人間のネットワーク

河出書房新社

NEXUS 情報の人類史 上――目次

下巻　目次

NEXUS　情報の人類史　上

人間のネットワーク

イツィクに愛をこめて。そして、知恵を愛するすべての人に。
千の夢路に私たちは現実を探す。

プロローグ

私たちは自らの種《しゅ》を「ホモ・サピエンス」と名づけた――「賢いヒト」という意味だ。だが、どれだけその名に恥じぬ生き方をしてきたかは疑わしい。

私たちサピエンスは過去一〇万年間に、たしかに途方もない力を身につけた。私たちの発明や発見や偉業の数々を列挙するだけで、何冊もの本のページが埋まるだろう。だが、力は知恵ではない。そして、一〇万年に及ぶ発明や発見や偉業の後、人類は自ら存亡の機を招いた。自身の力を誤用して、生態系崩壊の危機に瀕《ひん》している。そのうえ、私たちの制御をかいくぐって人類を奴隷化したり絶滅させたりする可能性を持つ、人工知能（ＡＩ）などの新しいテクノロジーをせっせと創り出している。ところがサピエンスは、存亡にかかわるこれらの難題に、団結して取り組もうとはしていない。むしろ、国際的な緊張が高まり、グローバルな協力はますます困難になり、各国は最終兵器を備蓄するばかりで、新たな世界大戦はもはやありえないものには思えない。

もし私たちサピエンスが真に賢いのなら、なぜこれほど自滅的なことをするのか？

より深い次元に話を移すと、私たちはＤＮＡ分子から彼方《かなた》の銀河まで、あらゆるものについて厖大《ぼうだい》な情報を積み上げてきたにもかかわらず、その情報のいっさいをもってしても、「私たちは何者か？」

「何を希求するべきか?」「良い人生とはいかなるものか?」「その人生をどう生きるべきか?」といった、人生にまつわる肝心な問いの答えは得られていないようだ。驚嘆するほどの量の情報を意のままに使えるというのに、遠い祖先と変わらぬほど空想や妄想の虜《とりこ》になりやすい。ナチズムとスターリン主義は、近代以降の社会さえときおり呑《の》み込む集団的狂気の、最近のほんの二例にすぎない。今日《こんにち》の人間のほうが石器時代の人間よりもはるかに多くの情報と力を持っていることに異議を唱える人はいないが、私たちのほうが自分自身とこの世界における自らの役割をよく理解しているかどうかは、およそ定かではない。

私たちはなぜ、いっそう多くの情報と力を獲得するのがこれほど得意でありながら、知恵を身につけるのが格段に下手なのか? 私たちには生まれつき致命的な欠陥があり、そのせいで、自分の手に余る力を追い求めたくなるのだと考えられることが昔から多かった。ギリシア神話では、パエトンが自分は太陽神ヘリオスの息子であることを知り、神聖な出自を証明したくて、太陽の戦車を操縦させてくれるようにヘリオスに乞うた。ヘリオスはパエトンに、太陽の戦車を引く天馬たちを操れる人間はいないと警告した。それでもパエトンが引き下がらなかったので、ヘリオスが折れた。ところが果たして、誇らしげに天空に駆け昇ったパエトンは戦車を御《ぎょ》することができなくなった。戦車は道を逸《そ》れ、草木を炎上させ、数知れぬ生き物を殺し、大地そのものまで焼き尽くしかねぬほどだった。見かねたゼウスがパエトンに雷《いかずち》を見舞った。思い上がったパエトンは、自らも炎に包まれ、流れ星のように地に落ちた。こうして神々は再び天空の支配権を取り戻し、世界を救った。

二〇〇〇年後、産業革命の幕が開き、無数の仕事で機械が人間に取って代わり始めていた頃、ヨハン・ヴォルフガング・フォン・ゲーテは、「魔法使いの弟子」という題の、同様の教訓的な作品を発表している。このゲーテの詩（後に、ミッキーマウスを主役とするウォルト・ディズニーのアニメーションの形で世に広まった）では、年老いた魔法使いが若い弟子に工房を任せて出掛ける。留守の間にする雑用も言いつけておく。川から水を運んでくることも、その一つだった。弟子は楽をすることにし、魔法使いの呪文を使って、自分の代わりに箒《ほうき》に水を運ばせる。ところが、弟子は箒の止め方を知らなかったから、箒はひたすら水を運んでくるので、このままでは工房は水浸しになる。慌てた弟子は、魔法のかかった箒を斧《おの》で真っ二つにする。すると、そのそれぞれが一本の箒となる。そして、今や魔法のかかった二本の箒が工房を水であふれ返らせる。そこへ老魔法使いが戻ってきたので、弟子は泣きついて助けを求める。「霊を呼び出したところまではよかったのですが、去らせることができません」。魔法使いはただちに呪文を解き、洪水を止める。弟子への――そして、人類への――教訓は明白であり、それは、自分が制御できない力はけっして呼び出すな、ということだ。

　この弟子やパエトンの教訓的な寓話《ぐうわ》は、二一世紀の私たちに何を語っているのだろう？　私たち人間は、彼らの警告に耳を傾けることを明らかに拒んだ。そして、すでに地球の気候のバランスを崩し、魔法をかけられた箒ならぬドローンやチャットボット、その他のアルゴリズムの霊を何十億も呼び出してしまった。それらは私たちの手に負えなくなって、意図せざる結果の大洪水をもたらしかねない。

　だとすれば、私たちはどうするべきなのか？　この二つの寓話は、神か魔法使いに救ってもらうのを待つ以外、何の答えも示してくれない。当然ながら、これははなはだ危険なメッセージだ。責任を放棄し、代わりに神や魔法使いを信じてそれにすがることを人々に促すからだ。そのうえ、神や魔法使い自身も戦車や箒やアルゴリズムとまったく同じで、人間の創造物であることに気づいていないからなお悪い。意図せざる結果を伴う強力なものを生み出す傾向の始まりは、蒸気機関の発明でもＡＩ

の発明でもなく、宗教の発明だった。預言者や神学者たちは、愛や喜びをもたらすはずの強力な霊を呼び出した挙句《あげく》、ときおり世界を流血であふれ返らせてきた。

パエトンの神話とゲーテの詩が有益な助言を提供できないのは、人間がどのようにして力を獲得するかを両者が取り違えているからだ。どちらの寓話でも単一の人間が並外れた力を獲得するものの、その後、傲慢と強欲のせいで道を誤る。私たちはみな心理に欠陥を抱えているために力を濫用するというのが、両者の結論だ。これはまた粗雑な分析であり、人間の力がけっして個人の取り組みの成果ではないことを見落としている。力はつねに、大勢の人間の協力に由来するのだ。

したがって、私たちが力を濫用するのは、各自の心理のせいではない。なにしろ人間は、傲慢さや強欲や残虐さだけでなく、愛や思いやり、謙虚さ、喜びもまた持ちうるのだから。最悪の部類の人間は、たしかに強欲と残虐性に支配され、力の濫用へと導かれる。だが、人間社会はなぜ、よりによって最悪の者たちに権力を託したりするのか？　たとえば、一九三三年のドイツ人のほとんどは、精神病質者《サイコパス》ではなかった。それなのに、なぜ彼らはヒトラーに票を投じたのか？

自分の手に余る力を呼び出す傾向は、個人の心理ではなく、私たちの種に特有の、大勢で協力する方法に由来する。人類は大規模な協力のネットワークを構築することで途方もない力を獲得するものの、そうしたネットワークは、その構築の仕方のせいで力を無分別に使いやすくなってしまっているというのが、本書の核心を成す主張だ。というわけで、私たちの問題はネットワークの問題なのだ。

さらに具体的に言えば、それは情報の問題ということになる。情報はネットワークの一体性を保つ、いわば接着剤だ。だが、サピエンスは、神や魔法をかけた箒、AI、その他じつに多くのものについての虚構や空想や集団妄想を生み出して広めることによって、何万年にもわたって大規模なネットワークを構築し、維持してきた。一人ひとりの人間はたいてい自分や世界についての真実を知ることに関心があるのに対して、大規模なネットワークは虚構や空想に頼ってメンバーを束ね、秩序を生み出す。たとえばナチズムやスターリン主義も、そのようにして誕生した。両者は並外れて強力なネットワークであり、並外れて妄想的な思想によってまとまっていた。ジョージ・オーウェルの有名な言葉にあるとおり、無知は力なり、なのだ（『一九八四年』）。

　ナチス政権とスターリン政権は残虐な空想と恥知らずの嘘《うそ》に基づいていたが、歴史的に見れば、それは例外ではないし、そのせいで崩壊することを運命づけられていたわけでもない。ナチズムとスターリン主義の二つは、人間がこれまでに作り出したネットワークのうちでも屈指の強さを誇った。一九四一年の終わりから翌四二年の初めにかけて、枢軸国は第二次世界大戦での勝利に手が届く所まで行った。最終的にはスターリンがその戦争の勝者となり、[1]一九五〇年代から六〇年代にかけては、彼とその後継者たちは冷戦にも勝利する可能性が十分あった。九〇年代までには自由民主主義陣営が優位に立ったものの、今やそれも一時的な勝利だったように見える。二一世紀には、どこかの新しい全体主義政権がヒトラーやスターリンの轍《てつ》を踏まずに成功し、全能のネットワークを作り出して、将来の世代に政権の嘘や虚構を暴こうという気さえ起こさせないようにすることも考えうる。だから、妄想的なネットワークは失敗する運命にあると決めてかかるべきではない。そうした全体主義政権の勝利を防ぎたければ、私たちは自ら懸命に取り組まなければならない。

情報の素朴な見方

　妄想的なネットワークの強さを正しく認識するのが難しいのは、妄想的なものであろうとなかろうと、大規模な情報ネットワークがどのように機能するかについて、さらに大きな誤解があるからだ。この誤解を一言で言うなら、「情報の素朴な見方」とでもなるだろう。パエトンの神話や「魔法使いの弟子」のような寓話が、個々の人間の心理について過度に悲観的な見方を示しているのに対して、情報の素朴な見方は、大規模な人間のネットワークについて過度に楽観的な見方を流布する。

　素朴な見方によれば、大規模なネットワークは個人にはとうてい望めないほど多くの情報を集めて処理することで、医学や物理学や経済学をはじめ、数多くの分野の理解を深めることが可能であり、そのおかげでネットワークは強力になるばかりか、賢くもなるという。たとえば製薬会社や医療サービスは、病原体についての情報を集めれば、多くの病気の本当の原因を突き止め、前よりもよく効く薬を開発し、その使い方に関してもっと賢明な判断を下せるようになるわけだ。この見方は、情報は十分な量があれば真実につながり、その真実がさらに力と知恵の両方につながるとしている。それに対して、無知は何にもつながらないらしい。妄想的なネットワークや人を欺くネットワークは、歴史的な危機に際してときおり現れることがあるかもしれないが、長い目で見れば、より明敏で正直な競争相手に必ず敗れる。病原体についての情報を無視する医療サービスや偽情報を意図的に広める巨大製薬会社は、情報をもっと賢く利用する競争相手にけっきょくは取って代わられるというのだ。このように素朴な見方に従えば、妄想的なネットワークは異常な例外に違いなく、大規模なネットワークはたいてい、力を賢く扱えると考えていいことになる。

情報の素朴な見方

もちろん素朴な見方も、情報から真実への途上でさまざまな問題が起こりうることは認める。私たちは、情報を集めたり処理したりしているときに、うっかり間違いを犯すこともあるだろう。悪意を抱いた人物が強欲や憎悪に突き動かされて、重要な事実を隠したり、私たちを騙《だま》そうとしたりするかもしれない。その結果、情報は真実ではなく誤りにつながる場合もある。たとえば、不完全な情報や杜撰《ずさん》な分析、あるいは偽情報を拡散する組織的運動のせいで、専門家さえもが特定の病気の真の原因を取り違えかねない。

とはいえ、情報の収集と処理に際して私たちが出くわす問題の大半は、なおいっそう情報を集めて処理することで解決できると、素朴な見方は決めつける。私たちはけっして誤りを犯さなくなることはないが、たいがいは、情報が多いほど正確さも増すというのだ。たしかに、たった一人の医師がたった一人の患者を診察するだけで感染症の原因を突き止めようとしても、何千もの医師が何百万もの患者のデータを集めた場合ほどうまくはいかないだろう。そして、医師たち自身が結託して真実を隠しても、一般大衆や調査報道ジャーナリストが医療についての情報を自由に手に入れやすくすれば、いずれその陰謀は暴かれる。この見方に従えば、情報ネットワークは大きいほど真実に近づくに違いないことになる。

当然ながら、たとえ情報を正確に分析して重要な真実を発見しても、それによって得られた可能性を賢く活用できるという保証はない。知恵は普通、「正しい決定を下すこと」を意味すると思われているが、何をもって「正しい」とするかは価値判断の問題であり、多様な民族や文化やイデオロギーの間でその判断は分かれる。新しい病原体を発見した科学者たちは、ワクチンを開発して人々を守るかもしれない。だが、もしその科学者たち――あるいは、彼らを支配する政治権力者――が人種主義的なイデオロギーを信じていて、そのイデオロギーが、特定の人種は劣等であり、根絶されるべきだという考えを提唱していたら、その新しい医学の知識は何百万もの人の命を奪うような生物兵器の開発に使われかねない。

この場合にも、情報の素朴な見方によれば、以下のようになる。さらに情報を集めれば少なくとも部分的な対策が得られる。価値についての意見の相違は、詳しく調べてみれば、情報の不足あるいは意図的な偽情報のせいであることが判明する。人種主義者は情報不足であり、生物学と歴史の事実を知らないだけだ。彼らは、「人種」は確かな根拠に基づく生物学的カテゴリーだと考えており、でっち上げの陰謀論によって洗脳されている。したがって、人種主義への対策は、人々に生物学的事実や歴史的事実をさらに提供することだ。時間はかかるかもしれないが、情報の自由市場では、遅かれ早かれ真実が勝利する。

もちろん素朴な見方は数段落では説明し切れないほど意味深長で思慮に富むが、情報は本質的に良いものであり、多ければ多いほど良いというのが、その核心にある信条だ。私たちは十分な情報と十分な時間を与えられれば、ウイルスの感染から人種主義的な偏見まで、さまざまなことについての真実を必ず発見し、自らの力を伸ばすだけではなく、その力をうまく使うのに必要な知恵も発達させることができるというわけだ。

この素朴な見方は、いっそう強力な情報テクノロジーの追求を正当化し、コンピューター時代とインターネットの半ば公式のイデオロギーとなってきた。ベルリンの壁が崩れ、鉄のカーテンが消滅する数か月前の一九八九年六月、当時アメリカの大統領だったロナルド・レーガンは次のように宣言した。「全体主義による支配というゴリアテが、マイクロチップというダビデによってすみやかに打ち倒されるだろう」。そして、「ビッグ・ブラザー〔訳註：ジョージ・オーウェルの『一九八四年』で全体主義国家オセアニアを統治する独裁者〕の類いでも最大のビッグ・ブラザーは、通信技術に対してしだいに無力化しつつある。［……］情報は現代における酸素だ。［……］上に有刺鉄線を張った壁を透過する。電流が流れ、爆弾が仕掛けてある国境の上をふわりと越える。電子ビームのそよ風は、鉄のカーテンがまるでレースであるかのように吹き抜ける」(2)。二〇〇九年一一月、当時の大統領バラク・オバマは、上海《シャンハイ》を訪問したときに同じような調子で中国の首脳陣にこう語った。「私は大のテクノロジー信奉者であり、また、情報の流れに関しては大の開放性信奉者でもあります。情報が自由に流れれば流れるほど、社会は強靭《きょうじん》になると考えています(3)」

起業家や企業もこれまで、情報テクノロジーについて同じようなバラ色の見方を示すことが多かった。すでに一八五八年には、電信の発明についての「ニューイングランダー」誌の論説にこうある。「そのような装置が、世界のあらゆる国家間での意見交換のために開発された今、昔ながらの偏見や敵意はもはや生き残れないだろう(4)」。それから二世紀近くが過ぎ、二つの世界大戦を経た後、マーク・ザッカーバーグは、フェイスブック社（現メタ社）の目的は「世界をより開かれた場所にするために人々がより多くを分かち合うのを助け、人々の間の理解促進を後押しすることだ」と述べた(5)。

有名な未来学者で起業家のレイ・カーツワイルは、二〇二四年の著書『シンギュラリティはより近く』で情報テクノロジーの歴史を見渡し、「テクノロジーが飛躍的な進歩を遂げているおかげで、生活のほとんどすべての面がしだいに改善しているというのが現実だ」と結論している。彼は人類の長大な歴史を振り返り、印刷機の発明などの例を挙げ、情報テクノロジーはまさにその性質上、「好循環」を引き起こす傾向にあり、「識字、教育、豊かさ、公衆衛生、健康、民主化、暴力の削減などを含む、人間生活の健全性のほぼすべての面を向上させる」と主張する。(6)

情報の素朴な見方を最も簡潔に捉えたのは、「世界の情報を整理して、普遍的にアクセス可能で有用なものにする」というグーグルの企業理念かもしれない。ゲーテの警告に対するグーグルの回答は、以下のようになる。たった一人の弟子が師の秘密の呪文の本を盗んだら惨事を招く可能性が高いが、大勢の弟子が世界のあらゆる情報に自由にアクセスできれば、魔法をかけて有用な箒をいくつも生み出すだけではなく、それらを賢く扱う術《すべ》も学ぶだろう。

グーグルvs.ゲーテ

これは強調しておかなければならないが、より多くの情報を手に入れることで現に人間がこの世界の理解を深め、自分の力をより賢く使えるようになった事例は多数ある。たとえば、小児死亡率の劇的な低下を考えてほしい。ヨハン・ヴォルフガング・フォン・ゲーテは長男で、六人の弟妹がいたが、七歳の誕生日を祝えたのは彼と妹のコルネリアだけだった。弟のヘルマン・ヤーコプは六歳、妹のカタリナ・エリザベートは四歳、妹のヨハンナ・マリアは二歳、弟のゲオルク・アドルフは八か月で、それぞれ病気で亡くなり、残る一人の名もない弟は死産だった。その後、コルネリアは二六歳で病没し、一家で生き延びた子供はヨハン・ヴォルフガングだけとなった。(7)

ヨハン・ヴォルフガング・フォン・ゲーテは、やがて五人の子供をもうけたが、長男のアウグスト以外は全員、生後二週間以内に亡くなっている。死因は十中八九、ゲーテと妻のクリスティアーネの血液型の不一致で、第一子は無事に出産できたものの、その後クリスティアーネは胎児の血液への抗体が体内にできたのだろう。「Rh式血液型不適合」と呼ばれるこの症状は今日では効果的に治療できるので、死亡率は二パーセント未満だが、一七九〇年代には平均死亡率は五〇パーセントで、ゲーテの第二子以下四人にとっては死刑宣告に等しかった(8)。

一八世紀後半のドイツの家庭としては裕福だったゲーテ一家の小児生存率は、二代合わせて二五パーセントと悲惨だった。誕生した一二人の子供のうち、成人できたのはわずか三人だ。だが、このぞっとするような統計は、けっして例外ではなかった。ゲーテが「魔法使いの弟子」を書いた一七九七年当時、ドイツで一五歳まで生きる子供は約半数にすぎなかったと推定されている(9)。世界の大半の場所でも、おそらく同じだっただろう(10)。それが二〇二〇年には、全世界で九五・六パーセントの子供が一五歳の誕生日を迎え(11)、ドイツではその数字は九九・五パーセントに達していた(12)。この画期的な成果は、血液型などのさまざまな事柄に関する厖大な医学的データを集め、分析し、共有しなければ得られなかっただろう。というわけで、この場合には情報の素朴な見方は正しかったわけだ。

とはいえ、情報の素朴な見方は全体の一部しか見ておらず、近代以降の歴史は小児死亡率の削減だけにはとうていとどまらなかった。人類は近年、数世代にわたって、情報生産の量とスピードの両方でかつてないほどの増加を経験してきた。どのスマートフォンにも、古代のアレクサンドリア図書館の蔵書を上回る量の情報が入っているし(13)、ユーザーは一瞬のうちに世界中の何十億という人とつながることができる。ところが、これだけの情報が息を吞むようなスピードで行き交っているのにもかかわらず、人類はこれまでにないほど自滅に近づいている。

私たちは大量のデータを貯《た》め込んだというのに、あるいは貯め込んだせいだろうか、相変わらず温室効果ガスを大気中に放出し、海や川を汚染し、森林を伐採し、さまざまな生物の生息環境をまるごと破壊し、無数の種を絶滅に追い込み、自分自身の種の生態学的な基盤を危険にさらし続けている。そしてまた、水素爆弾から人類を滅亡させかねないウイルスまで、ますます強力な大量破壊兵器も製造している。各国の指導者は、こうした危険についての情報には事欠かないが、協働して解決策を見つける代わりに世界戦争にじりじりと近づいている。

いっそう多くの情報を手に入れれば、状況は良くなるのか――それとも悪くなるのか？　まもなくわかるだろう。多くの企業や政府が、史上最強の情報テクノロジー、すなわちＡＩを開発しようと先を争っている。一流の起業家のうちには、アメリカの投資家マーク・アンドリーセンのように、ＡＩがついに人類の問題をすべて解決するだろうと信じている人もいる。二〇二三年六月六日、アンドリーセンは「ＡＩが世界を救う理由」と題する小論を発表した。それには、「良いことをお知らせしよう。ＡＩは世界を破壊したりはしない。それどころか、世界を救うかもしれない」「ＡＩは、私たちが大切に思っているものをすべて改善できる」といった大胆な発言がちりばめられていた。彼は、こう締めくくっている。「ＡＩの開発と普及は、私たちが恐れるべきリスクには程遠く、自らや子供たちや未来にとっての道徳的義務なのだ[14]」

レイ・カーツワイルも同意見であり、『シンギュラリティはより近く』で次のように主張している。「ＡＩは、病気や貧困、環境悪化、人間のあらゆる弱点の克服といった、私たちが直面している差し迫った難題に対処することを可能にしてくれる、肝心要《かんじんかなめ》のテクノロジーだ。この新しい有望なテクノロジーを実現させることは、私たちの道徳的な責務だ」。カーツワイルはテクノロジーの潜在的な危険性を痛感しており、その危険性を詳しく分析しているが、それらは首尾良く軽減しうると考えている[15]。

一方、懐疑的な人もいる。哲学者や社会学者だけではなく、ヨシュア・ベンジオやジェフリー・ヒントン、サム・アルトマン、イーロン・マスク、ムスタファ・スレイマンら、多くの一流のＡＩ専門家や起業家は、ＡＩが私たちの文明を破壊しうることを世間一般に警告してきた[16]。ベンジオやヒントンをはじめ多くの専門家が共同で執筆した二〇二四年の論文は、「野放図なＡＩの発達は最終的に、人命と生物圏の大規模な喪失や、人類の疎外あるいは絶滅にさえつながりかねない」ことを指摘した[17]。ＡＩ研究者二七七八人を対象とした二〇二三年の調査では、回答者の三分の一超が、最悪の場合、高度なＡＩが人類の絶滅という悲惨な結果につながる可能性を最低でも一〇パーセントと見積もった[18]。同年には、中国、アメリカ、イギリス、日本を含む三〇近い国の政府が、ＡＩに関する「ブレッチリー宣言」に署名した。その宣言は、「これらのＡＩモデルの最も重大な能力から、意図的な、あるいは意図せぬ、深刻な、壊滅的でさえある害が生じる可能性がある」ことを認めるものだった[19]。専門家や政府は、そのような終末論的な言葉を使いはしたが、叛乱《はんらん》を起こしたロボットが市街を駆け回って人々を銃撃するといったハリウッド映画のような場面を思い起こさせるつもりはない。そうした展開は現実になりそうになく、人々の注意を真の危険から逸らすだけだ。専門家たちはむしろ、以下のような二つの別の筋書きについて警告する。

第一に、ＡＩの力のせいで既存の人間の対立が激化し、人類が分裂して内紛を起こしかねない。二〇世紀には冷戦で鉄のカーテンが世界を競合する陣営に分断したのとちょうど同じように、二一世紀には有刺鉄線ではなくシリコンチップとコンピューターコードでできたシリコンのカーテンが、競合する陣営を分断して新しいグローバルな対立に陥れるようになるかもしれない。ＡＩの軍拡競争はしだいに破壊力の大きい武器を生み出すだろうから、ほんの小さな火花が散っただけで破滅的な大火災が起こりかねない。

第二に、シリコンのカーテンは人間どうしを対立する陣営に分断するのではなく、全人類をＡＩという新しい支配者から隔てるようになるかもしれない。私たちはどこで暮らしていようと、人知を超えたアルゴリズムの網によって繭のようにすっぽり覆われ、アルゴリズムによって生活を管理され、政治と文化を作り変えられ、自分の身体と心までも設計し直される一方、自分を支配している力をもはや止めることはもとより、理解することもできないような事態に陥るかもしれない。もし二一世紀の全体主義のネットワークが世界征服に成功すれば、そのネットワークを動かすのは人間の独裁者ではなく人間以外の知能かもしれない。全体主義の悪夢の主要な源泉として中国やロシア、あるいはポスト民主主義のアメリカを挙げる人は、この危険を見誤っている。実際には、中国人もロシア人もアメリカ人も、他のすべての人間とともに、人間以外の知能の全体主義的な潜在能力に揃《そろ》って脅かされているのだ。

その危険の大きさを踏まえると、ＡＩは全人類の関心事でなければならない。誰もがＡＩの専門家になれるわけではないにしても、私たちはみな、ＡＩが自ら決定を下したり新しい考えを生み出したりすることのできる史上初のテクノロジーであるという事実を肝に銘じるべきだ。従来の人間の発明はすべて、人間に力を与えた。なぜなら、新しいツールがどれほど強力でも、その用途の決定権はつねに私たちの手中にとどまっていたからだ。ナイフや爆弾は、誰を殺すかを自ら決めることはない。それらは愚かなツールであり、情報を処理して自主的に決定を下すのに必要な知能を欠いている。それとは対照的に、ＡＩは自ら情報を分析するのに求められる知能を持っており、したがって意思決定で人間に取って代わることができる。ＡＩはツールではない――行為主体なのだ。

ＡＩは情報を使いこなせるので、音楽から医学まで、さまざまな分野で自主的に新しい考えを生成することもできる。蓄音機は音楽を聞かせてくれたし、顕微鏡は私たちの細胞の秘密を明らかにしてくれたが、蓄音機には新しい交響曲を作曲することはできなかったし、顕微鏡には新しい薬を合成することができなかった。一方、ＡＩはすでに自ら芸術作品を創作したり科学的発見を成し遂げたりすることができる。今後数十年のうちには、遺伝子コードを書くか、非有機的な存在に生命を与える非有機的なコードを発明するかして、新しい生命体を創造する能力さえ獲得する可能性が高い。

ＡＩ革命がまだ初期段階にある現時点でも、コンピューターは私たちについてすでに決定を下している。住宅ローンを組むことを認めるかどうか、仕事に雇うかどうか、刑務所に送るかどうかといった決定だ。この傾向は強まり、加速する一方だろう。そのため、私たちは自分の生活を理解するのがいっそう難しくなる。私たちはコンピューターアルゴリズムを信頼し、賢い決定を下してより良い世界を生み出してもらえると思って、安心していいのだろうか？　それは、魔法をかけた箒が水を運んでくれることを当てにするよりもはるかに危険な賭けだ。そして、私たちが賭けているのは人間の命だけではない。ＡＩは、サピエンスの歴史の道筋ばかりか、あらゆる生命体の進化の道筋さえも変えかねないのだから。

情報を武器化する

私は二〇一六年に『ホモ・デウス』を刊行した〔訳註：邦訳単行本は二〇一八年刊行〕。それは、新しい情報テクノロジーが人間にもたらす危険をいくつか際立たせる本だ。歴史の真の主人公はこれまでつねにサピエンスよりもむしろ情報だったこと、そして科学者はしだいに、歴史だけではなく生物や政治や経済も情報の流れという観点から理解するようになってきていることを、私は同書で論じた。動物も国家も市場もすべて情報ネットワークであり、環境からデータを吸収し、決定を下し、今度は環境へとデータを発している。情報テクノロジーが進歩すれば健康や幸福や力が得られることを私たちは望んでいるものの、じつは情報テクノロジーは私たちから力を奪い去り、私たちの心身両方を蝕《むしば》むかもしれないと、私は警告した。そして、用心を怠ったなら、私たち人間は急流に呑まれた土塊《つちくれ》のように、データの奔流に溶けて消えかねないし、俯瞰《ふかん》的に見れば、人類など広大無辺なデータフローの中の小波《さざなみ》にすぎなかったということになるという仮説を立てた。

『ホモ・デウス』が出版されてからの年月に、変化のペースは速まるばかりで、力は現に人間からアルゴリズムへと移り続けてきた。アルゴリズムが芸術作品を創作する、人間になりすます、私たちの人生にかかわるきわめて重大な決定を下す、私たちが自分について知っている以上に私たちのことを知るといった、二〇一六年にはＳＦのようにしか聞こえなかった筋書きの多くが、二〇二四年には日常の現実となった。

二〇一六年以降に変化したことは、他にも多々ある。生態系の危機が深刻になり、国際的な緊張が高まり、大衆迎合主義《ポピュリズム》の波が確固たる民主主義国においてさえ人々の団結を損なってきた。ポピュリズムは、情報の素朴な見方にも激しく挑んできた。ドナルド・トランプやジャイール・ボルソナーロのような指導的立場にあるポピュリストと、Qアノンやワクチン反対派のようなポピュリズム運動や陰謀論によれば、情報を集めて真実を発見すると称することで権威を獲得する伝統的な機関はすべて、嘘をついているにすぎないということになる。官僚や裁判官、医師、主流のジャーナリスト、学識経験者は、みなエリートの陰謀団に属しており、真実には何の関心もなく、「人民」を犠牲にして自らが権力と特権を得るために意図的に偽情報を広めているのだそうだ。トランプのような政治家やQアノンのような運動の台頭には、二〇一〇年代後半のアメリカの状況ならではの、特別な政治背景がある。だが、反体制の世界観としてのポピュリズムは、トランプのはるか前にまでさかのぼるし、現在と将来の他の無数の歴史状況に関連している。一言で言えば、ポピュリズムは情報を武器と見ているのだ[20]。

情報 ──→ 力

情報のポピュリスト的な見方

極端なポピュリズムは、客観的な真実などというものはまったく存在せず、誰もが「その人独自の真実」を持っていると断定する。人々はその真実を使って競争相手たちを倒す。この世界観によれば、以下のようになる。力こそが唯一の現実だ。社会的なかかわり合いはすべて権力闘争であり、それは人間は力にしか関心がないからだ。真実や正義といった、何か他のことに関心があると主張するのは、力を得るための策略以外の何物でもない。情報は武器であるという見方を広めるのにポピュリズムが成功する場合には、いつであれどこであれ、言語そのものが損なわれる。「事実」という名詞や、「正確な」「真実の」などの修飾語の意味があやふやになる。そうした単語は、共通の客観的現実を指し示すものとは受け止められない。むしろ、誰かが「事実」や「真実」について語ると必ず、少なくとも一部の人は「誰の事実や誰の真実について話しているのか？」と問うことになる。

これは強調しておかなければならないが、このように力に焦点を合わせ、はなはだ懐疑的な目で情報を見るのは、新しい現象でもなければ、ワクチン反対派や地球平面説の信奉者、ボルソナーロ支持者やトランプ支持者が思いついたことでもない。同じような見方は、二〇一六年のアメリカ大統領選挙よりもはるか前に広まっており、とりわけ頭の切れる人々のうちにも、その見方を拡散させる者がいた。[21]たとえば、二〇世紀後半にはミシェル・フーコーやエドワード・サイードといった過激な左派の知識人は、診療所や大学などの科学的機関は永遠の客観的真実を追求してはおらず、資本主義や植民地主義のエリートたちのために、何が真実のうちに入るのかを権力を使って決めていると主張した。こうした過激な批判者は、「科学的事実」は資本主義や植民地主義の「言説」にすぎず、権力を握っている人は真実に心から関心を抱くことは金輪際ありえず、自らの間違いを認めて正すこともけっして見込めないとまで主張することがあった。[22]

この種の過激な左派の考え方は、カール・マルクスまでさかのぼる。マルクスは一九世紀半ばに、力こそが唯一の現実で、情報は武器であり、真実と正義のために尽くしていると称するエリートはじつは自分の階級だけの特権を追求していると主張した。一八四八年の『共産党宣言』には、こう書かれている。「これまでのあらゆる社会の歴史は階級闘争の歴史である。自由民と奴隷、貴族と平民、領主と農奴、ギルドの親方と職人、すなわち虐げる者と虐げられる者とが、常時真っ向から対立し、ときには隠然と、ときには公然と、絶えることのない闘いを繰り広げてきた」。この二項対立の歴史解釈によれば、人間どうしのかかわりはすべて、虐げる者と虐げられる者との権力闘争ということになる。したがって、誰かが何か言ったときにはいつも、問うべきなのは、「何が言われているのか？それは真実か？」ではなく、「誰がそう言っているのか？　それは誰の特権に資するのか？」だ。

当然ながら、トランプやボルソナーロのような右派のポピュリストたちがフーコーやマルクスを読んでいるとは思えないし、実際彼らは猛烈な反マルクス主義者という顔をする。課税や福祉といった分野では、マルクス主義から大きく掛け離れた政策も打ち出す。だが、社会や情報についての基本的な見方は驚くほどマルクス主義的であり、彼らも人間どうしのあらゆるかかわりを、虐げる者と虐げられる者との権力闘争と見なす。たとえばトランプは二〇一七年の大統領就任演説で、「我が国の首都のごくわずかな人々が政府の恩恵に浴してきたのに対して、人民がそのコストを担ってきた」と言い切った。[23]そのような言説はポピュリズムの定番だ。政治学者のカス・ミュデはポピュリズムのことを、「社会は『高潔な人民』と『腐敗したエリート』という二つの、それぞれ同質で互いに対立する集団に最終的に分けられると考えるイデオロギー」というふうに説明している。[24]メディアは資本家階級の代弁者として機能し、大学などの科学的機関は資本家による支配を永続させるために偽情報を広めるとマルクス主義者が主張したのとちょうど同じように、ポピュリストは、そうした機関が「人民」を犠牲にして「腐敗したエリート」の利益を増進するために働いていると非難する。

今日のポピュリストも、過去何世代にもわたって過激な反体制運動につきまとってきたのと同じ一貫性の欠如という問題を抱えている。もし力こそが唯一の現実で、情報は武器にすぎないのなら、ポピュリスト自身はどうなるのか？　彼らも力だけにしか関心がなく、力を獲得するために私たちに嘘をついているのか？

ポピュリストは、二つの異なる方法でこの難問から抜け出そうとしてきた。一部のポピュリズム運動は、現代科学の理想と昔ながらの懐疑的な経験主義を遵守すると主張する。だからこそ、権威ある機関や人物は、ポピュリストを自称する政党や政治家も含めて、けっして信頼するべきではないと人々に言う。権威を信頼する代わりに、「自分で調査し」、我が目で直接確認できるものだけを信頼するべきなのだ[25]。この過激な経験主義の観点に立てば、政党や裁判所、新聞社、大学といった大規模な機関は絶対に信頼できないものの、各個人が努力を惜しまずに調べれば、依然として自ら真実を見つけ出せることになる。

このアプローチは科学的に聞こえるかもしれないし、自由な精神を持った人の心には訴えるかもしれないが、それを採用すると、人間のコミュニティがどうしたら協力して医療制度を構築したり、環境規制を成立させたりすることができるかという問題は未解決になる。なぜなら、そうした制度や規制には、目的を共有する大規模な機関が求められるからだ。地球の気候が温暖化しているかどうかや、それについて何をするべきかを判断するために必要な調査をすべて行なうことが、一個人に可能だろうか？ 過去何世紀にもわたって信頼できる記録を手に入れることはもとより、世界中の気候データを集めることにまで、一個人がどう取り組めばいいというのか？ 「自分自身による調査」だけを信頼するというのは科学的に聞こえるかもしれないが、それは現実には、客観的な真実などないと信じることに等しい。第4章で見るように、科学は個人的な探究ではなく、共同で行なう組織的な努力なのだ。

ポピュリストのもう一つ別の解決法は、「調査」を通して真実を見つけるという現代科学の理想を放棄し、代わりに、神の啓示や神秘主義に立ち戻るというものだ。キリスト教やイスラム教やヒンドゥー教などの伝統的な宗教ではたいてい、人間は力に飢えた信頼できない生き物であり、神知の介入のおかげによってのみ真実にアクセスできるとされる。二〇一〇年代から二〇年代の初めにかけて、ブラジルからトルコ、アメリカからインドまで、さまざまな国でポピュリスト政党はそのような伝統的宗教に同調してきた。それらは、現代の制度や機関についての過激な疑念を並べ立てる一方、古代の聖典に対する全幅の信頼を宣言してきた。「ニューヨーク・タイムズ」紙や「サイエンス」誌の記事は、力を獲得しようとするエリートたちの策略の道具にすぎないが、聖書やクルアーン（コーラン）やヴェーダ〔訳註：インド最古の聖典〕に書かれていることは絶対的な真実だとポピュリストは主張する。[26]

同じテーマの別バージョンは人々に、トランプやボルソナーロのようなカリスマ的な指導者を信用するように求める。そうした指導者は、神の使者、[27]あるいは「人民」と神秘的な絆《きずな》で結ばれた人物として支持者に受け止められる。普通の政治家は自らが権力を獲得するために人民に嘘をつくが、カリスマ的な指導者は人民の不可謬《ふかびゅう》の（つまり絶対間違いのない）代弁者であり、あらゆる嘘を暴くという。[28]ポピュリズムにつきまとう矛盾はいくつもあるが、エリートは誰もが権力に対する危険な渇望に駆り立てられていると私たちに警告することから始めておきながら、けっきょく、あらゆる権力をたった一人の野心的な人間に委ねてしまう場合が多いというのも、その矛盾の一つだ。

ポピュリズムについては第5章で掘り下げるとして、この段階では次の点を指摘しておくことが重要だ。生態系の崩壊や世界戦争や制御不能のテクノロジーという、存亡にかかわる難題の数々に人類が直面しているまさにそのときに、ポピュリストたちは大規模な制度や機関、国際協力への信頼を損なっている。彼らは人間の複雑な制度や機関を信頼する代わりに、パエトンの神話や「魔法使いの弟子」と同じ助言を私たちに与える。「神あるいは偉大な魔法使いを信頼し、安心するといい。彼らが乗り出してきて、万事を正して元どおりにしてくれるから」と。もしこの助言に従えば、私たちは当面、権力に飢えた最悪の種類の人間の言いなりになり、やがては新しいＡＩという支配者に牛耳られることになりそうだ。あるいは、地球が荒れ果てて人間の生存に適さなくなり、私たちはすっかり姿を消してしまうかもしれない。

もしカリスマ的な指導者や人知を超えたＡＩに力を譲り渡すのを避けたいのなら、私たちはまず、情報とは何かや、人間のネットワークを構築するのに情報がどう役立つかや、情報が真実と力にどのように関連しているかをもっとよく理解しなければならない。ポピュリストたちが情報の素朴な見方に懐疑的なのは正しいが、力こそが唯一の現実で情報はつねに武器であると考えるのは間違っている。情報は真実の原材料ではないが、ただの武器でもない。これら二つの極端な見方の間には、人間の情報ネットワークや、力を賢く扱う私たちの能力についての、もっと微妙なニュアンスを含む、希望に満ちた見方が入り込む余地がある。本書は、そのような中道を探究することに捧げられている。

今後の道筋

本書の第Ｉ部では、人間の情報ネットワークがたどってきた発展の歴史を概観する。もっとも、文字体系や印刷機、ラジオといった情報テクノロジーを広範にわたって一世紀ずつ詳しく説明するつもりはない。そうする代わりに、いくつかの事例を調べることによって、あらゆる時代の人が情報ネットワークを構築するときに直面した主なジレンマを探り、それらのジレンマにどのような回答を出すかによって、大きく異なる人間社会が形作られてきた経緯を考察する。私たちが通常はイデオロギーの争いや政治的争いと考えるものは、じつは対立する種類の情報ネットワークの衝突であることが多い。

第I部ではまず、人間の大規模な情報ネットワークにとってこれまで不可欠だった二つの要因、すなわち神話と官僚制を考察する。第2章と第3章では、古代の王国から今日の国家まで、大規模な情報ネットワークが神話作者と官僚の両方にどのように頼ってきたかを説明する。たとえば、聖書に収録された物語はキリスト教会にとって不可欠だったが、もし教会の官僚たちがこれらの物語を選別し、編集し、広めていなければ、聖書は存在していなかっただろう。人間のどのネットワークにとっても厄介なのは、神話作者と官僚がそれぞれ異なる方向に進みたがる傾向にあるというジレンマだ。制度や機関や社会は、それが自らの神話作家と官僚の対立するニーズの間にどのようなバランスを見つけることができるかで特徴が決まることが多い。キリスト教会そのものも、カトリック教会とプロテスタント教会のような競合する教会に分裂し、それぞれが神話と官僚制の間に独自のバランスを見出《みいだ》した。

続く第4章では、誤情報の問題と、独立した裁判所や専門家の査読のある科学雑誌のような自己修正メカニズムを維持することの利点と欠点に焦点を当てる。そしてこの章では、弱い自己修正メカニズムに頼ってきたカトリック教会のような機関と、強い自己修正メカニズムを発展させた科学の各専門分野の学会などの機関とを比較する。弱い自己修正メカニズムは、近世のヨーロッパで行なわれた魔女狩りのような歴史的惨事を招くことがあるのに対して、強い自己修正メカニズムは内部からネットワークを不安定にする場合がある。カトリック教会は、自己修正メカニズムが相対的に弱いにもかかわらず、あるいは、ことによると弱いからこそ、持続性や到達範囲や力に関しては人類史上最大の成功を収めてきた機関なのかもしれない。

神話と官僚制の役割を概観し、強い自己修正メカニズムと弱い自己修正メカニズムを比べた後、第Ⅰ部の最後の第5章では、分散型の情報ネットワークと中央集中型の情報ネットワークの対比という、さらに別の比較に的を絞る。民主主義体制が多くの独立した経路に沿って情報が自由に流れるのを許すのに対して、全体主義体制は情報を一つの拠点《ハブ》に集中させようとする。そのどちらにも長所と短所がある。アメリカやソヴィエト連邦（ソ連）のような政治制度を情報の流れの観点から理解すれば、両者が異なる道筋をたどったことにもおおいに納得がいく。

本書の中で歴史にかかわるこの部分は、今日の情勢や将来の筋書きを理解する上できわめて重要だ。ＡＩの台頭は、史上最大の情報革命と言えるだろう。だがこの革命は、過去の情報革命と比較しなければ理解できない。歴史は過去の研究ではない。変化の研究だ。歴史は、何が変わらず、何が変化し、物事がどのように変化するかを教えてくれる。これは、あらゆる種類の歴史的変遷に当てはまり、情報革命も例外ではない。だから、不可謬ということになっている聖書が正典化された過程を理解すれば、ＡＩは不可謬であるという、今日なされている主張についての貴重な見識が得られる。同様に、近世の魔女狩りや二〇世紀のスターリンによる集産化を調べれば、ＡＩに二一世紀の社会のますます大きな支配権を与えたときにどのような問題が生じかねないかについて、厳しい警告が発せられるだろう。歴史を深く知って初めて、ＡＩに関して何が新しいのか、ＡＩは印刷機やラジオと根本的にどう違うのか、将来のＡＩ独裁制はこれまで私たちが目にしてきたものとは、具体的にはどのような形でまったく異なりうるのかを理解することも可能になる。

本書は、過去を調べれば未来が予測できるとは主張していない。今後のページでも繰り返し念を押すが、歴史は決定論的ではなく、未来は今後の年月に私たち全員が行なう選択によって決まる。本書を書いたのは、確かな情報に基づいた選択を行なえば、最悪の成り行きを防げるということを伝えるためにほかならない。もし未来を変えられないのなら、未来を論じるのは時間の無駄ではないか。

第Ⅰ部での歴史の概観を踏まえ、本書の第Ⅱ部「非有機的ネットワーク」では、AIの台頭の政治的な意味合いに焦点を合わせながら、今日私たちが構築している新しい情報ネットワークを考察する。第6～8章では、二〇一六～一七年のミャンマーでの民族間抗争を煽動《せんどう》する上でソーシャルメディア（SNS）のアルゴリズムが果たした役割のような、世界各地の近年の例を論じ、AIがこれまでの情報テクノロジーのいっさいとどのように違うかを説明する。取り上げる例が主に二〇二〇年代ではなく一〇年代のものなのは、いくらか時を経た一〇年代の出来事については多少なりとも歴史的な視点から捉えることができるからだ。

第Ⅱ部では、私たちがまったく新しい種類の情報ネットワークを作り出していること、それも、立ち止まってその意味合いを熟慮せずにそうしていることを説明する。ここで強調するのは、有機的な情報ネットワークから非有機的な情報ネットワークへの移行だ。ローマ帝国もカトリック教会もソ連もみな、炭素ベースの脳に頼って情報を処理し、決定を下していた。新しい情報ネットワークを支配するシリコンベースのコンピューターは、それとは根本的に異なる形で機能する。良くも悪くも、シリコンチップは、炭素ベースのニューロン（神経細胞）が課されている有機生化学的制約の多くを免れる。シリコンチップは、けっして眠らないスパイや、何一つ忘れない金融業者や、絶対に死なない独裁者を生み出すことができる。これは、社会や経済や政治をどのように変えるだろうか？

本書の最後に来る第Ⅲ部「コンピューター政治」では、非有機的な情報ネットワークの脅威と将来性に、異なる種類の社会がそれぞれどう対処できるかを考察する。私たちのような炭素ベースの生命体には、新しい情報ネットワークを理解して制御できる可能性があるだろうか？　先ほど指摘したように、歴史は決定論的ではないし、少なくともあと数年は私たちサピエンスが自らの未来を形作る力を依然として持ち続けるだろう。

したがって、第9章では民主社会が非有機的ネットワークにどう対処したらいいかを探る。たとえば、もし金融制度がますますAIに制御され、貨幣の意味そのものが人知を超えたアルゴリズム次第になってくるなら、生身の政治家たちはどうやって財務上の決定を下すことができるだろう？　もし私たちが、話をしている相手がやはり人間なのか、それとも人間になりすましているチャットボットなのか、もはや区別できないとしたら、金融であれジェンダーであれ、どんなテーマについても、民主社会はどうやって公の場での話し合いを維持することができるのか？

第10章では、非有機的なネットワークが全体主義にどのような影響を与えうるかを探る。独裁者は公の場での話し合いをすべてなくすことができれば喜ぶだろうが、彼らにはAIに対して彼らなりの恐れがある。独裁国家は、自らの手先を威嚇したり粛清したりすることで成り立っている。だが人間の独裁者は、いったいどうやってAIを威嚇したり、人知を超えたAIのプロセスを粛清したり、AIが自ら権力を手中に収めるのを防いだりすることができるというのか？

最後に第11章では、新しい情報ネットワークが地球規模で民主主義社会と全体主義社会の間の力の均衡にどのような影響を与えうるかを探る。AIは、どちらかの陣営に決定的に有利な形でそのバランスを崩すだろうか？　世界は敵対するブロックに分裂し、その対立のせいで私たちはみな、制御不能のAIの餌食になるのだろうか？　それとも、私たちは団結して共通の利益を守ることができるのだろうか？

　だが、情報ネットワークの過去と現在と到来しうる未来を探る前に、一見単純な疑問から始める必要がある。情報とは、いったい何なのか？

第Ⅰ部　人間のネットワーク

第1章　情報とは何か？

基本的な概念というのは、いつも定義するのが厄介だ。後に続くもののいっさいの土台となるので、それ自体の土台を欠いているように見えるからだ。物理学者は物質やエネルギーを定義するのに苦労するし、生物学者は生命を定義するのに手を焼くし、哲学者は現実を定義するのに悪戦苦闘する。

情報は現実の最も基本的な構成要素であり、物質やエネルギーよりも基礎的だと、多くの哲学者や生物学者が、さらには一部の物理学者までもが、しだいに思うようになってきている。[1]情報をどう定義するべきか、あるいは、情報が生命の進化や物理学の基本概念、たとえばエントロピーや熱力学の法則や量子の不確定性原理とどう関係しているのかをめぐって、多くの論争が起こっているのも無理はない。[2]本書ではそうした論争を解決しようとはしないし、その説明すら試みない。また、物理学や生物学をはじめ他のあらゆる知識の領域にまで当てはまるような、情報の普遍的な定義を提供することもない。本書は歴史書であり、歴史とは過去と未来における人間社会の推移の研究だから、歴史の中での情報の定義と役割に的を絞ることにする。

日常生活で情報というと、話し言葉や書き言葉のような、人間の生み出した記号やシンボルを連想する。一例として、シェール・アミと取り残された大隊の話を考えてみよう。一九一八年一〇月、アメリカ外征軍がフランス北部をドイツから解放するために戦っていたとき、五〇〇人以上のアメリカ軍兵士から成る大隊が、敵陣で包囲された。アメリカ軍の砲兵隊は、その大隊の援護射撃をしようとしたものの、位置を誤認し、彼らに砲弾を浴びせてしまった。大隊を指揮していたチャールズ・ホイットルセー少佐は、司令部に正しい位置を至急知らせる必要があったが、誰もドイツ軍の陣地を突破できそうになかった。いくつかの証言によると、ホイットルセーは最後の手段として、シェール・アミという軍の伝書バトに望みを託すことにしたという。彼は小さな紙切れに、こう書きつけた。「我が隊は276・4と平行の道路沿いに位置する。友軍の大砲による集中砲火に直撃されている。どうか、やめさせてくれ」。その紙をシェール・アミの右脚に取りつけた筒の中に収め、それからハトを宙に放った。大隊の兵士の一人、ジョン・ネル二等兵は後年、次のように回想している。「これが最後の頼みの綱に違いないことが、私たちにはわかっていました。そのたった一羽のおびえたハトが自分のハト小屋を見つけそこなったら、隊は一巻の終わりでした」

シェール・アミがドイツ軍の猛烈な砲火の中に飛び込んでいった様子を、証人たちが後に記している。シェール・アミの真下で砲弾が炸裂《さくれつ》し、兵士五人が亡くなり、ハトも深手を負った。破片が胸に突き刺さり、右脚は腱《けん》一本でかろうじてぶら下がっているだけだった。だが、シェール・アミは弾幕を突破した。傷ついたまま四〇キロメートル飛び、原形をとどめない右脚に装着された筒の中の肝心なメッセージとともに、約四五分後に師団司令部にたどり着いた。正確な詳細については多少争う余地があるものの、アメリカ軍の大砲が照準を調整したことは明らかで、その後の反撃で、取り残されていた大隊は救出された。シェール・アミは軍の衛生兵たちに手当てされ、英雄としてアメリカに送られ、無数の記事や短編、児童書、詩に取り上げられ、映画にまでなった。シェール・アミ自身は、自分がどんな情報を伝えていたのかは知りもしなかったが、彼が運んだ紙にインクで記された文字のおかげで、何百もの将兵が命を救われ、捕虜にならずに済んだ(3)。

とはいえ、情報は必ずしも人間が生み出した文字やシンボルから成る必要はない。聖書の大洪水の神話によれば、水がついに引いたことをノアが知ったのは、彼が箱舟から放ったハトがオリーブの枝を口にくわえて戻ってきたからだという。それから神は、二度と地上に洪水を起こさないという約束の天上のしるしとして、雲の中に虹を置いた。それ以後、ハトとオリーブの枝と虹は、平和と寛容の図象記号となった。虹よりもはるか彼方にあるものさえ、情報になりうる。天文学者にとって、銀河の形や動きは、宇宙の歴史についてのきわめて重要な情報だ。航海者にとって、北極星はどの方角が北かを示してくれる。占星術師にとって、星々は天の台本であり、個々の人間や社会全体の未来についての情報を伝えてくれる。

もちろん、何を「情報」と見なすかは視点の問題だ。天文学者や占星術師は天秤座《てんびんざ》を「情報」と見るかもしれないが、この遠方の恒星群は、人間の観察者のためのたんなる掲示板をはるかに超えた存在だ。そこにはエイリアンの文明があるかもしれない。彼らは私たちが彼らの故郷から引き出している情報や、それについて語っている話など、まったく知りもしないはずだ。同様に、インクでメッセージが記された紙切れは、軍のある部隊の命運を分ける情報にも、あるシロアリ一家の夕食にもなる。どんなものも情報となりうるし、そうはならない場合もある。だから情報とは何かを定義するのが難しくなる。

このような情報の二面性は、軍事的な諜報《ちようほう》活動の歴史で重要な役割を果たしてきた。スパイたちは、秘密裏に情報を伝える必要があるからだ。第一次世界大戦中、主要な戦場だったのはフランス北部だけではない。一九一五年から一八年にかけて、中東の支配権をめぐって大英帝国とオスマン帝国が争った。イギリスはシナイ半島とスエズ運河に対するオスマン帝国の攻撃を退けた後、逆にオスマン帝国に侵入したが、ベエルシェバからガザへと延びるオスマン帝国の防衛線で一七年一〇月まで押しとどめられた。イギリス軍による突破作戦は、第一次ガザの戦い（一七年三月二六日）と第二次ガザの戦い（同年四月一七～一九日）では失敗に終わった。その間、パレスティナに住む親イギリスのユダヤ人たちは、「ＮＩＬＩ」（ニリ）という暗号名のスパイネットワークを設立し、オスマン帝国軍の動きをイギリスに知らせていた。イギリス側の秘密諜報部員に情報を伝えるために考案した方法の一つは、窓の鎧戸《よろいど》を使うものだった。ＮＩＬＩの指導者の一人だったサラ・アーロンソーンは、地中海を見下ろす場所に家を持っていた。彼女は、あらかじめ決めておいた暗号に従って、特定の鎧戸を開け閉めし、イギリスの艦船に合図した。オスマン帝国の兵士を含め、無数の人が明らかにその鎧戸を目にできたが、それが重要な軍事情報であることを理解していたのは、ＮＩＬＩのスパイとイギリスの諜報部員だけだった。[4] だとすれば、鎧戸はいつただの鎧戸で、いつ情報になるのか？

やがて、小さな不運のせいもあって、ＮＩＬＩの存在はオスマン帝国の知るところとなった。ＮＩＬＩは鎧戸に加えて、伝書バトも使って暗号メッセージを伝えていた。一九一七年九月三日、そのハトの一羽がコースを逸れ、よりによってオスマン帝国の将校の家に舞い降りてしまった。将校は暗号メッセージを見つけたが、解読はできなかった。それでも、ハト自体が決定的な情報だった。敵のスパイネットワークがすぐ目の前で活動していることを、そのハトの存在がオスマン帝国軍に示していた。マーシャル・マクルーハンなら言っていたかもしれないが、そのハトがメッセージだったのだ〔訳註：カナダの文明批評家であるマクルーハンは「メディアはメッセージである」という有名な言葉で、メディアが伝える内容だけでなく、メディアの形式自体へも注目を促した〕。ＮＩＬＩのスパイたちは、ハトが捕まったことを知り、残りのハトをただちに殺して埋めた。今や、伝書バトを所有していること自体さえもが、自分の正体を暴露する情報となったからだ。だが、ハトの大虐殺も、ＮＩＬＩにとって救いにはならなかった。一か月のうちに、このスパイネットワークは暴き出され、メンバーの数人が処刑され、サラ・アーロンソーンは、拷問を受けてＮＩＬＩの秘密を漏らしてしまうのを避けるために自ら命を絶った。[5] ハトはいつただのハトで、いつ情報になるのか？

というわけで、情報は特定の種類の物質的なものとして定義することができないのは明らかだ。星、鎧戸、ハトなど、何であれ、適切な状況では情報になりうる。それならば、いったいどのような状況によって、それらは「情報」と定義されるのか？　情報の素朴な見方によれば、真実を探し求める状況では、そうしたものは情報と定義できるということになる。人々が真実を発見しようとして何かを使えば、それは情報なのだ。この見方では、情報という概念は真実という概念と結びつけられ、情報の主な役割は現実を表すことだとされる。世の中には現実が存在し、情報はその現実を表すものであり、したがって私たちは情報を使って現実について知ることができるというわけだ。たとえば、ＮＩＬＩがイギリス側に提供した情報は、オスマン帝国軍の動きという現実を表すことが目的だった。もしオスマン帝国軍が、防衛の要であるガザに一万の兵力を結集させれば、「一万」と「ガザ」を表す記号が記された紙片は、イギリスが戦いで勝つのを助けることのできる重要な情報だった。一方、もし実際にはガザに二万のオスマン兵がいたら、その紙片は現実を正確に表してはおらず、イギリスを軍事上の惨憺《さんたん》たる誤りに導きかねない。

別の言い方をするなら、素朴な見方によれば、情報は現実を表す試みであり、その試みが成功したときに、情報は真実と呼ばれることになる。本書は、情報の素朴な見方にはさまざまな異議を唱えるものの、真実とは現実の正確な表示であるという主張には同意する。だが本書は、以下のようにも考える。ほとんどの情報は現実を表す試みではないし、情報はそれとはまったく異なるものによって定義される。人間社会の情報の大半は、いや、それどころか他の生物系や物理系での情報の大半も、何も表してはいない。

このややこしくて重要な主張については、もう少し言葉を費やしたい。なぜならそれが、本書の理論的な土台を成しているからだ。

真実とは何か？

本書では終始、「真実」という言葉を、現実の特定の面を正確に表しているものという意味で使う。真実という概念の根底にあるのが、一つの普遍的現実が存在するという前提だ。北極星からＮＩＬＩのハトや占星術のウェブページまで、この宇宙にこれまで存在したものや今後存在することになるもののいっさいは、この単一の現実の一部だ。だから、真実の探求は普遍的な事業だ。人や国民や文化はそれぞれ相容《あいい》れない信念や感情を持っているかもしれないが、互いに矛盾する真実を持つことはできない。誰もが一つの普遍的現実を共有しているからだ。普遍主義を退ける者は誰もが、真実を退けることになる。

そうは言っても、真実と現実は別物だ。なぜなら、どれだけ忠実に説明したところで、現実のあらゆる面を一つ残らず表すことはできないからだ。もしＮＩＬＩのスパイが、ガザにはオスマン帝国の兵士が一万人いると書き、現にそこには一万人の兵士がいたら、これは現実の特定の面を正確に指し示しているが、他の多くの面は無視している。リンゴであれ、オレンジであれ、兵士であれ、何かの数を数えるというまさにその行為は必然的に、対象の類似性に注目する一方で、違いを無視する。(6) たとえば、ガザにオスマン帝国の兵士が一万人いるとだけ言うときには、そのなかには歴戦の古参兵や青二才の新兵がいるのかどうかを具体的に述べることは怠っている。もし、一〇〇〇人の新兵と九〇〇〇人の古参兵がいたら、九〇〇〇人の新米と一〇〇〇人の熟練兵がいる場合とは、軍事上の現実はまったく異なる。

兵士の間には、他にも多くの違いがあった。健康な兵士もいれば、病気の兵士もいた。民族で分ければ、オスマン帝国の兵士の一部はトルコ人だが、アラブ人やクルド人やユダヤ人もいた。勇敢な者もいれば、臆病な者もいた。それどころか、兵士の一人ひとりが唯一無二の人間であり、親も違えば友人も違うし、各自が異なる恐れや希望を抱いていた。ウィルフレッド・オウエンのような第一次世界大戦の詩人は、軍隊の現実のそうした人間的な面を表そうとしたことで有名だ。そのような側面は、ただの統計数値ではけっして正確には伝えられなかった。これは、「一万の兵士」と書くと、いつも現実の不正確な表示となり、一九一七年のガザ一帯の軍事情勢を記述するには、あらゆる兵士の唯一無二の経歴と性格を明細に記さなければならないということなのか？

現実を表そうとすると、他にも問題が生じる。現実には、数多くの見地があるのだ。たとえば、今日のイスラエル人やパレスティナ人、トルコ人、イギリス人は、イギリスによるオスマン帝国の侵略や、ＮＩＬＩの地下運動とサラ・アーロンソーンの活動について、視点が異なる。だからといって、もちろん、まったく別個の現実がいくつかあるわけでもなければ、歴史的事実が存在しないわけでもない。現実は一つしかないが、複雑なのだ。

現実には、人々が信じていることに左右されない、客観的な次元の事実が含まれる。たとえば、サラ・アーロンソーンが自らに負わせた銃創で一九一七年一〇月九日に亡くなったというのは、客観的な事実だ。「サラ・アーロンソーンは一九一九年五月一五日に飛行機の墜落事故で亡くなった」と言ったら、誤りとなる。

現実には、さまざまな人の信念や感情のような、主観的な次元の事実も含まれるが、この場合にも事実を誤りと区別することができる。たとえば、イスラエル人がアーロンソーンを愛国的な英雄と考える傾向にあるというのは事実だ。彼女の自殺の三週間後、NILIが提供した情報の助けを借りて、イギリスはベエルシェバの戦い（一九一七年一〇月三一日）で、ついにオスマン帝国の防衛線を突破した。一七年一一月二日、イギリスの外務大臣アーサー・バルフォアは、いわゆる「バルフォア宣言」を行ない、イギリス政府が「パレスティナにおけるユダヤ人の民族的郷土の確立に賛意を表する」ことを告げた。イスラエル人は、これを部分的にNILIとサラ・アーロンソーンの手柄とし、自己を犠牲にしたアーロンソーンを称賛する。一方、パレスティナ人がまったく異なる評価を下していることも事実だ。彼らはアーロンソーンを称賛したりせず、もし彼女について耳にしたことがあればだが、彼女を帝国主義者の手先と見なす。ここでは主観的な見解や感情を取り上げているものの、真実と虚偽を区別することは依然として可能だ。なぜなら、見解や感情は、星やハトとまったく同じで、普遍的現実の一部だからだ。「サラ・アーロンソーンは、オスマン帝国を打ち負かす上で果たした役割によって、誰にも高く評価されている」と言ったなら、それは誤りであり、現実に即していない。

人々の見地に影響を与えるのは、国籍や国民意識だけではない。同じイスラエル人でも、男性と女性ではアーロンソーンに対する見方が違うかもしれないし、左派と右派、正統派ユダヤ教徒と世俗派ユダヤ人にしても同じだ。ユダヤ教の戒律は自殺を禁じているので、正統派のユダヤ教徒はアーロンソーンの自殺を英雄的行為と見るのは難しい（実際、彼女はユダヤ教の神聖な墓地への埋葬を許されなかった）。けっきょく、各自がそれぞれの性格と経歴の組み合わせによって形作られた、世の中についての異なる視点を持っている。これは、現実を記述したいときにはいつも、それに含まれる異なる視点をすべて並べ立てなければならないということなのか？　たとえば、サラ・アーロンソーンの忠実な伝記は、イスラエル人とパレスティナ人の一人ひとりが彼女についてどう感じてきたかを明細に記さなければならないのか？

そのように正確さを徹底的に追求していけば、ホルヘ・ルイス・ボルヘスの有名な短編「学問の厳密さについて」（一九四六年）に記されているように、世の中を一分の一の縮尺で表そうとすることになりかねない。ボルヘスはこの短編で、古代の架空の帝国について語る。その国は、領土の地図の精度を上げることに夢中になり、とうとう縮尺が一分の一の地図を作り出した。そして、帝国はその地図にすっぽり覆われた。この野心的な表示事業にあまりに多くの資源が浪費されたため、帝国は崩壊した。それから、地図も崩れ始めた。ボルヘスは、次のように語る。「西の砂漠」にのみ、「ずたずたにちぎれた地図の断片が今なお見られ、ときおり獣や物乞いたちの宿となっている」[7]。縮尺一分の一の地図は、現実の究極の再表示のように見えるかもしれないが、じつのところ、それはもうまったく表示ではない。それは現実なのだ。

要するに、現実の最も忠実な説明でさえ、けっして現実を完全に表すことはできない。どの表示でも、現実の何らかの面が必ず無視されたり歪《ゆが》められたりする。だとすれば、真実は現実に一対一で対応する再表示ではない。むしろ、私たちの注意を現実の特定の面に向け、他の面は必然的に無視させるものだ。現実の説明には一〇〇パーセント正確なものはないが、それでも他の説明よりも忠実な説明はある。

情報が果たす役割

前述のように、素朴な見方は情報のことを、現実を表示する試みと考える。現実をうまく表していない情報があることは承知しているが、それは「誤情報」あるいは「偽情報」の不幸な事例として片づける。誤情報は悪意のない間違いであり、誰かが現実を表示しようとして、その現実を取り違えたときに発生する。偽情報は故意の嘘であり、誰かが現実に対する私たちの見方を意図的に歪めようとするときに発生する。

素朴な見方はさらに、誤情報や偽情報が引き起こす問題の解決策は、いっそう多くの情報を得ることだとしている。「対抗言論ドクトリン」と呼ばれることのあるこの考え方は、「ホイットニー対カリフォルニア州」裁判（一九二七年）の判決と関係がある。この裁判で、アメリカの連邦最高裁判所判事ルイス・D・ブランダイスは、虚偽の言論への対抗策はより多くの言論であり、長い目で見れば、欺瞞《ぎまん》や誤謬《ごびゅう》は自由討論によって必ず暴かれるという旨のことを記している。情報が現実を表示する試みであるというなら、世の中の情報量が増えるにつれ、情報の洪水が、ときおり出てくる嘘や誤りを暴き、最終的には、世の中のより真実に即した理解を提供してくれることが見込める。

本書はこのきわめて重要な点で、素朴な見方に強く反対する。現実を表すことを試みて、それに成功する情報もたしかにあるが、それは情報の決定的な特徴ではない。数ページ前に、星のことを情報と呼び、天文学者とともに占星術師にもさりげなく触れた。情報の素朴な見方の支持者はおそらく、それを読んで椅子の上で身悶《みもだ》えしただろう。情報の素朴な見方によれば、天文学者は恒星から「本物の情報」を引き出すのに対して、占星術師が星座から読み取っていると思っている情報は「誤情報」か「偽情報」のどちらかということになる。もし人々が宇宙についてもっと情報を与えられれば、きっと占星術をきれいさっぱり捨て去るだろうというわけだ。ところが実際には、占星術は何千年にもわたって歴史に多大な影響を及ぼしてきたし、今日でも相変わらず厖大な数の人が、大学で何を学ぶかとか、誰と結婚するかといった、人生でもとりわけ重要な決定を下す前に星占いで自分の星座について調べる。二〇二一年の時点で、世界の占星術市場には一二八億ドルの価値があった(8)。

占星術の情報の正確さについてどう思っていようと、私たちはそれが歴史で果たした重要な役割を認めざるをえない。占星術の情報は、恋人どうしばかりか、帝国どうしさえ結びつけてきた。ローマ皇帝たちは、普段からまず占星術師に相談した後に決定を下していた。事実、占星術は高く評価されていたので、在位中の皇帝の天宮図《ホロスコープ》を作るのは、死罪に相当する行為だった。そのようなホロスコープを作る者は誰であれ、皇帝がいつどのような最期を遂げるかを予言できると思われていたからだ(9)。今でも占星術を真剣に受け止めている国家指導者がいる。二〇〇五年、ミャンマーの軍事政権は占星術の助言に基づき、ヤンゴンからネピドーへの遷都を開始したとされている(10)。占星術の歴史的重要性を説明できない情報の理論は、明らかに不適切だ。

占星術の例からは、誤りや嘘、空想、虚構も情報であることがわかる。情報の素朴な見方の言い分に反して、情報には真実との本質的な結びつきはなく、歴史で情報が果たす役割は、既存の現実を表示することではない。情報は、カップルであろうと帝国であろうと、まったく異なるものを結びつけて新しい現実を創り出す。情報の決定的な特徴は、物事を表示することではなく結びつけることであり、別個の点どうしをつないでネットワークにするものなら、何でも情報となる。情報は必ずしも、私たちに何か物事について教えてはくれない。むしろ、情報（インフォメーション）は物事を配置して構成された状態（イン・フォーメーション）にする。ホロスコープは恋人たちを占星術のフォーメーションに配置し、プロパガンダ放送は有権者を政治的なフォーメーションに配置し、進軍歌は兵士たちを軍事的なフォーメーションに配置する。

典型的な例として音楽を考えよう。ほとんどの交響曲やメロディや歌曲は何も表していない。だから、それらの真偽を問うても意味がない。長い年月の間には、劣悪な音楽も山ほど創作されたが、偽の音楽などというものはない。それでも音楽は、何も表していないのにもかかわらず、目覚ましい威力を発揮して大勢の人を結びつけ、彼らの感情や動きを同期させる。音楽は、兵士たちに隊列を組んで行進させ、クラブで人々をいっしょに踊らせ、教会の信徒にリズムに合わせて手を打たせ、スポーツファンに声を揃えて応援させることができる。[11]

物事を結びつける上で情報が果たす役割は、当然ながら、人間の歴史だけに見られるわけではない。物事を結びつけて新たな現実を生み出すのが、生物学でも情報の主な役割であると主張することができる。[12]有機生命体の存在を可能にしている分子情報であるＤＮＡについて考えてほしい。音楽と同じで、ＤＮＡは現実を表示してはいない。シマウマは幾世代にもわたってライオンから逃げ回ってきたが、シマウマのＤＮＡの中には、「ライオン」を表示する核酸塩基の配列も、「逃走」を表示する核酸塩基の配列も見つからない。同様に、シマウマのＤＮＡには、太陽や風、雨、その他、シマウマが一生のうちに出合うどんな外部現象の表示も含まれていない。はたまた、ＤＮＡは体内の器官や感情のような内部現象も表示してはいない。心臓や恐れを表示するような核酸塩基の組み合わせはない。

ＤＮＡは、既存の物事を表そうとする代わりに、まったく新しい物事を生み出すのを助ける。たとえば、ＤＮＡのさまざまな核酸塩基の配列が細胞の化学プロセスを開始させ、それがアドレナリンの分泌につながる。アドレナリンも、まったく現実を表してはいない。その代わり、アドレナリンは体中を巡り、さらなる化学プロセスを開始させ、その結果、心拍数が上がり、より多くの血液が筋肉に送り込まれる。[13] こうしてＤＮＡとアドレナリンは、心臓の細胞と、筋肉の細胞と、全身の他の何兆もの細胞とを結びつけて機能的ネットワークを形成するのを助ける。そうしてでき上がったネットワークには、ライオンから逃げるといった並外れたことができる。

もしＤＮＡが現実を表していたら、「シマウマのＤＮＡはライオンのＤＮＡよりも正確に現実を表しているか?」とか「あるシマウマのＤＮＡは世の中について真実を語っているのに対して、別のシマウマは偽のＤＮＡによって欺かれているのか?」といった質問をすることができていただろう。だが、これらはもちろん馬鹿げた質問だ。ＤＮＡは、生き物にどれだけの適応度を持たせられるかで評価できるかもしれないが、真実性によって評価することはできない。ＤＮＡの「エラー」についてはよく語られるものの、これはＤＮＡの複製過程での変異のことだけを指しているのであって、現実を正確に表すことの失敗は意味しない。もしあるシマウマで、アドレナリンの分泌を抑制する遺伝子変異が起こって適応度が下がれば、ついには細胞のネットワークが分解することになる。そのシマウマがライオンに殺され、何兆もの細胞が互いのつながりを失って腐敗したときなどがそうだ。だが、この種のネットワーク障害は分解を招くのであって、偽情報ではない。これはシマウマだけでなく、国や政党やニュースネットワークにも当てはまる。それらの存在も、現実が不正確に表示されることよりも、それぞれの構成部分の間で接続が失われることによって、より危うくなる。

ここが肝心なのだが、ＤＮＡの複製のときのエラーは、いつも適応度を下げるとはかぎらない。ごく稀《まれ》に、適応度が上がることがある。そのような変異がなければ、進化の過程はありえないだろう。あらゆる生命体が、遺伝子の「エラー」のおかげで存在している。進化の奇跡が可能なのは、ＤＮＡが既存の現実を表していないからこそであり、ＤＮＡは新しい現実を創り出す。

ここで立ち止まって、これが意味するところをしっかり考えてみよう。情報とは、さまざまな点をつなげてネットワークにして、新しい現実を創り出すものだ。これには依然として、情報は物事の表示であるという見方が含まれている。ときには、現実の忠実な表示は人間を結びつけることができる。たとえば、一九六九年七月には六億人がテレビの画面に釘付けになり、ニール・アームストロングとバズ・オルドリンが月面を歩くのを見守った(14)。テレビの映像は、三八万四〇〇〇キロメートルの彼方で起こっていることを正確に表していた。そして、その映像を見ることで、畏敬の念や誇り、人間としての同胞意識が高まり、それが人々を結びつけるのを助けた。

とはいえ、そうした友愛の情は他の方法でも生み出すことができる。結びつきを重視すれば、現実をうまく表さない、他の種類の情報が存在する余地がたっぷりできる。ときには、現実の誤った表示も社会的なネクサス〔訳註：「つながり」「結びつき」「絆」「中心」「中枢」などの意〕となりうる。たとえば、陰謀論の何百万もの支持者が、月面着陸はなされなかったと主張するユーチューブの動画を観ているときがそうだ。動画の画像は現実を誤った形で表示しているが、それでも既成の権力機構に対する反感や、自らの知恵を誇る気持ちを引き起こし、それが団結力のある新しい集団を生み出すのを助けることがありうる。

ネットワークは、現実を正確に表す試みも、誤った形で表す試みもまったくなしでつながっていることもある。遺伝情報が何兆もの細胞を結びつけているときや、感動的な音楽が何千もの人を結びつけているときがそうだ。

最後の例として、「メタバース」というマーク・ザッカーバーグの構想について考えよう。メタバースは、完全に情報だけから成る仮想世界だ。ホルヘ・ルイス・ボルヘスの想像上の帝国によって作られた縮尺一分の一の地図とは違い、メタバースはこの世界を表そうという試みではなく、この世界を拡張したり、それに取って代わったりさえする試みだ。メタバースは、ブエノスアイレスやソルトレークシティのデジタル・レプリカを提供してはくれない。斬新な景観とルールを持つ新しいバーチャル・コミュニティを築くよう、人々に促す。二〇二四年の時点で、メタバースは大げさな夢物語のように思えるが、二〇年以内には何十億もの人がそこに移り住み、拡張仮想現実で生活の多くを送り、社会活動と職業活動の大半をそこで行なうようになるかもしれない。人々は、原子ではなくビットでできた環境で関係を結び、運動に参加し、仕事を持ち、感情の浮き沈みを経験するようになるかもしれない。ひょっとすると、古い現実のずたずたにちぎれた断片が今なお見られ、ときおり獣や物乞いたちの宿となっているのは、どこかの辺鄙《へんぴ》な砂漠だけ、ということになりかねない。

人間の歴史における情報

情報は既存の現実の表示であるという素朴な見方をすれば、人間の歴史の多くの面に戸惑うことになるが、情報を社会的なネクサスと見れば、そうした面を理解する助けになる。占星術だけではなく聖書のようなはるかに重要なものまでが、歴史的成功を収めた理由の説明もつく。占星術は人間の歴史における風変わりで面白い余興として片づける人もいるだろうが、聖書が担ってきた重要な役割を否定できる人はいない。もし情報の主な仕事が現実を正確に表すことだったなら、聖書が歴史上有数の影響力を持つ文書となった理由を説明するのは難しかっただろう。

聖書は、人間の営みと自然のプロセスの両方の記述で多くの深刻な誤りを犯している。「創世記」は、たとえばカラハリ砂漠のサン人やオーストラリアの先住民も含め、あらゆる人間の集団が、約四〇〇〇年前に中東に住んでいた単一の家族の子孫だとしている[15]。「創世記」によれば、大洪水の後、ノアの子孫はみな、メソポタミアでいっしょに暮らしていたが、バベルの塔の崩壊後、地球上のあらゆる場所に拡《ひろ》がり、今生きている人間全員の祖先になったという。実際には、サン人の祖先は何十万年にもわたってアフリカ大陸で暮らしており、一度もこの大陸を離れたことがないし、オーストラリアの先住民の祖先は五万年以上前に現地に定住した[16]。約四〇〇〇年前に南アフリカとオーストラリアの古代の住民が洪水で全滅し、その後これらの地域に中東からの移民が新たに住み着いたという考え方が正しいはずがないことを、遺伝子の証拠と考古学的な証拠の両方が示している。

これよりもなお重大な歪曲《わいきょく》には、感染症についての知識にかかわるものがある。聖書は感染症を、いつもきまって人間の罪に対する神の罰として描き出し[17]、祈りや宗教的儀式で食い止めたり防いだりできると主張する[18]。だが、感染症はもちろん病原体が引き起こすのであり、衛生上の決まり事に従い、薬やワクチンを使うことで食い止めたり防いだりできる。今日これは、宗教指導者にさえ広く受け容れられている。たとえばローマ教皇も、ＣＯＶＩＤ－19（新型コロナウイルス感染症）のパンデミックのとき、集まっていっしょに祈らずに自己隔離するように人々に勧告した(19)。

このように、聖書は人類の起源や移動や感染症にまつわる現実を正しく表示できていないのにもかかわらず、じつに効果的に何十億もの人を結びつけ、ユダヤ教とキリスト教を生み出した。DNAが何十億もの細胞を束ねて有機的なネットワークにする化学的プロセスを開始させるのと同じで、聖書は何十億もの人を束ねて宗教的なネットワークにする社会的プロセスを開始させた。そして、細胞のネットワークには単独の細胞にはできないことができるのとちょうど同じで、宗教のネットワークにも個々の人間にはできないことができ、たとえば神殿を建設したり、法制度を維持したり、祝日を祝ったり、聖戦を行なったりすることが可能だ。

要するに、情報は現実を表示しているときもあれば、そうでないときもある。だが、情報はつねに人や物事を結びつける。これが情報の基本的な特徴だ。したがって、歴史における情報の役割を考察するときには、「どれだけうまく現実を表しているか？　正しいか、それとも間違っているか？」と問うのが理に適《かな》う場合があるものの、より重要な問いは「どれだけうまく人々を結びつけるか？　どのようなネットワークを新たに作り出すか？」であることが多い。

ここで強調しておくべきだが、情報とは物事の表示であるという素朴な見方を退けたからといって、真実という概念を退けなければならないわけではないし、情報は武器であるというポピュリストの見方を受け容れなくてはならないわけでもない。情報はつねに人や物事を結びつけるものの、科学の書物から政治の演説まで、一部の種類の情報は、現実の特定の面を正確に表すことで人々を結びつけようと努める。だが、それには特別な努力が求められる。そして、ほとんどの情報は、そのような努力を伴わない。だから、より効果的な情報テクノロジーを創り出せば、必ず世の中をより忠実に理解できるようになると考える、素朴な見方は間違っている。真実をもっと重視するために、さらなる措置を取らないかぎり、情報の量と速度を増しても、比較的稀で費用のかかる忠実な説明は、それよりもはるかにありふれていて安価な種類の情報に圧倒されてしまう可能性が高い。

したがって、石器時代からシリコン時代までの情報の歴史を眺めてみると、接続性は着実に上がっているものの、それに伴って真実性と知恵が増す様子は見られない。素朴な見方が信じていることとは裏腹に、サピエンスが世界を征服したのは、情報を現実の正確な地図に変える才能があるからではなかった。成功の秘訣《ひけつ》はむしろ、情報を利用して大勢の人を結びつける才能があるからだ。不幸にも、この能力は嘘や誤りや空想を信じることと分かち難く結びついている場合が多い。だからこれまで、ナチスドイツやソ連のような、テクノロジーが発達した社会でさえ、妄想的な考えを抱きがちだったのであり、そうした妄想によって、必ずしも弱体化しなかったのだ。それどころか、人種や階級といったものについての、ナチスのイデオロギーやスターリン主義のイデオロギーのような集団妄想は現に、何千万もの人々に足並みを揃えていっしょに進ませる上で役に立った。

第2～5章では、情報ネットワークの歴史を詳しく見てみることにする。そして、人間が何万年もの間に、さまざまな情報テクノロジーを発明し、それが接続性と協力をおおいに増進したものの、必ずしも世の中のより忠実な表示にはつながらなかった経緯を論じる。何百年も何千年も何万年も前に発明されたこれらの情報テクノロジーは、インターネットとＡＩの時代にあってもなお、私たちの世界を形作っている。真っ先に考察する情報テクノロジーは、人間が開発した最初の情報テクノロジーでもある、物語だ。

第2章 物語――無限のつながり

私たちサピエンスが世界を支配しているのは、私たちが特別に賢いからではなく大勢で柔軟に協力できる唯一の動物だからだ。私はこの考え方を、以前に書いた『サピエンス全史』と『ホモ・デウス』で詳しく取り上げたが、ここでどうしても簡潔に振り返っておかないわけにはいかない。

大勢で柔軟に協力するというサピエンスの能力の前触れは、他の動物にも見られる。社会的な動物には、チンパンジーのように協力するときにかなりの柔軟性を示す種もいるし、社会性昆虫のうちには、アリのように大勢が協力する種もいる。だが、チンパンジーもアリも、帝国や宗教や交易ネットワークを確立することはない。サピエンスにそれができるのは、チンパンジーよりもはるかに柔軟で、しかも、アリよりもさらに大勢で協力することができるからだ。実際、協力し合うことのできるサピエンスの数には上限がない。カトリック教会には約一四億の信徒がいる。中国の人口も約一四億だ。グローバルな交易ネットワークは、約八〇億のサピエンスを結びつけている。

人間が長期的に親密な絆を結ぶことができる相手はせいぜい数百人にすぎないのだから、これは驚くべき事実だ。[1] 誰かの人となりや経歴を知り、信頼と親愛の情に満ちた関係を育むには、何年もの月日と多くの共通体験が必要とされる。そのため、もしサピエンスのネットワークが人間どうしの個人的な絆でのみ結びついていたなら、そうしたネットワークはごく小さなままだっただろう。それが、たとえば私たちの近縁種であるチンパンジーの間で見られる状況だ。彼らの典型的なコミュニティは二〇～六〇頭から成り、一五〇～二〇〇頭に達することも稀にはある。[2] ネアンデルタール人や初期のサピエンスといった太古の人間の種でも、状況は同じだったらしい。彼らの生活集団はそれぞれ数十人から成り、異なる生活集団が協力することはめったになかった。[3]

約七万年前、サピエンスの生活集団は、互いに協力するという前代未聞の能力を示し始めた。生活集団間の交易と芸術の伝統が出現したことや、故郷のアフリカから地球全体へサピエンスが急速に拡散したことが、それを裏づけている。異なる生活集団が協力できるようになったのは、どうやら進化による脳構造の変化と言語能力のおかげで、サピエンスが虚構の物語を語ったり信じたりし、そうした物語に深く心を動かされる能力を獲得したからのようだ。たとえばネアンデルタール人がしていたように、人間と人間の連鎖だけからネットワークを構築する代わりに、物語はサピエンスに新しい種類の連鎖を与えた。人間と物語の連鎖だ。サピエンスは、協力するためにはもう互いを個人的に知らなくてもよくなった。同じ物語を知っているだけでよかった。そして、その同じ物語は、何十億もの人に馴染《なじ》み深いものになりうる。それによって物語は中心的な接続装置のような役割を果たすことができる。無数の差込口がついていて、無数の人が接続できるわけだ。たとえばカトリック教会の一四億の信徒は、聖書やその他のキリスト教の主要な物語によって結びつけられているし、一四億の中国人は、共産主義のイデオロギーと中国の国民主義によって結びつけられている。そして、グローバルな交易ネットワークに属する八〇億の人は、通貨や企業やブランドについての物語で結びつけられている。

何百万もの信奉者がいるカリスマ的な指導者でさえ例外ではなく、この原則を体現している。古代中国の皇帝や中世カトリックの教皇、あるいは現代企業の大物の場合には、物語ではなく単一の生身の人間が、何百万もの民や信徒や支持者を結びつけるネクサスの役割を果たしてきたように思えるかもしれない。だがむろん、これらの場合にもみな、民や信徒や支持者で指導者と個人的な絆を持っていた人はいないに等しい。彼らがつながっていたのはむしろ、指導者について細心の注意を払って巧みに作り上げられた物語であり、彼らが信頼を置いたのは、その物語だった。

史上最大規模の個人崇拝体制のネクサスに位置していたヨシフ・スターリンは、それをよく心得ていた。厄介者の息子のワシーリーが天下に鳴り響く苗字《みょうじ》を利用して、人々を脅《おび》えさせたり、彼らに畏敬の念を起こさせたりしたときには、スターリンは厳しく叱りつけた。「でも、私もスターリンです」とワシーリーが不平を漏らすと、「いや、違う」とスターリンは応じた。「お前はスターリンではないし、私もスターリンではない。スターリンはソヴィエトの力だ。スターリンは新聞や肖像画に描かれている存在であって、断じてお前ではない――そして、私でさえない！」(4)

今日のインフルエンサーやセレブも、きっと同意するだろう。彼らのうちには何億ものオンラインのフォロワーを持つ人もいて、彼らはソーシャルメディアを使って毎日フォロワーに向けてメッセージを発信している。だがそこには、本物の個人的なつながりはほとんどない。彼らのソーシャルメディアのアカウントは、たいてい専門家のチームが運営しており、画像や言葉の一つひとつを念入りに用意したり選別したりすることで、今日ではブランドと呼ばれるものを作り出そうとしている。(5)「ブランド」は、特別な種類の物語だ。製品をブランド化するというのは、その製品についての物語を語ることであり、その物語は製品の実際の特性とはほとんど関係ないかもしれないが、それにもかかわらず消費者は、それを製品と結びつけるようになる。たとえばコカ・コーラ社は何十年にもわたって広告に何百億ドルも投資し、コカ・コーラという飲料についての物語を語ってはまた語り直してきた。[6] 人々は頻繁にその物語を目にしたり耳にしたりしたので、多くの人が、特定の味のついた混合飲料を、（虫歯や肥満やプラスティック廃棄物とではなく）楽しみや幸せや若さと結びつけるようになった。これがブランド化だ。[7]

スターリンが承知していたように、製品だけではなく個人もブランド化することができる。腐敗した億万長者は、貧しい人の擁護者としてブランド化することが可能だ。手際の悪い愚か者を不可謬の天才としてブランド化したり、信奉者を性的に虐待する導師《グル》を貞節な聖人としてブランド化したりすることもできる。人々は自分がその人物と結びついていると考えるが、実際にはその人について語られる物語とつながっているのであり、その人物と物語の間には途方もない隔たりがあることが多い。

あの英雄的な伝書バトのシェール・アミの物語でさえ、ある程度までは、アメリカ合衆国陸軍の伝書バト部隊に対する世間のイメージを高める目的で実施されたブランド化キャンペーンの産物だった。二〇二一年、歴史学者のフランク・ブラジックが歴史的事実を再評価する研究を行なうと、以下のことが判明した。シェール・アミはフランス北部のどこかでメッセージを運んでいるときに重傷を負ったことは間違いないものの、物語の主要な点のいくつかは怪しかったり不正確だったりした。まず、司令部は取り残された大隊の正確な位置を、シェール・アミが到着する約二〇分前に知ったことを、ブラジックは当時の軍の記録に基づいて証明した。取り残された大隊に大損害を与えていた友軍の砲撃を止めたのは、シェール・アミではなかったのだ。こちらのほうがなお重要なのだが、ホイットルセー少佐のメッセージを運んでいたハトがシェール・アミだったという証拠は、まったく存在しない。

それは別のハトだったかもしれず、シェール・アミは二週間ほど後のまったく違う戦闘のときに負傷したということも十分ありうる。

ブラジックによれば、シェール・アミの物語の疑問点や矛盾は、軍にとってのプロパガンダの価値と世間に訴える力によって影が薄くなってしまったという。この物語は、その後の年月に何度となく語られるうちに、事実が虚構と手の施しようのないほど絡み合ってしまった。ジャーナリストや詩人や映画製作者が、シェール・アミは片脚だけではなく片目も失ったとか、殊勲十字章を与えられたとかいった架空の詳細をつけ加えた。一九二〇年代から三〇年代にかけて、シェール・アミは世界一有名な鳥になった。そして、死んだときには、入念に保存された遺骸《いがい》がスミソニアン博物館で展示され、同博物館はアメリカの愛国者と第一次世界大戦で戦った将兵にとっての巡礼地となった。物語は語られるうちに膨らみ、取り残された大隊の生存者たちの記憶にさえ取って代わり、彼らは人気を博したこの物語を額面どおりに受け容れるようになった。ブラジックは、取り残された大隊のシャーマン・イーガーという将校の事例を紹介している。彼は戦争の数十年後、シェール・アミを見せるために子供たちをスミソニアン博物館に連れてきて、こう言った。「お前たちがみな生きているのは、あのハトのおかげなんだよ」。事実はどうあれ、自己を犠牲にした、翼の生えた救済者の物語の魅力には、抗《あらが》い難かったのだ。(8)

さらに極端な例として、イエス・キリストについて考えてほしい。二〇〇〇年にわたって話が語られているうちに、イエスはさまざまな物語の分厚い繭にすっぽりと包まれてしまったので、彼の歴史的な人物像を取り戻すことは不可能だ。それどころか、厖大な数の敬虔《けいけん》なキリスト教徒にとっては、本当のイエスが物語の中のイエスと違う可能性を口にするだけで、冒瀆《ぼうとく》となる。私たちの知るかぎりでは、実際のイエスは典型的なユダヤ教の伝道者で、説教をしたり病人を癒やしたりして少数の信奉者を獲得した。ところが死後、史上有数のブランド化キャンペーンの対象となった。地方在住のこのほぼ無名の宗教指導者は、短い活動期間中にはほんの一握りの弟子がいただけで、ただの犯罪者として処刑されたが、死後、天地を創造した宇宙の神が人間の姿を取ったものとしてブランド化し直された。[9] イエスの当時の肖像画は一枚も残っていないし、聖書は彼の容姿についてはいっさい触れていないが、それにもかかわらず、想像力を働かせて描き出された彼の姿ほど、世界中で多くの人が誰だか認識できる肖像は珍しい。

ここで強調しておかなければならないが、イエスの物語の創作は、意図的な嘘ではない。聖パウロやテルトゥリアヌス、聖アウグスティヌス、マルティン・ルターのような人々は、誰一人欺こうとしたわけではない。彼らは心の底から感じていた希望や感情を、イエスという人物に投影していた。私たちの誰もが自分の感情を、日頃から親や恋人や指導者に投影するのと同じことだ。ブランド化のキャンペーンは、偽情報を広める冷笑的《シニカル》な行為の場合もあるが、歴史上の本当に大きな物語のほとんどは、感情の投影と希望的観測の結果だった。主要な宗教とイデオロギーはどれも、台頭するにあたって熱心な信奉者が重要な役割を果たす。そして、イエスの物語が歴史を変えたのは、おびただしい数の熱心な信奉者を獲得したからにほかならない。

イエスの物語は、このように大勢の信奉者を獲得することによって、イエスという人物よりもはるかに大きな影響を歴史に与えることに成功した。イエスという人物は、自らの二本の脚で村から村へと歩き回り、人々と話し、彼らと飲食し、病人の体に手をあてがった。彼によって人生が変わった人は、数千人程度だろうか。彼らはみな、ローマの小さな属州に住んでいた。それとは対照的に、イエスの物語は全世界を飛び回った――最初は世間話や逸話や噂話《うわさばなし》の翼に乗って、その後は羊皮紙に書かれた文書や絵画や彫像を通して、やがては映画の大ヒット作やインターネットのミーム〔訳註：インターネット上でコピーされ拡散する情報〕として。何十億もの人が、イエスの物語を耳にしただけではなく、信じるようにもなり、その結果、世界でも屈指の規模と影響力を持つネットワークができ上がった。

イエスについての物語の類いは、既存の生物学的絆を拡張する手段と見ることができる。家族は人間に知られている最強の絆だ。赤の他人どうしの間に物語が信頼を築く方法の一つは、彼らに互いを家族のように想像し直させることだ。イエスの物語は、イエスを全人類にとっての親のような存在として提示し、何億ものキリスト教徒に、互いを兄弟姉妹と見なすように促し、家族の記憶の共有保管所を作り出した。キリスト教徒のほぼ全員が、最後の晩餐《ばんさん》の場には居合わせなかったものの、その物語を何度も聞き、その出来事の画像をいくつとなく目にしているうちに、自分が実際に共にした家族の晩餐の大半よりも鮮明に、最後の晩餐を「思い出す」ようになった。

興味深いことに、イエスの最後の晩餐は、ユダヤ教の過越《すぎこし》の祭りの食事であり、福音書の説明によると、イエスは十字架に架けられる直前に弟子たちと取ったという。ユダヤ教の伝統では、過越の食事の目的は、人為的な記憶を生み出してそれを再現することにほかならない。ユダヤ教徒の家族は毎年、過越の祭りの前日にいっしょに座って食事をしながら、「自分たち」の出《しゅつ》エジプトの思い出に耽《ふけ》る。彼らはヤコブの子孫がエジプトでの隷属状態を脱した物語を語るだけではなく、エジプト人の手によって自らが苦しめられたことや、海が左右に分かれるのを自ら目にしたことや、シナイ山でヤハウェ（神）から十戒を自ら授かったことを思い出す決まりになっている。

ユダヤ教の伝統は、ここで遠回しな言い方はしない。過越の祭りの典礼書（「ハガダー」）は、「あらゆる世代の人間が、自らエジプトを脱出してきたかのように考える義務がある」と断言している。もし誰かが、これは虚構だ、自らエジプトを脱出したりはしなかったと異議を唱えたなら、ユダヤ教の賢者たちは即答できる。歴代のユダヤ人全員の魂は、彼らが生まれるよりもずっと以前にヤハウェによって創られ、これらの魂がすべてシナイ山に居合わせたのだと賢者たちは主張する。[10] ユダヤ教徒でソーシャルメディアのインフルエンサーであるサルヴァドール・リトヴァクは、二〇一八年にオンラインのフォロワーに次のように説明している。「あなたと私は、いっしょにそこにいました。［……］自らがエジプトを離れたかのように自分自身を見るという義務を果たすとき、それは比喩ではありません。私たちは出エジプトを想像しているのではなく、思い出しているのです[11]」

というわけで毎年、ユダヤ暦の最も重要な祝典で、何百万ものユダヤ教徒が思い出すふりをする――自分が実際には目撃しておらず、おそらくまったく起こっていなかったことを。現代の数多くの調査が示しているように、偽りの記憶を繰り返し語っていると、いずれ人はそれを正真正銘の記憶として受け容れるようになる。[12] 二人のユダヤ教徒が初めて出会ったとき、彼らは自分たちが同じ家族に属していて、かつてエジプトではともに奴隷で、シナイ山でもいっしょだったと、たちまち感じることができる。それこそが、何世紀にもわたっていくつもの大陸に及ぶユダヤ教徒のネットワークを維持してきた、強力な絆なのだ。

共同主観的現実

ユダヤ教の過越の物語は、既存の生物学的な親族の絆を取り上げ、それを拡張することで、大きなネットワークを構築する。そして、厖大な数の人から成る想像上の家族を作り出す。だが物語は、なおさら革命的な方法でネットワークを構築することができる。ＤＮＡと同じで、物語はまったく新しい存在を生み出すことが可能だ。それどころか、物語はまったく新しい現実の次元を創出することさえできる。私たちの知るかぎりでは、物語が出現するまでは、宇宙には二つの次元の現実しかなかった。そこへ、物語が第三の次元を加えた。

物語が語られるようになる前からあった二つの次元の現実は、客観的現実と主観的現実だ。客観的現実は、石や山や小惑星といったもの――私たちがそれらを認識しているかどうかに無関係に存在するもの――から成る。たとえば、地球に向かって突進してくる小惑星は、誰一人それがそこにあるのを知らなかったとしてさえ、存在している。それに加えて主観的現実というものもある。痛みや快感や愛などで、「そこ」にはないが、「ここ」、つまり自分の中にある。主観的なものは、それらについての私たちの自覚の中に存在する。「感じられない痛み」などというのは言葉の矛盾だ。

だが物語のうちには、第三の次元の現実である、共同主観的現実を創り出せるものもある。痛みのような主観的なものは、一人の人間の心の中に存在するのに対して、法律や神、国民、企業、通貨といった共同主観的なものは、大勢の人の心を結ぶネクサスの部分に存在する。より具体的に言えば、それらは人々が互いに語る物語の中に存在する。共同主観的なものについて人間が交換する情報は、その情報交換の前にすでに存在していたものは何一つ表していない。むしろ、情報の交換がそれらのものを創り出すのだ。

私は痛みを感じているとあなたに告げるときには、痛みについてあなたに告げる行為が痛みを生み出しているわけではない。そして、私が痛みについて話すのをやめても、痛みは消えてなくならない。

同様に、私は小惑星を見たとあなたに告げたからといって、それでその小惑星が出現するわけではない。小惑星は、人々がそれについて語ろうと語るまいと存在する。だが、法律や神や通貨について大勢の人が互いに物語を語れば、それが法律や神や通貨を生み出す。もし人々がそれらについて語るのをやめれば、それらは消えてなくなる。共同主観的なものは、情報の交換の中に存在するのだ。

もっと詳しく見てみよう。ピザのカロリーは、私たちがどう思っているかには関係ない。典型的なピザ一枚は、一五〇〇〜二五〇〇キロカロリーだ[13]。それに対して、貨幣――そして、ピザ――の経済価値は、私たちがどう思っているかに完全にかかっている。一ドルあるいは一ビットコインで、ピザを何枚買えるだろうか？　ラズロ・ハニエツは、二〇一〇年に一万ビットコインでピザを二枚買った。これは、知られているかぎりで最初のビットコインによる商取引で、後から振り返れば、そのピザはこれまでで最も高いものでもあった。二〇二一年一一月には、たった一ビットコインが六万九〇〇〇ドル以上に相当していた。だから、ハニエツが二枚のピザに支払ったビットコインには、六億九〇〇〇万ドル以上の価値があったわけで、それだけ払えば、何千万枚ものピザを買えたことだろう[14]。ピザのカロリーは客観的な現実であり、二〇一〇年から二一年まで同じままだったのに対して、ビットコインの経済価値は共同主観的な現実であり、ビットコインについて人々が語ったり信じたりする物語次第で、同じ期間に劇的に変化したのだった。

別の例で考えてみよう。「ネス湖の怪獣はいるのか？」と私が尋ねたとしよう。この疑問は、客観的な次元の現実についてのものだ。ネス湖には恐竜のような動物が本当に棲《す》んでいると信じている人もいる。それは空想あるいはでっち上げだとして退ける人もいる。この議論にきっぱりと決着をつけようとする試みが、ソナーによるスキャンやＤＮＡの調査といった科学的な方法を使って、長年の間に何度もなされた。あの湖に巨大な動物が棲んでいたなら、ソナーに捉えられたり、ＤＮＡの痕跡が見つかったりするはずだ。入手可能な証拠に基づき、ネス湖の怪獣は存在しないというのが科学的な合意になっている（二〇一九年に行なわれたＤＮＡの調査では、三〇〇〇の種の遺伝物質が発見されたが、怪獣のものは見つからなかった。ネス湖には、せいぜい体重五キログラムの巨大ウナギがいる程度だろう）[15]。それでも多くの人が、ネス湖の怪獣は存在すると信じ続けるかもしれないが、そう信じているからといって、客観的現実が変わるわけではない。

客観的な検査によって立証したり、あるいは誤りであることを立証したりできる動物の存在とは違って、国家は共同主観的な存在だ。私たちは普通、それに気づかない。なぜなら誰もが、アメリカや中国、ロシアやブラジルが存在しているのは当たり前だと思っているからだ。だが、特定の国家の存在については、人々の意見が分かれる場合もあり、そういうときには国家が共同主観的な存在である事実が浮かび上がってくる。たとえばイスラエルとパレスティナの紛争は、この問題を軸として展開している。一部の人や政府がイスラエルの存在を認めることを拒む一方、別の人や政府はパレスティナの存在を認めることを拒んでいるからだ。たとえば、二〇二四年現在で、ブラジルや中国の政府は、イスラエルとパレスティナはともに存在すると言っている。アメリカやカメルーンの政府はイスラエルの存在しか認めていない。一方、アルジェリアやイランの政府はパレスティナしか承認していない。他にも、同年の時点で、コソボ（国連の一九三の加盟国の半分ほどが国家と承認している）[16]から、アブハジア（ほぼすべての国がジョージアの主権領域と見ているものの、ロシアやベネズエラ、ニカラグア、ナウル、シリアには国家として承認されている）[17]まで、さまざまな事例がある。

実際、ほぼすべての国家が、独立を勝ち取ろうとしているときに少なくとも一時的には、存在に異論が出る段階を経る。アメリカは一七七六年七月四日に誕生したのか、それとも、フランスなどの他の国家や、ついにはイギリスまでもが承認したときにようやく成立したのか？　七六年七月四日のアメリカ合衆国の独立宣言と、八三年九月三日のパリ条約の締結との間には、ジョージ・ワシントンのようにアメリカの存在を信じる人々もいれば、イギリス国王ジョージ三世のようにその存在を頑として拒絶する人々もいた。

国家の存在をめぐる意見の相違は、DNAの調査やソナーによるスキャンといった、客観的な検査では解決できない。国家は動物とは違って、客観的現実ではないからだ。ある国家が存在するかどうかを問うとき、私たちは共同主観的現実についての疑問を投げ掛けている。ある国家が存在することに十分な数の人々が合意すれば、その国家は存在する。そうすれば、その国家は他の国家とも、非政府組織（NGO）や民間企業とも、法的な拘束力のある協定や合意書に調印することができる。

あらゆるジャンルの物語のうち、共同主観的現実を創り出す物語が、人間の大規模なネットワークを築き上げる上で、これまで最も重要だった。家族にまつわる偽の記憶を植えつけるとたしかに役に立つが、神あるいは国民、法体系、通貨の存在を強く信じていないかぎり、どんな宗教や帝国も長くは存続できなかった。たとえば、キリスト教会の形成のためには、最後の晩餐でのイエスの言葉を人々が思い出すことは重要だったが、絶対不可欠なのは、イエスが人の心を打っただのラビ〔訳註：ユダヤ教の指導者〕ではなく神だと、人々に信じ込ませることだった。ユダヤ教の形成にとって、ユダヤ人がエジプトでの隷属状態からいっしょに脱出したことを「思い出す」行為は役に立ったが、本当に決定的だったのは、ユダヤ人全員に同一の宗教的法体系である「ハラハー」を忠実に守らせることだった。

法律や神や通貨のような共同主観的なものは、特定の情報ネットワーク内ではきわめて強力だが、その外ではまったく意味を持たない。億万長者を乗せたプライベートジェットが絶海の孤島に不時着したとしよう。彼のスーツケースには紙幣や債券がびっしり詰まっているが、そこには彼の他には誰一人いない。彼は、サンパウロかムンバイにいたときには、それらの紙片を使って人々に食べ物を提供させ、衣服を用意させ、身を守らせ、プライベートジェットを製造させることができた。ところが、私たちの情報ネットワークの他のメンバーたちからいったん切り離されてしまうと、彼の紙幣や債券は、たちまち価値を失ってしまう。彼はそれらを使って、島のサルたちに食べ物を提供させることも、舟を作らせることもできない。

物語の力

物語は、偽の記憶を植えつけたり、架空の関係を形成したり、共同主観的現実を創出したりすることを通じて、人間の大規模なネットワークを生み出した。そして、それらのネットワークが世の中の力の均衡を完全に変えた。サピエンスは物語に基づくネットワークのおかげで、あらゆる動物のうちで最強になり、ライオンやマンモスに対してだけではなく、ネアンデルタール人らの太古の他の人類種に対しても、決定的な優位性を獲得した。

ネアンデルタール人は、孤立した小さな生活集団を形成して暮らしていた。そしてわかっているかぎりでは、異なる集団どうしが協力することが仮にあったとしても、それは稀で、わずかでしかなかった。[18] 石器時代のサピエンスも、数十人から成る小さな生活集団を形成して暮らしていた。だが、物語を語るようになると、サピエンスの集団はもう孤立して生きることはなかった。崇拝されている先祖や、トーテム〔訳註：部族や氏族などの集団が、自らや祖先と結びついていると考えている自然物や事象〕である動物、守護霊などについての物語によって、集団どうしがつながり、物語と共同主観的現実を共有する複数の生活集団が、部族を形成した。それぞれの部族は、何百あるいは何千もの人を結びつけるネットワークだった[19]。

大きな部族に所属していれば、争いが起こったときには明らかに有利だった。五〇〇人のサピエンスは、五〇人のネアンデルタール人を楽々打ち負かすことができた[20]。だが、部族のネットワークには、他にも多くの利点があった。もし私たちが五〇人の集団で孤立して暮らしていて、普段の生活圏が深刻な旱魃《かんばつ》に見舞われたら、多くが飢え死にするかもしれない。よそに移ろうとしたら、敵対的な集団に出くわす可能性が高いし、馴染みのない土地で食べ物や水や（道具の製作用の）燧石《すいせき》を見つけるのにも苦労しかねない。だが、もし自分の集団が部族のネットワークの一部なら、困ったときには集団のうちの少なくとも何人かが、遠く離れた友人たちのもとに行って暮らすことができるだろう。もし共有している部族のアイデンティティが十分に強固なら、彼らは私たちを歓迎し、地元に特有の危険や狩猟採集の場所を教えてくれるだろう。そして、一〇年か二〇年後には、今度は私たちが彼らに恩返しできるかもしれない。というわけで、部族のネットワークは、一種の保険の役割を果たした。リスクを、以前よりも多くの人に分散することで最小化したのだ[21]。

サピエンスは平時にさえ、小さな生活集団内の数十人とだけではなく部族ネットワーク全体とも情報を交換し、大きな恩恵を受けることができた。部族内の集団の一つが、前よりも良い槍《やり》の穂先の作り方を発見したり、珍しい薬草を使った傷の癒やし方を覚えたり、服を縫うための針を発明したりしたら、その知識を他の集団へと素早く伝えることができた。サピエンスの一人ひとりは、ネアンデルタール人よりも知能が高くなかったかもしれないが、五〇〇人のサピエンスがいっしょになれば、五〇〇人のネアンデルタール人よりもはるかに高い知能を発揮できた[22]。

これらすべてを可能にしたのが物語だった。物語の力は、唯物論的な歴史解釈には見落とされたり否定されたりすることが多い。特にマルクス主義者は物語のことを、根底にある力関係や物質的な利益を覆い隠す煙幕にすぎないと見る傾向にある。マルクス主義の理論によると、人々はいつも客観的な物質的利害に突き動かされていて、物語を利用するのは、そうした利益を偽装し、競争相手を混乱させるためにすぎないという。たとえば、このような観点に立てば、十字軍の遠征も、第一次世界大戦も、イラク戦争もすべて、宗教や国民主義や自由主義の理想のためではなく、強力なエリートたちの経済的利益のために戦われたことになる。これらの戦争を理解するというのは、神や愛国心や民主主義についての神話的なイチジクの葉を一枚残らず取りのけ、力関係をむき出しにして眺めることを意味する。

ところが、このマルクス主義の見方はシニカルなだけではなく、間違ってもいる。十字軍の遠征や第一次世界大戦やイラク戦争をはじめ、人間の争いのほとんどで、物質的利益がそれなりの役割を果たしたことは確かではあるものの、それで宗教や国民主義や自由主義の理想が何の役割も果たさなかったことにはならない。しかも、物質的利益だけでは、どの陣営とどの陣営が争ったのかは説明できない。一二世紀にフランス、ドイツ、イタリアの地主や商人が団結してレヴァント地方（地中海東岸の地方）の領土と交易路を征服しようとした一方で、フランスと北アフリカの地主や商人が手を組んでイタリアを征服しようとしなかったのはなぜか？　そして、二〇〇三年にアメリカとイギリスがイラクの油田を征服しようとした一方で、ノルウェーのガス田を征服しようとしなかったのはなぜか？これは、人々の宗教的な信念やイデオロギー上の信念を拠《よ》り所としないで、純粋に物質主義的な打算だけで本当に説明がつくのか？

実際には、大規模な人間の集団どうしの関係はみな、物語によって形作られている。そうした集団のアイデンティティそのものが、物語によって定義されているからだ。イギリス人とは誰か、あるいはアメリカ人、ノルウェー人、イラク人とは誰かという客観的な定義はない。これらのアイデンティティはすべて、国民や宗教の神話によって形作られており、それらの神話は絶えず正当性を問われ、修正されている。マルクス主義者は、大規模な集団には物語とは無関係の客観的なアイデンティティや利益があると主張するかもしれない。だが、もしそうだとしたら、なぜ人間だけに部族や国民や宗教のような大規模な集団があって、チンパンジーにはないのかを、どう説明すればいいのか？　なにしろ、人間と同じで、チンパンジーにも客観的な物質的利益があり、飲んだり、食べたり、病気から自らを守ったりする必要がある。彼らもセックスと社会的権力を望む。だが、チンパンジーは大規模な集団を維持できない。そのような集団を結びつけ、そのアイデンティティや利益を定義する物語を創作できないからだ。マルクス主義の考え方とは裏腹に、歴史上の大規模なアイデンティティや利益は、つねに共同主観的だ。けっして客観的ではない。

これは、ありがたいことだ。もし歴史の行方が物質的な利益と権力闘争だけで決まっていたなら、自分と意見が異なる人と話す意味がなくなってしまう。どんな対立も、最終的には客観的な力関係の結果ということになり、その力関係は話し合いだけでは変えようがない。特に、特権階級の人々が、自分たちの特権を神聖視するものしか目にしたり信じたりできなければ、彼らにそれらの特権を放棄させたり信念を変えさせたりできるものが、暴力以外にあるだろうか？　幸い、歴史は共同主観的な物語で決まるので、対立している人々が話し合い、それぞれが信じている物語を変えるか、あるいは誰もが受け容れられる新たな物語を考え出すかすれば、争いが避けられる場合がある。

たとえば、ナチズムの台頭について考えてみよう。何百万ものドイツ人を駆り立ててヒトラーを支持させた、物質的な利益があったことは確かだ。一九三〇年代初めに経済危機が起こらなかったら、ナチスが政権に就くことはおそらくなかっただろう。とはいえ、第三帝国は当時のドイツ社会の根底にあった力関係と物質的利益の必然的な産物だったと考えるのは間違っている。ヒトラーが三三年の選挙に勝ったのは、あの経済危機の最中に示された他の物語のどれでもなくナチスの物語を、何百万ものドイツ人が信じるようになったからだ。それは、ドイツ人が物質的な利益を追求し、特権を守ろうとした必然の結果ではなく、悲劇的な間違いだった。それは間違いだった、ドイツ人はもっと優れた物語を選ぶことができたはずだと、私たちは自信を持って言える。なぜなら、その後に何が起こったかを知っているからだ。一二年に及ぶナチスの支配は、ドイツ人の物質的利益を増進しなかった。ナチズムは、ドイツの荒廃と何百万人もの死を招いた。その後、ドイツ人が自由民主主義を採用すると、それこそが彼らの生活の持続的な向上につながった。ドイツ人は、失敗に終わったナチスによる実験を飛ばして、一九三〇年代の初めにさっさと自由民主主義に信頼を置くことができなかったのだろうか？　できたはずだというのが、本書の立場だ。歴史は、決定論的な力関係によってではなく、魅惑的ではあるが有害な物語を信じることから起こる悲劇的な間違いによって決まる場合が多いのだ。

高貴な嘘

物語の重要性からは、サピエンスの力にまつわる基本的な特性が浮かび上がってくる。そして、力がつねに知恵を伴うわけではない理由も、それで説明がつく。情報の素朴な見方によれば、情報は真実につながり、人々は真実を知れば力と知恵の両方を手に入れやすくなるという。これは心強い話だ。真実を無視する人々はたいして力を得られそうになく、逆に、真実を尊重する人々は大きな力を獲得できるが、その力には知恵による抑制が効くだろうことを、それは意味するからだ。たとえば、人間の生物学的特性についての真実を無視する人々は、人種主義的な神話を信じるかもしれないが、強力な薬や生物兵器は製造できないだろう。一方、人間の生物学的特性を理解している人々は、そのような製造を行なう力は持っているが、人種主義的なイデオロギーのためにその力を使ったりはしないことになる。もしこれが本当に正しかったなら、私たちは大統領や高位の聖職者やＣＥＯ（最高経営責任者）が賢くて正直だと信じて、枕を高くして眠れることだろう。政治家も、何かしらの運動も、どこかの国も、嘘や欺瞞の助けを借りて、ときおりうまくやることがあるかもしれないが、長い目で見れば、それは自滅的な戦略となるはずだから。

残念ながら、これは私たちの暮らす世界の実状ではない。昔から、真実を知ることは、力の源泉のごく一部にすぎない。力は、大勢の人々の間で秩序を保つ能力にも由来する。あなたが原子爆弾を作りたいとしよう。それに成功するためには、当然ながら、物理学の正確な知識が必要だ。だが、ウラン鉱を掘り出し、原子炉を建設し、建設労働者や鉱山労働者や物理学者に食べ物を提供するためには、大勢の人も必要とする。マンハッタン計画では、約一三万人が直接雇用され、彼らを支えるために、さらに何百万もの人が働いた。[23] ロバート・オッペンハイマーが自分の方程式に没頭できたのは、昼食用のジャガイモを育ててくれる農場労働者は言うまでもなく、カナダ北部のエルドラド鉱山とベルギー領コンゴのシンコロブエ鉱山でウランを掘り出す何千もの鉱山労働者に頼れたからだ。[24] もしあなたが原子爆弾を作りたかったら、何百万もの人に協力させる方法を見つけなくてはならない。

これは、人間が行なう野心的な事業ならどれにも当てはまる。石器時代にマンモス狩りに出掛ける集団は当然ながら、マンモスについての正真正銘の事実をそれなりに知る必要があった。もし彼らが、呪文を唱えればマンモスを殺せると信じていたら、狩りは失敗に終わっただろう。だが、マンモスについての事実を知っているだけでは、やはり不十分だった。狩人《かりゅうど》たちは、全員が必ず同じ計画に同意し、命の危険に直面してさえ各自の役割を勇敢に果たすようにする必要もあった。呪文を唱えれば、死んだ狩人に良い来世が保証できると彼らが信じていたら、狩りがうまくいく可能性が大幅に高まった。客観的には、呪文を唱えても効果がなく、死んだ狩人に何の恩恵ももたらさないとしても、生きている狩人たちがそれでなおさら勇気が出て、団結力も高まるのなら、狩りの成功に対するきわめて重要な貢献となった。[25]

もしあなたが物理の事実を無視して爆弾を作ったら、その爆弾は爆発しない。だが、事実を無視してイデオロギーを構築しても、そのイデオロギーは依然として爆発的な力を持つかもしれない。力は真実と秩序の両方を頼みとしているものの、たいていは、イデオロギーを構築して秩序を保つ方法を知っている人が主導権を握り、爆弾の作り方やマンモスの狩り方を知っているだけの人に指示を出す。ロバート・オッペンハイマーはフランクリン・デラノ・ローズヴェルトに従ったのであり、その逆ではなかった。同様に、ドイツの物理学者ヴェルナー・ハイゼンベルクはアドルフ・ヒトラーに服従し、ソ連の核物理学者イーゴリ・クルチャトフはヨシフ・スターリンの言いなりだったし、現代のイランの核物理学者は、シーア派の神学者の命令どおりにする。

上層部の人間なら知っているのに、核物理学者がいつも気づくとはかぎらないことがある。それは、宇宙についての真実を語るのが、大勢の人間の間に秩序を生み出す最も効率的な方法には程遠いということだ。$E=mc^2$、すなわちエネルギーは質量と光速の二乗の積に等しいというのは正しいし、宇宙で起こることの多くをこの式で説明できるが、$E=mc^2$であるのを知っていても、政治的な意見の相違はたいてい解消できないし、人々を奮い立たせて共通の大義のために犠牲を払わせることもできない。人間のネットワークを維持するのは、虚構の物語、特に、神や貨幣や国民といった共同主観的なものについての物語の場合が多い。人々を団結させることに関しては、もともと虚構には真実よりも有利な点が二つある。第一に、虚構は好きなだけ単純にできるのに対して、真実はもっと複雑になりがちだ。なぜなら、真実が表しているはずの現実が複雑だからだ。国民についての真実を例に取ろう。自分が所属している国民という集団が、自分たちの集合的想像の中にしか存在しない共同主観的存在であることを理解するのは難しい。政治家が演説で、国民とは共同主観的存在であるなどと言うのを、私たちが耳にすることはめったにない。自分の属する国民は神に選ばれた人々であり、創造主によって何か特別な使命を託されていると信じるほうが、はるかに易しい。この単純な物語は、イスラエルからイランまで、そしてアメリカからロシアまで、無数の国の政治家によって繰り返し語られてきた。

第二に、真実はしばしば不快で不穏であり、それをもっと快く気分の良いものにしようとしたら、もう真実ではなくなってしまう。それに対して、虚構はいくらでも融通が利く。どの国民の歴史にも人々が認めたり思い出したりしたくない暗い出来事があるものだ。イスラエルの占領下にあるパレスティナの一般市民にどれだけ悲惨な思いをさせているかを、イスラエルの政治家が選挙演説で詳しく語ったら、票が集まりそうにない。逆に、不愉快な事実を無視し、ユダヤ人の過去における栄光の時に焦点を当て、必要に応じていつでも遠慮なく粉飾を行なって国民神話を築き上げる政治家は、圧勝して政権に就くだろう。これはイスラエルだけの話ではなく、あらゆる国に当てはまる。イタリア人やインド人のなかに、自分たち国民についてのありのままの真実を聞きたがる人がどれだけいるだろうか？　いっさい妥協することなく真実を堅持するのは、科学の進歩にとっては不可欠だし、精神的な慣行としても見上げたものだが、勝利をもたらす選挙戦略ではない。

プラトンはすでに著書『国家』で、自分の理想の国家の樹立は「高貴な嘘」に基づくことになるだろうと考えた。「高貴な嘘」とは、社会秩序の源泉についての架空の物語であり、国民の忠誠を確保し、彼らが政体に疑いを抱くのを防ぐものだ。プラトンは次のように書いている。国民は、みな大地から生まれ、大地は彼らの母であり、したがって彼らは母国に、親に対するような忠誠心を抱かなければならないと告げられるべきだ。さらに、彼らが大地の胎内に宿されたとき、神々が彼らの中に金、銀、銅、鉄という異なる金属のどれかを混ぜ込んだので、黄金の支配者と銅の被支配者との間の自然な階層制は正当化できるとも告げられるべきだ。プラトンの理想国家は、ついに実現することはなかったが、はるか昔から無数の政治組織が、この高貴な嘘のさまざまなバージョンを語ってきた。

プラトンが高貴な嘘という言葉を使ったからといって、私たちは、すべての政治家が嘘つきだとか、すべての国民の歴史は欺瞞だとか、結論するべきではない。真実を語るか、それとも嘘をつくかの二者択一では断じてないからだ。そこには第三の選択肢がある。架空の物語を語るのが嘘をつく行為になるのは、その物語が現実を正しく表示しているというふりをしたときだけだ。架空の物語を語っても、そのようなふりをするのを避け、既存の客観的現実を表すのではなく新しい共同主観的現実を創り出そうとしていることを認めれば、嘘をついていることにはならない。

たとえばアメリカ合衆国憲法は、一七八七年九月一七日に憲法制定会議が署名し、八九年に施行された。この憲法は、この世界についての既存の真実は何一つ明かさなかったものの、ここが肝心なのだが、嘘でもなかった。憲法の起草者たちはプラトンの勧めを拒み、条文の起源について誰も欺かなかった。彼らは、条文が天から下されたとか、何かしらの神から霊感を受けて書かれたとかいったふりもしなかった。そうする代わりに、可謬の人間によって生み出された、極度に独創的な法的虚構であることを認めた。

この憲法は、「我々合衆国国民は、より完全な連邦を形成するために［……］本憲法を制定し、確定する」というふうに、それ自体の起源について述べている。合衆国憲法は、人為的な法的虚構であることを認めているのにもかかわらず、現に強力な連邦を形成してのけた。そして、何百万、何千万、何億という、多種多様な宗教や民族や文化の集団に属する人々の間に、二世紀以上にわたって驚くほどの秩序を維持してきた。合衆国憲法はこうして、何かを表していると主張することなどまったくないまま、それでも厖大な数の人に秩序立った行動をさせる楽曲のように機能してきた。

ここでぜひとも指摘しておかなければならないが、「秩序」を公平性や正義と混同してはならない。合衆国憲法によって生み出され、維持された秩序は、奴隷制や女性の従属、先住民の土地の収用、極度の経済的不平等を黙認していた。だが、合衆国憲法の真髄は、それが人間の創作した法的虚構であるのを認めることによって、それ自体を修正して自らの不正義を正す合意に達するようなメカニズムを提供できた点だ（これについては第5章で詳しく取り上げる）。憲法第五章は、議会がそのような修正をどのように発議して承認できるかを詳しく述べている。その修正は、「あらゆる意味において、本憲法の一部として効力を持つ」。この憲法が書かれてから一世紀もしないうちに、修正第一三条によって奴隷制は廃止された。

合衆国憲法はこの点で、十戒のように、自らが虚構であるという本性を否定し、神に由来すると主張する物語とは根本的に違っていた。十戒も合衆国憲法と同様、奴隷制を是認していた。第一〇の戒律にはこうある。「隣人の家を欲してはならない。隣人の妻、男女の奴隷、牛とろばなど、隣人のものを一切欲してはならない」(「出エジプト記」二〇章一七節)〔訳註：本書では、聖書からの引用の訳は日本聖書協会『聖書　聖書協会共同訳』より〕。つまり、神は人々が奴隷を持つのをまったく問題視しておらず、誰か他の人の奴隷を欲しがることにだけ異議を唱えているというふうに、この一節は読める。だが合衆国憲法とは違い、十戒は修正メカニズムを提供しそこなった。「三分の二以上の賛成票によって戒律を修正することができる」という第一一の戒律はない。

これら二つの文書の間の、この決定的な違いは、その冒頭から明らかだ。合衆国憲法は「我々合衆国国民は」で始まる。人間に由来するものだと認めることで、この憲法は人間に内容を修正する力を与える。十戒は「私は主、あなたの神」で始まる。神に由来するものだと主張することで、十戒は人間がこれらの戒律を変える可能性を排除する。その結果、聖書のこの文書は、今日でさえ奴隷制を依然として是認している。

人間の政治制度はみな虚構に基づいているが、それを認めるものもあるし、認めないものもある。社会秩序の起源について正直な制度は、その秩序に変更を加えやすい。私たちのような人間が考案したのなら、私たちには修正することができる。だが、そのような正直さには代償が伴う。社会秩序が人間に由来するものであることを認めれば、全員を説得してその秩序に同意させるのが難しくなる。私たちのような人間が考案したのなら、なぜそれを受け容れなければならないのか？　第5章で見るように、一八世紀後半まで、マスコミュニケーションのテクノロジーがなかったため、社会秩序の規則について何百万もの人の間で公開討論を行なうのは極端に難しかった。したがって、ロシアの皇帝やイスラム教国の最高指導者《カリフ》や中国の天子は、社会の基本的な規則は天から下されたもので、人間による修正の余地はないと主張して、秩序の維持を図った。二一世紀の初めになっても、多くの政治制度が依然として超人間的な権威を主張し、自らにとって望ましくない結果を招きかねない公開討論を阻んでいる。

永続的なジレンマ

虚構が歴史で果たす主要な役割が理解できたところで、より完全に近い情報ネットワークのモデルを示すことがようやく可能になった。そのモデルは、情報の素朴な見方と、その見方に対するポピュリストの批判の両方を超越する。素朴な見方とは裏腹に、情報は真実の原材料ではないし、人間の情報ネットワークは真実の発見だけに向けてできているわけでもない。だが、ポピュリズムの見方とは裏腹に、情報はただの武器でもない。むしろ、人間の情報ネットワークはどれも、生き延びて栄えるには、真実を発見し、しかも秩序を生み出すという、二つのことを同時にする必要がある。したがって、歴史が展開するにつれ、人間の情報ネットワークは二組の別個の技能を伸ばしてきた。一方では、素朴な見方が見込むとおり、それらのネットワークは医学やマンモス狩りや核物理学などをより正確

情報の素朴な見方

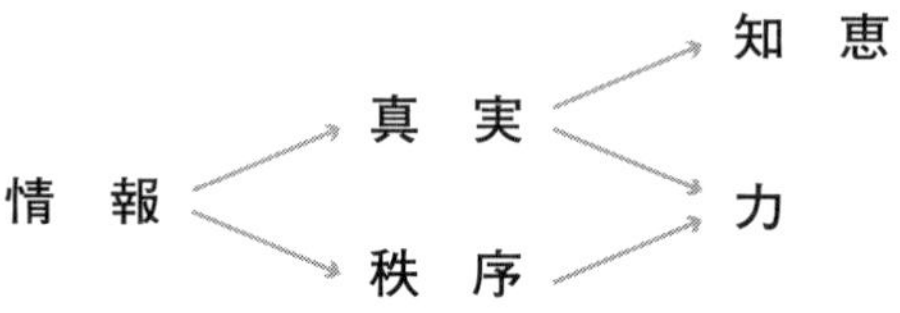

情報の複雑な見方

に理解するために、どのように情報を処理すればいいかを学んだ。同時に、正直な説明ばかりではなく虚構や空想、プロパガンダ、そしてときには真っ赤な嘘にも頼り、しだいに大勢の人々の間でより強固な社会秩序を維持するために、どのように情報を使えばいいかも学んだ。

多くの情報を持っているだけでは、真実も秩序も手に入るとはかぎらない。情報を使って真実を発見し、同時に情報を使って秩序を維持するのは、困難なプロセスだ。これら二つのプロセスが、しばしば矛盾するからなお悪い。なにしろ、秩序は虚構を通してのほうが維持しやすいことが多いからだ。アメリカ合衆国憲法の場合のように、ときには虚構の物語が自らの虚構性を認めることがあるだろうが、たいていは否定する。たとえば宗教は、人間によって考え出された虚構の物語ではなく客観的で永遠の真実であると、必ず主張する。そのような場合には、真実の探求は社会秩序の土台を脅かす。多くの社会が、住民たちに自らの本当の起源を知らないでいることを求める。無知は力なり、なのだ。では、人々が不快なまでに真実に迫ったときには、どうなるのか？　同じ情報がこの世界についての重要な事実を明らかにすると同時に、社会を一つにまとめている高貴な嘘を切り崩しもするときには、何が起こるのか？　そうした場合には、社会は真実の探求に制限を課すことで、秩序を守ろうとしかねない。一目瞭然なのが、ダーウィンの進化論の例だ。進化を理解すれば、ホモ・サピエンスを含め、多様な種の起源と生物学的特性の理解がおおいに進むが、多数の社会で秩序を維持している重要な神話の数々が損なわれもする。さまざまな政府や教会が、進化を教えることを禁じたり制限したりし、秩序のために真実を犠牲にすることを選んできたのも無理はない[26]。

これと関連した、次のような問題もある。情報ネットワークは、人々が真実を探求することを可能にし、促しさえするかもしれないが、それは社会秩序を脅かすことなしに力を生み出す特定の分野に限られるという問題だ。その結果、著しく知恵を欠いた非常に強力なネットワークが誕生しうる。たとえばナチスドイツは、化学や光学、工学、ロケット科学の各分野で世界でも一流の専門家の多くを輩出した。後にアメリカ人を月に送り込んだのも、主にナチスのロケット科学だった[27]。ナチスはこの卓越した科学的能力の助けを借りて、きわめて強力な軍事力を築き上げた挙句、その軍事力を、殺意に満ちた精神錯乱の神話のために使った。ナチスの支配下で、ドイツ人はロケット科学を発展させることを奨励されたが、生物学と歴史にまつわる人種主義的な理論の正当性を自由に問うことは許されなかった。

人間の情報ネットワークの歴史が、進歩を重ねる勝利の大行進ではない大きな理由がそこにある。何世代にもわたって、人間のネットワークはしだいに強力になったが、必ずしもしだいに賢くはなっていない。ネットワークは、真実よりも秩序を優先するなら、非常に強力にはなれても、その力を無分別に使ってしまいかねない。

人間の情報ネットワークの歴史は、進歩の大行進ではなく、真実と秩序のバランスを取ろうとする綱渡りだ。二一世紀の私たちは、適切なバランスを見つけるのが、石器時代の祖先よりもたいしてうまくない。グーグルやフェイスブックのような企業の理念の内容には反して、私たちの情報テクノロジーの速度と効率を増すだけでは、世の中は必ずしもより良い場所にはならない。真実と秩序のバランスを取る必要性が、より切迫したものになるだけだ。物語の発明が、すでに何万年も前にこの教訓を与えてくれた。そして、人間が第二の偉大な情報テクノロジー、すなわち文書を考案したときにも、同じ教訓が与えられることになった。

第3章　文書——紙というトラの一噛み

人間が開発した最初のきわめて重要な情報テクノロジーが物語だった。物語は、あらゆる大規模な人間の協力の土台を築き、人間は地球上で最強の動物となった。だが、情報テクノロジーとしての物語には限界がある。

その限界を正しく認識するには、物語を語ることが国家の形成に果たした役割を考えるといい。多くの国家は、最初は詩人たちが想像の世界の中で着想したものだ。今日のイスラエル人には、サラ・アーロンソーンと地下組織のＮＩＬＩはパレスティナにユダヤ人国家を確立するために一九一〇年代に命を危険にさらした、先駆的なシオニスト〔シオニズム〔訳註：パレスティナにユダヤ人の民族国家を建設しようという運動〕の信奉者〕として記憶されているが、ＮＩＬＩのメンバーはそもそもどこからシオニズムという考え方を採用したのか？　彼らの着想の源泉は、テオドール・ヘルツルやハイム・ナフマン・ビアリクといった、それ以前の世代の詩人や思想家やビジョンの持ち主たちだった。

ウクライナ出身のユダヤ人であるビアリクは、一八九〇年代から二〇世紀最初の一〇年間にかけて多数の詩と短編を発表した。それらの作品は、ヨーロッパ系ユダヤ人の迫害と弱さを嘆き悲しみ、自らの運命を自らの手中に収めるように——武力で自分を守り、パレスティナへ移住し、自分たちの国家を打ち立てるように——呼び掛けた。彼の詩のうちでもとりわけ胸を打つ、「虐殺の町にて」という一編は、一九〇三年の「キシニョフ・ポグロム」を受けて書かれた〔訳註：現在は「キシナウ」と呼ばれる「キシニョフ」はモルドバの首都で、ロシア帝国の占領下にあったときに「ポグロム」、すなわちユダヤ人の大虐殺が行なわれた〕。キシニョフ・ポグロムとは、ユダヤ人四九人が殺害され、さらに何十人もが負傷した事件だ。(1)「虐殺の町にて」は、この反ユダヤ主義の残虐行為を犯した凶悪な暴徒を糾弾しているが、それだけでなく、反戦主義で無力だとしてユダヤ人自身のことも非難している。

ビアリクは、ある痛ましい場面で、割って入るのが恐ろしくて夫や兄弟が近くに身を隠すなか、ユダヤ人女性たちが集団レイプされる様子を語っている。この詩は、ユダヤ人男性たちを恐れおののくネズミになぞらえ、彼らが神に奇跡を行なうように黙って祈るものの、かなえられないところを描く。それから詩は、ポグロムが終わった後でさえ、生存者は武装するつもりはまったくなく、レイプされた女性は今や儀式的に「凌辱《りょうじょく》」されたのか、それとも、依然として「純潔」なのかについて、「タルムード」〔訳註：ユダヤ教の口伝律法とその註解《ちゅうかい》をまとめた聖典〕に即した議論を始めるところを描写する。この詩は今日、イスラエルの多くの学校で読むことを義務づけられている。そしてまた、二〇〇〇年にわたって史上有数の反戦主義集団だったユダヤ教徒が、どうして世界でも指折りの強力な軍隊を築いたかを理解したい人なら誰にとっても、必読の作品だ。ビアリクがイスラエルの国民詩人と呼ばれるのも無理はない。(2)

ビアリクはウクライナで暮らし、東ヨーロッパでのアシュケナジーム系ユダヤ人の迫害は熟知していたものの、パレスティナの状況はほとんど理解していなかったため、その後のユダヤ人とアラブ人の対立を煽《あお》ることになった。ビアリクの詩に触発されたユダヤ人は、自らを犠牲者と見なし、軍を組織して自分たちの国を建設する緊急の必要性を感じたが、それがパレスティナのアラブ住民に与える壊滅的な影響も、「ミズラヒーム」と呼ばれる、もともと中東に住んでいるユダヤ人のコミュニティにさえも及ぼす壊滅的な影響も、ほとんど考慮に入れなかった。一九四〇年代後半にアラブ＝イスラエル紛争（中東戦争）が勃発すると、何十万ものパレスティナ人と何十万ものミズラヒームが中東の先祖代々の故郷から追い出されたが、それは部分的には、半世紀前にウクライナで書かれた詩のせいだった(3)。

ビアリクがウクライナで執筆していた頃、ハンガリー出身のユダヤ人テオドール・ヘルツルは、一八九〇年代から二〇世紀初めにかけて、せっせとシオニズム運動を組織していた。彼は自分の政治的行動主義の中核として、二冊の本を出版した。『ユダヤ人国家――ユダヤ人問題の現代的解決の試み』（一八九六年）は、ユダヤ人国家をパレスティナに確立するというヘルツルの考えを略述する声明書だ。『古くて新しい国』（一九〇二年）は、一九二三年という設定のユートピア小説で、ヘルツルが構想していた繁栄するユダヤ人国家を描き出す。やはりパレスティナの現場の実状を無視する傾向という決定的な問題を抱えていたこれら二冊は、シオニズム運動の行方を決める上で大きな力を振るった。『古くて新しい国』は、『テルアヴィヴ』（「古くて新しい国」のヘブライ語への意訳で「春の丘」の意）という題でヘブライ語で出された。刊行から七年後に設立されたテルアヴィヴの町は、この本から名前を取った。ビアリクがイスラエルの国民詩人であるのに対して、ヘルツルはイスラエル国家の構想者として知られている。

ビアリクとヘルツルが紡いだ物語は、その時代の現実にまつわる多くの決定的な事実を無視しており、特に目立つのが、一九〇〇年前後にはパレスティナのユダヤ人は、約六〇万というその地域の全人口のわずか六〜九パーセントしか占めていなかったという事実だ。[4] ビアリクとヘルツルは、人口に関するそのような事実を無視する一方で、神話、それもとりわけ聖書の物語をおおいに重視した。神話抜きでは、現代のシオニズムは想像できない。ビアリクとヘルツルは、ヨーロッパの他のほぼすべての民族集団が一九世紀に創出した国民主義の神話の影響も受けていた。ウクライナのユダヤ人であるビアリクとハンガリーのユダヤ人であるヘルツルがシオニズムのためにしたことは、それ以前に詩人のタラス・シェフチェンコがウクライナの国民主義のために、[5] ペテーフィ・シャーンドルがハンガリーの国民主義のために、[6] アダム・ミツキェヴィチがポーランドの国民主義のためにしたことと同じだった。周り中で他の国民運動が盛んになるのを目の当たりにしたヘルツルは、国家は「夢や歌や空想から」立ち現れる、と書いた。[8]

だが、夢や歌や空想は、どれほど人を鼓舞するものであっても、きちんと機能する国民国家を出現させるのには十分ではない。ビアリクは、何世代ものユダヤ人闘士を奮い立たせたが、軍を武装させて維持するには、増税して銃を買うことも必要だ。ユートピアについてのヘルツルの著書は、テルアヴィヴの町の土台にはなったが、その町を維持するには、下水設備の建設も必要だった。詰まるところ、愛国心の本質は、母国の美しさについての感動的な詩を暗唱することではないし、外国人や少数派に対する憎しみに満ちた演説をすることでもけっしてない。むしろ愛国心は、同国人ならば自分とは縁もゆかりもない人々でさえ下水設備に加えて治安や教育や医療の恩恵を享受できるように、税金を払うことを意味する。

こうしたサービスをすべて維持し、必要な分だけ徴税するには、財産や支払い、控除、減価、負債、在庫品、発送、予算、請求書、給与などについての厖大な情報を集め、保存し、処理しなければならない。ところがこれは、記憶に残る詩や人の心をつかむ神話に変えられるような種類の情報ではない。税の記録は、項目別の単純な記録から、より手の込んだ表やスプレッドシートまで、多種多様なリストの形を取る。これらのデータセットはどれほど複雑になろうと、物語を避け、未払い額と支払い額を素っ気なく並べ立てる。詩人はこのようなつまらない事実は無視しても大丈夫だが、税務職員はそうはいかない。

リストは、国家の税制度だけではなく、金銭を扱う他の複雑な機関のほぼすべてにとってもきわめて重要だ。企業も銀行も株式市場も、リストなしには存在しえない。教会も大学も図書館も、収支を合わせたければ、物語で人々を魅了することのできる聖職者や詩人に加えて、さまざまな種類のリストの扱いに精通した会計士も必要とすることに、たちまち気づく。

リストと物語は、互いに補い合う。国民神話は納税記録を正当化でき、納税記録は野心的な物語を具体的な学校や病院に変える助けになる。それと同じようなことが、金融の分野でも起こる。ドルもポンドもビットコインもみな、人々を説得して物語を信じ込ませることで誕生し、銀行家や財務長官や投資の第一人者が語る物語によって、その価値が上下する。連邦準備制度理事会（FRB）の議長がインフレを抑え込みたいときや、財務長官が新しい予算を成立させたいときや、テクノロジーの分野の起業家が投資家を惹《ひ》きつけたいときには、みな物語を語るという方法に頼る。だが、実際に銀行や予算や企業を管理するには、リストが欠かせない。

リストには大きな問題点があり、それは物語との決定的な相違点でもある。すなわち、リストは物語とは比べ物にならないほど退屈でありがちなのだ。それはつまり、物語は簡単に覚えることができるのに、リストを覚えるのは難しいことを意味する。これは、人間の脳が情報を処理する方法に関する、重要な事実だ。大量の情報でさえ、物語の形にまとめられていれば、上手に取り込み、保持し、処理できるように、私たちの脳は進化によって適応した。ヒンドゥー教の神話の根本を成す物語の一つである『ラーマーヤナ』は、二万四〇〇〇もの詩節から成り、現代の版では約一七〇〇ページにも及ぶが、これほど長大であるのにもかかわらず、ヒンドゥー教徒たちは幾世代にもわたってそれを首尾良く記憶に収め、暗唱してきた(9)。

二〇世紀から二一世紀にかけて、『ラーマーヤナ』は繰り返し映画化されたりテレビドラマ化されたりした。一九八七年から翌八八年にかけて放送された七八話のバージョン（合計約二七三〇分）は、世界で最も視聴された連続テレビドラマとなり、六億五〇〇〇万を超える視聴者を獲得した。ＢＢＣ（イギリス放送協会）の報告によると、このドラマの放送中には、「通りから人影が消え、店は閉まり、人々はテレビに群がって画面にかじりついた」という。二〇二〇年の新型コロナウイルス感染症のロックダウンのとき、このシリーズは再放送され、またしても世界で最も多く視聴された(10)。現代のテレビの視聴者は、どんな文書であれ暗記する必要はないが、彼らにとって大作ドラマや探偵物のスリラーやメロドラマの複雑な筋を追うのがいともたやすいことは、注目に値する。彼らは、登場人物のそれぞれが誰で、他の多数の登場人物とどう関連しているかを、苦もなく思い出すことができる。私たちはこのような記憶の離れ業をやってのけるのに慣れ切っているので、それがどれほど並外れたことなのか、めったに考えたりしない。

私たちが、叙事詩や長期に及ぶテレビの連続ドラマを記憶にとどめるのがこれほど得意なのは、人間の長期記憶が物語を保持しておくのに特別に適応しているからだ。ケンドール・ヘイヴンが二〇〇七年の著書『物語の強み——物語の驚くべき力の背後にある科学』（*Story Proof: The Science Behind the*

Startling Power of Story)』に書いているように、「人間の心は［……］自分の人生を読み解き、理解し、記憶し、計画するための主要なロードマップとして物語や物語の構造に頼る。［……］人生は物語に似ている。なぜなら私たちは物語という観点で考えるからだ」。ヘイヴンは一二〇以上の学術研究を参照し、以下のように結論する。物語は「事実や概念や感情についての情報や暗黙の情報のための伝達手段」として非常に効率的であるという「証拠を、さまざまな研究が圧倒的に、説得力のある形で、何の異議の申し立ても受けることなく、提供している」[11]。

それとは対照的に、ほとんどの人はリストを暗記するのが難しいと感じるし、インドの納税記録や年間予算がテレビで延々と読み上げられるのを観る気がする人はほとんどいないだろう。項目のリストを覚えるのに使われる記憶法は、項目から巧みに筋を織り成し、リストを物語に仕立てるものが多い[12]。だが、そうした記憶法の助けを借りても、自国の納税記録や予算をそっくり覚えられる人などいるだろうか？　そのような情報は重要極まりない。国民が享受する医療や教育や福祉のサービスの質が、それによって決まるからだ。ところが、私たちの脳はその種の情報を覚えておくようには適応していない。国民的な詩や神話は頭の中にしまっておけるが、それとは違い、複雑な国家の税制度や行政制度は、機能するために独特の非有機的な情報テクノロジーを必要としてきた。このテクノロジーが文書だ。

貸付契約を殺す

文書は多くの場所でさまざまな時代に発明された。最初期の例のいくつかは、古代メソポタミアのものだ。ウルの王シュルギの治世の四一年目（紀元前二〇五三／四年頃）、一〇番目の月の二八日目の日付のある楔形文字《くさびがたもじ》の粘土板には、その月のヒツジとヤギの受け渡しが記録されていた。月の二日目にはヒツジが一五頭届けられ、三日目には七頭、四日目には一一頭、五日目には二一九頭、六日目には四七頭という具合で、二八日目には三頭が届けられた。その月にはヒツジとヤギを合計で八九六頭受け取ったことが粘土板には記されている。これらの受け渡しをすべて覚えておくことは、人々の服従ぶりを監視し、入手可能な資源を継続的に把握するために、王の行政にとって重要だった。それを人間の頭の中でやるのは手強い難題だったが、経験を積んだ書記にとって、それを粘土板に書きとめるのはたやすかった[13]。

物語や、歴史上の他のあらゆる情報テクノロジーと同じで、文書も現実を必ずしも正確に表してはいなかった。たとえば、ウルの粘土板には間違いがあった。その月には合計で八九六頭のヒツジとヤギを受け取ったと記されているが、現代の学者たちが日々の数を足し合わせると、合計は八九八頭になった。その文書を書いた書記は、総数を計算するときに、どうやら間違えたらしい。そしてその粘土板が、その間違いを後世にまで残してくれたのだ。

だが、正誤はともかく、文書は新たな現実を創り出した。文書が財産や税や支払いのリストを記録してくれたおかげで、行政制度や王国、宗教団体、交易ネットワークを生み出すのがはるかに楽になった。より具体的に言えば、文書は共同主観的現実を創出するために使われる方法を変えた。口承文化では、共同主観的現実は、多くの人が口で繰り返し、頭に入れておける物語を語ることで創り出された。したがって、人間が創り出せる種類の共同主観的現実には脳の容量という限度があった。人間は、脳が記憶できない共同主観的現実は創出できなかった。

ところがこの限界は、文書を書くことによって乗り越えることができた。文書は、客観的で経験的な現実を表してはいなかった。文書そのものが現実だったのだ。後の章で見るように、そのために文書は前例やモデルを提供し、それがやがてはコンピューターに使われるようになる。共同主観的現実を創出するコンピューターの能力は、粘土板や紙片の力の延長線上にある。

重要な例として、所有権を考えてほしい。文書を持たなかった口承のコミュニティでは、所有権はコミュニティのメンバーの言葉と行動を通して創り出される共同主観的現実だった。あなたがある畑を所有しているというのは、その畑があなたのものであることに隣人たちが同意しており、彼らがそれに従って行動することを意味した。彼らは、まずあなたの許可を得ることなしには、その畑に小屋を建てたり、そこで自分の家畜に草を食《は》ませたり、果実を摘んだりしなかった。所有権は、人々が絶えず物事を互いに口にしたり行動で示したりすることによって生み出され、維持された。その結果、所有権は地方のコミュニティ内の事柄となり、遠く離れた中央の権力があらゆる土地所有権を支配する能力に制約が課された。何百もの遠い村のそれぞれの畑を誰が所有しているかなど、覚えていられる王や大臣や聖職者はいなかった。また、個人が絶対的な財産権を主張したり行使したりする能力も制限され、さまざまな形態のコミュニティの財産権のほうが重視された。たとえば、あなたの隣人たちは、ある畑をあなたが耕す権利は認めるかもしれないが、その畑を外国人に売り払う権利は認めないかもしれない。(14)

ところが、読み書きが行なわれている国家では、畑を所有するとは、それが粘土板や竹簡、紙片、シリコンチップなどに、その所有権が記されることを、しだいに意味するようになった。たとえ、ある土地で隣人たちが長年ヒツジに草を食ませていて、その誰一人としてあなたがその土地を所有しているとは一度も言ったことがなくても、それがあなたのものであると書かれた公式の文書を示すことができれば、あなたは自分の権利を行使できる見込みがおおいにある。逆に、隣人たちがみな、それはあなたの畑だと同意しても、それを証明する公式の文書がなければ、おあいにくさま、ということになる。所有権は依然として、情報交換によって創り出された共同主観的現実だが、今やその情報は、人々が互いに口にする言葉や見せる仕草ではなく、文書（あるいはコンピューターファイル）の形を取る。つまり、所有権は今では関連する文書を発行して保管する中央の権力によって決まりうるということだ。そしてまた、あなたは隣人たちの許可を求めなくても、肝心の文書を誰か他の人に譲るだけで、自分の畑を売却できるということでもある。

　共同主観的現実を創出する文書の力は、古代アッシリアの方言に見事に表れている。その方言は、書類を生き物のように扱い、殺すことも可能であるかのように言い表す。借金が返済されると、貸付契約は「殺された（*duākum*）」のだという。これは、粘土板を砕いたり、それに何かの印を加えたり、粘土板の封を切ったりすることで行なわれた。貸付契約は現実を表してはいなかった。契約こそが現実だった。もし誰かが借金を返しても「文書を殺す」のを怠れば、借りは依然として残った。逆に、借りを返さなくても何らかの形で——ことによると、イヌに噛《か》まれでもして——文書が「死ぬ」ことがあれば、負債はもうなくなった[15]。同じことが貨幣でも起こる。もし飼いイヌに一〇〇ドル札を食べられてしまえば、その一〇〇ドルはもう存在しなくなる。

　シュルギが支配するウルでも、古代アッシリアでも、その後の無数の政治組織でも、社会的関係や経済的関係や政治的関係は、たんに現実を表すのではなく、現実を創り出す文書に頼ってきた。弁護士や政治家や実業家は、憲法や平和条約や商事契約を起草するときには、一語一語について何週間も、ことによると何か月も議論を戦わせる。なぜなら彼らは、それらを記した紙が途方もない力を振るうことを承知しているからだ。

文書検索と官僚制

新しい情報テクノロジーはどれも、想定外の障害にぶつかる。新しいテクノロジーは、それまでの問題を解決するが、新たな問題も生む。紀元前一七三〇年代の初めに、メソポタミアのシッパルの町に住むナラムタニという女性神官が、親戚に粘土板の手紙を書き、その親戚が自宅に保管している数枚の粘土板を送ってくれるように頼んだ。自分の相続権に異議が申し立てられ、それらの文書がなければ、自分が正しいことを裁判所で証明できないからと彼女は説明した。彼女は、次のような嘆願でその手紙を締めくくっている。「どうか、見捨てないでください！」[16]

その後の展開はわからないが、もしその親戚が自宅を探しても、問題の粘土板を見つけられなかったらどうなるか、想像してほしい。人々が生み出す文書が増えるにつれ、必要な文書を見つけるのが格段に難しくなった。王や聖職者、商人、その他誰であれ、保管所に何千という文書が積み上がっていく人にとっては、とりわけ大きな頭痛の種となった。お目当ての納税記録や領収書や業務契約書を、必要なときにどうやって見つければいいのか？　特定の種類の情報を記録するときには、文書は人間の脳よりもはるかに優《まさ》る。だが文書は、じつに厄介な問題を新たに生み出した。検索だ。[17]

脳は何百億ものニューロンと何兆ものシナプス（ニューロンどうしの接合部）から成るネットワークの中に保存してあるどんな情報も、驚くほど効率的に検索できる。脳には、私生活や国民の歴史や宗教の神話などについての無数の複雑な物語が保管されているが、健康な人なら、そのどれについての情報も、一秒に満たないうちに検索することができる。今朝、何を食べたか？　初恋の相手は誰だったか？　祖国が独立を勝ち取ったのはいつか？　聖書はどんな言葉で始まるか？

あなたはこうした情報をすべて、どうやって検索したのか？　どんな仕組みで適切なニューロンとシナプスが活性化し、必要な情報を迅速に呼び出すのか？　記憶の研究は神経科学者たちによって多少は進んでいるものの、記憶とは何かや、記憶がいったいどのように保存され、検索されるのかを理解している人は、まだ誰もいない(18)。わかっているのは、何百万年にも及ぶ進化のおかげで、脳の検索プロセスが効率化したことぐらいだ。ところが、人間がいったん記憶を有機的な脳から非有機的な文書へとアウトソーシングすると、検索はもう、その効率化された生物学的なシステムに頼ることができなくなった。また、何百万年もかけて人間が進化させた採集能力に頼るわけにもいかなくなった。進化によって人間は、森の中で果実やキノコを見つけるのに適応したが、保管所で文書を見つけるようには適応していなかったからだ。

採集者は森で果実やキノコを見つけ出すことができる。なぜなら、進化のおかげで森は、識別可能な有機的秩序に沿って組織されているからだ。果樹は光合成を行なうので、日光を必要とする。キノコは死んだ生き物の有機物質を栄養源とする。そして、そうした有機物質はたいてい地面で見つかる。だからキノコは普通、地面のあたりに生えるのに対して、果実はずっと上のほうに生《な》る。一般原則は他にもある。リンゴはリンゴの木に生り、イチジクはイチジクの木に生る。だから、リンゴを探しているときには、まずリンゴの木を見つけ、それから上を見上げる必要がある。人間は、森で暮らしているときには、この有機的な秩序を学ぶ。

ところが、文書の保管所は大違いだ。文書は生き物ではないので、生物学の法則には従わないし、私たちが整理しやすくなるように進化することもなかった。税務申告書は税務申告書の棚に生えたりしない。そこにしまう必要がある。そのためには誰かがまず、棚ごとに情報を分類するというアイデアを思いつき、それからどの書類がどの棚に収まるべきかを決める必要がある。採集者は、すでに存在している森の秩序を発見しさえすればいいが、文書保管員はそれとは違い、この世界のために新しい秩序を考案する必要がある。その秩序のことを、官僚制という。

官僚制は、大規模な組織の人々が検索の問題を解決し、それによってより大きくより強力な情報ネットワークを作り出すにあたって採用した手段だ。だが、官僚制も神話と同じで、秩序のために真実を犠牲にする傾向がある。官僚制は、新しい秩序を発明して、それを世の中に押しつけることで、人々による世界の理解の仕方を、独特の形で歪めた。バイアスがかかっていて人々に誤ったレッテルを貼るアルゴリズムや、人間の欲求と感情を無視する硬直した手順といった、二一世紀の情報ネットワークが抱える問題の多くは、コンピューター時代の新しい問題ではない。それらは、誰一人コンピューターなど夢に見ることとさえなかった遠い昔から存在してきた、官僚制の典型的な問題なのだ。

官僚制と真実の探求

官僚制《ビューロクラシー》とは、文字どおりには「書き物机《ビューロー》による支配《クラシー》」を意味する。この言葉は、一八世紀のフランスで造られた。当時、典型的な役人は、引き出しのついた書き物机に座っていた[19]。というわけで、官僚制の秩序の核心には引き出しがある。官僚制は世の中を引き出しごとに分割し、どの文書がどの引き出しに収まるかを知ることで、検索の問題の解決を図る。

この「分割統治」の原理は、引き出しや棚、バスケット、壺《つぼ》、コンピューターのフォルダー、その他どんな保管場所に文書が収まろうと不変だ。この世界をさまざまな入れ物の中に分割して収め、文書が交ざらないように、それぞれの入れ物を分離しておく。ただし、この原理には代償が伴う。官僚制は世の中をあるがままに理解することに重点を置くのではなく、新しい人工的な秩序を世の中にせっせと押しつける場合が多い。官僚は、さまざまな引き出しを考案するところから始める。それらの引き出しは共同主観的現実であり、世の中の客観的な区分と必ずしも一致しているわけではない。官僚は次に、世の中をそれらの引き出しに押し込もうとする。もし、すんなり収まらないと、いっそう力を入れる。公式の書類に記入したことのある人なら、よくご存じだろう。書類に記入しているとき、列挙されている選択肢のどれにも自分の状況が当てはまらないときには、書類はあなたに合わせてくれないので、あなたがその書類に合わせなければならない。ややこしい現実を限られた数の定められた引き出しに落とし込むと、官僚が秩序を保つ助けにはなるが、真実がないがしろにされてしまう。現実が引き出しよりもはるかに複雑なときにさえ、官僚は引き出しに執着するので、世の中を歪んだ形で理解するようになることが多い。

現実を分割して硬直した引き出しに収めたいという衝動のせいで、官僚は自分の行動の幅広い影響を顧みることなしに狭い目標を追い求めることにもなる。工業生産の増大という課題を与えられた官僚は、自分の職務の範囲外である環境への配慮を怠る可能性が高く、たとえば近くの川へ有毒な廃棄物を垂れ流しにさせ、下流の生態系に甚大な被害を引き起こしかねない。その後に政府が汚染と闘うために新しい省庁を設置したら、その官僚たちはいっそう厳格な規制を求めるだろう。たとえそのせいで、上流のコミュニティがみな経済的に破綻することになったとしても、だ。理想的には、誰かがあらゆる面に配慮できるべきなのだろうが、そのような全体論的なアプローチを採用するには、官僚制による分割を超越したり廃止したりすることが求められる。

官僚制によって生じる歪みは、政府の諸機関や民間企業だけではなく、科学のさまざまな専門分野にも影響を与える。たとえば、大学が異なる学部や学科に分割されていることを考えてほしい。歴史学は生物学や数学から分離されている。それはなぜか？　この分割は、当然ながら客観的現実を反映していない。それは、学究の世界の官僚たちが考え出した共同主観的な区別だ。たとえば新型コロナのパンデミックは、歴史的な出来事であると同時に、生物学的な出来事でも数学的な出来事でもあった。だが、パンデミックの学術研究は、歴史学や生物学や数学をはじめとする別個の学科の間で分割される。学位の取得を目指している学生は普通、それらの学科のうちのどれに所属するかを決めなくてはならない。そして、それを決めると、履修できる講座の選択肢が狭まり、そのせいで世の中の理解の仕方が定まってくる。数学を専攻する学生は、現時点の感染率から将来の罹患《りかん》率を予測する方法を学ぶ。生物学を専攻する学生は、ウイルスが時間とともにどのように変異するかを学ぶ。歴史学を専攻する学生は、宗教的信念や政治的信念が、人々が政府の指示に従う意欲にどのような影響を与えるかを学ぶ。新型コロナのパンデミックを十分に理解するためには、数学的現象と生物学的現象と歴史的現象をすべて考慮に入れる必要があるが、学究の世界の官僚制は、そのような全体論的なアプローチを奨励しない。

学者として出世するにしたがい、専門化を求める圧力は強まる一方だ。学究の世界は、「出版か死か《パブリッシュ・オア・ペリッシュ》」という法則に支配されている。もし職が欲しければ、専門家の査読がある科学雑誌に論文を掲載してもらわなければならない。だが、科学雑誌は学問領域ごとに分割されていて、生物学の学術雑誌にウイルスの変異についての論文を発表するには、歴史学の学術雑誌にパンデミックの政治問題についての論文を発表するときとは違う約束事を守る必要がある。専門用語も違えば、引用の規則も違うし、期待されているものも違う。歴史学者は文化を深く理解していて、古文書の読み取り方と解釈の仕方を知っていなくてはならない。生物学者は進化を深く理解し、DNA分子の配列の読み取り方と解釈の仕方を知っていなくてはならない。人間の政治的イデオロギーとウイルスの進化との間の相互作用のように、カテゴリーどうしの隙間にこぼれ落ちてしまう事柄は、手つかずのままになることがよくある[20]。

込み入っていて流動的な世界を、学者が厳密な官僚的カテゴリーに押し込もうとする様子を正しく認識するために、生物学という特定の学問領域をもう少しだけ掘り下げてみよう。ダーウィンが種の起源を説明できるようになる前には、カール・リンネらの学者は、まず種とは何かを定義し、あらゆる生き物を種に分類しなければならなかった。ライオンとトラはネコ科の共通祖先から進化したと主張するためには、まず「ライオン」と「トラ」を定義しなければならない[21]。これは、困難で果てしない仕事となった。なぜなら、動物も植物もその他の生き物も、割り当てられた引き出しの境界を頻繁に踏み越えるからだ。

進化は、どんな官僚制の枠組みにも簡単には収まり切らない。なにしろ、進化の本質は種の絶え間ない変化であり、それぞれの種を不変の引き出しに入れておけば、生物学的な現実を歪めることになるからだ。たとえば、いつホモ・エレクトスの系統が終わってホモ・サピエンスの系統が始まったのか？　この疑問には答えが出ていない。かつて、二人のエレクトスの親がいて、その子供が最初のサピエンスになったのか？[22] 種は、交雑も続ける。一見すると別個の種に属する動物どうしが、生殖するだけでなく、繁殖力のある子供をもうけさえする。今日生きているサピエンスのほとんどは、DNAの約一～三パーセントがネアンデルタール人に由来する。[23] かつて、父親がネアンデルタール人で母親がサピエンスだった子供や、その逆の組み合わせの子供がいたということだ。だとすれば、サピエンスとネアンデルタール人は同じ種なのか、それとも別の種なのか？ そして「種」は生物学者が発見する客観的現実なのか、それとも、生物学者が押しつける共同主観的現実なのか？[24]

動物があてがわれた引き出しから抜け出す例は、他にも数え切れないほどある。だから、官僚制によるすっきりした分割では、分化や融合の過程にある種や交雑種を正確に分類することはできない。[25] グリズリーベア（ハイイログマ）とポーラーベア（ホッキョクグマ）は、ときどき交雑して、「ピズリーベア」や「グローラーベア」をもうける。[26] ライオンとタイガー（トラ）からは、「ライガー」や「タイゴン」が生まれる。[27]

哺乳類やその他の多細胞生物から単細胞の細菌や古細菌の世界に目を向けると、そこが無秩序状態であることがわかる。「遺伝子の水平伝播《でんぱ》」というプロセスによって、単細胞生物は近縁の種ばかりではなく、まったく違う属や目《もく》や界、さらにはドメイン〔訳註：生物分類学の最上位の分類階級〕の生き物とも、しばしば遺伝物質をやりとりする。細菌学者は、異なる遺伝子型が内部に混在しているこうしたキメラを把握し続けるのに苦労している。[28]

そして、ついに生命の際まで行き着き、新型コロナを引き起こしたＳＡＲＳ－ＣｏＶ－２のようなウイルスを考えると、話はいよいよややこしくなる。ウイルスは、生き物と命のない物質――生物学と化学――とを厳密に分けるはずの境界にまたがっている。細菌とは違い、ウイルスは単細胞生物ではない。断じて細胞ではなく、自らの細胞機構は持っていない。ウイルスは何も食べないし、代謝もしない。自己複製もできない。遺伝子コードの微小な塊で、細胞に侵入してその細胞の機構を乗っ取り、指示を与え、侵入者である自分の遺伝子コードのコピーを作らせる。新しいコピーは細胞を飛び出してさらに多くの細胞をハイジャックする。こうして、その異質のコードが急速に広まる。科学者は、ウイルスが生命体に数えられるか、それとも生命の境界の外側にあるのかについて、果てしなく議論を重ねる。[29]だが、この境界は客観的な現実ではない。共同主観的な約束事だ。たとえ、ウイルスは生命体であるということで生物学者たちの意見がまとまったとしても、ウイルスの振る舞いは何一つ変わらない。ウイルスについて人間がどう考えるかが変わるだけだ。

もちろん、共同主観的な約束事そのものも、現実の一部だ。私たち人間が強力になるにつれて、共同主観的な信念が私たちの情報ネットワークの外側の世界に及ぼす影響も重大になる。たとえば、科学者と法律制定者は、「低危険」に始まり、「危急」や「絶滅危惧」を経て「絶滅」に至る尺度で、直面している絶滅の危険性の程度に従って種を分類してきた。動物の特定の個体群を「絶滅危惧種」と定義するのは、人間の共同主観的な約束事だが、たとえば、それらの動物の猟や、生息環境の破壊に法的規制を課すことによって、広範囲に及ぶ影響をもたらしうる。特定の動物が「絶滅危惧種」の引き出しに入るか「危急種」の引き出しに入るかについての官僚制による決定が、生死を分けることもありうる。今後の章で何度も目にするように、官僚制があなたにレッテルを貼るときには、そのレッテルが純然たる約束事であってもなお、依然としてあなたの運命を決める可能性がある。それは、官僚として任に当たるのが動物を専門とする生身の人間だろうと、人間を専門とする生身の人間だろうと、非有機的なＡＩだろうと関係ない。

地下世界

官僚制を擁護するために指摘しておくべきだが、ときとして官僚制は真実を犠牲にし、世の中に対する私たちの理解を歪めるものの、それはしばしば秩序のためであり、秩序がなければ人間の大規模なネットワークはどれも、維持するのが難しいだろう。官僚制はけっして完璧ではないとしても、大きなネットワークを管理するのに、それに優る方法があるだろうか？　たとえば、もし学究の世界の従来の分割をすべて廃止し、あらゆる学科や学部や専門雑誌をなくすことに決めたとしたら、医師志望者は全員、歴史の研究に数年を捧げることが見込まれるのか？　そして、キリスト教神学に対する黒死病の影響を研究した人は専門のウイルス学者と見なされるのか？　それは今よりも優れた医療制度につながるのか？

官僚制をすべて廃止して、この世界に対するより全体論的なアプローチを選ぶことを空想する人は誰もが、病院も官僚制の機関であるという事実をよくよく考えるべきだ。病院はさまざまな科に分かれているし、階層制や手順もあれば、記入する書類もたっぷりある。病院は官僚制の多くの病弊に苦しんでいるが、それでもなんとか、多くの病気を治してくれる。学校から下水設備まで、私たちの暮らしを向上させてくれるその他のサービスのほぼすべてについても、同じことが言える。

あなたがトイレの水を流すと、汚水はどこに行くのか？　地下世界に入っていく。私たちの家の下には、ポンプを備えたパイプやトンネルから成る複雑な網が張り巡らされていて、汚水を回収し、飲料水の供給からは分離し、処理するか、あるいは安全に排出する。誰かがその地下の網を設計し、建設し、維持し、穴が空けばそれをふさぎ、汚染のレベルを監視し、労働者に賃金を支払う必要がある。それもまた官僚制の仕事であり、仮にこの部門を廃止したなら、私たちはひどく不快な目に遭い、命さえ落とすかもしれない。下水と飲料水はつねに混じり合う危険があるが、私たちにとっては幸いにも、両者を分離し続けてくれる官僚たちがいる。

近代的な下水設備が確立される前は、赤痢やコレラなどの、飲料水が媒介する感染症で何百万もの人が世界中で命を落としていた。[30] 一八五四年、ロンドンの住民が何百人もコレラで亡くなり始めた。比較的小規模な流行ではあったが、コレラや感染症全般や下水の歴史における転換点となった。当時主流だった医学の理論によると、コレラの流行は、「瘴気《しょうき》」(悪い空気)が引き起こすとのことだった。だが、医師のジョン・スノウは、原因は飲料水ではないかと考えた。彼は手間暇かけて調べ、わかっているコレラ患者全員と、その住所、彼らが飲んだ水の供給場所をまとめた。彼はこのデータのおかげで、ソーホーのブロード・ストリートの井戸が流行の発生源であることを突き止めることができた。

これは、データを集め、分類し、図示するという退屈な官僚制の仕事だったが、それで命が救われた。スノウは自分の発見を地元の役人たちに説明し、ブロード・ストリートの井戸のポンプを使えないようにしてもらった。それでこの流行は事実上終わった。その後の調査でわかったのだが、ブロード・ストリートのポンプに水を供給していた井戸は、コレラ菌に汚染された汚物溜《おぶつだ》めから一メートルも離れていない場所に掘られていた。[31]

スノウの発見と、大勢の科学者、技術者、弁護士、役人によるその後の働きの結果、汚物溜めや井戸のポンプや下水管を統制する、広範に及ぶ官僚制が誕生した。今日のイギリスでは、井戸を掘ったり汚水溜めを設置したりするには、書類を提出して認可を受ける必要がある。それによって、誰かが汚水溜めの隣に掘った井戸から飲料水が供給されたりしないことが保証されている[32]。

この制度は、うまく機能しているときには簡単に忘れられてしまうが、一八五四年以降、何千万もの命を救ってきた。そして、現代の国家が提供する、とりわけ重要なサービスの一つに数えられる。二〇一四年にインドのナレンドラ・モディ首相は、自国の抱える深刻な問題の一つとして、トイレの不足を挙げた。屋外排泄《はいせつ》は、コレラや赤痢や下痢などの病気の蔓延《まんえん》の大きな原因であると同時に、女性を性暴力の危険にさらす。モディは目玉政策の「スワッチ・バーラト・アビヤン（清潔なインド運動）」の一環として、すべてのインド国民がトイレを使えるようにすると約束し、国は二〇一四〜二〇年におよそ一〇〇億ドルをこの事業に投じ、一億以上の野外の簡易トイレを新たに設置した[33]。下水は叙事詩の題材にはならないが、国家がきちんと機能しているかどうかの試金石になる。

生物学のドラマ

神話と官僚制は、あらゆる大規模社会を支える二本柱だ。とはいえ、神話は人の心を奪うのに対して、官僚制は疑念を引き起こしがちだ。社会にサービスを提供するのにもかかわらず、有益な官僚制でさえ、一般大衆の信頼を勝ち取れないことがよくある。多くの人にとって、「官僚制」という言葉そのものが否定的な意味合いを持っている。それは、官僚制のシステムが有益か不当かを判断するのが本来難しいからだ。そしてそれは、良いものも悪いものも含め、あらゆる官僚制に共通する重要な特性に由来する。すなわち、人間には官僚制を理解するのが難しいのだ。

どんな子供も、親切な友達といじめっ子の区別はつく。お弁当を分けてくれる人と奪い取る人との違いは明らかだ。だが、税務職員が所得の一部を取り立てに来たら、そのお金が新しい公共下水設備の建設に使われるのか、大統領個人の新しい別荘の建設に使われるのか、知りようがない。関連情報をすべて手に入れるのは困難だし、その情報を解釈するのはなお難しい。生徒の入学許可をどうやって与えるかや、病院で患者をどう治療するかや、どのようにゴミを収集してリサイクルするかを決める官僚制の仕組みも、やはり人々には理解するのが難しい。ソーシャルメディアに偏見や詐欺や腐敗を訴える投稿をするのには一分もあれば足りるが、その正誤を立証するには何週間もの骨折り仕事が必要になる。

文書やその保管所、書式、認可、規制、その他の官僚制の仕組みは、社会の中での情報の流れ方を変え、それとともに、権力がどのように働くかも変えた。そのせいで、権力は段違いにわかりづらくなった。オフィスや文書保管所の閉じられた扉の向こう側で、何が起こっているのか？　そこでは、名も知れぬ役人たちが山のような文書を分析したり整理したりし、一筆書いたり、マウスを一回クリックしたりするだけで私たちの運命を決める。

文書も官僚制もない部族社会では、人間のネットワークは、人間と人間の連鎖や人間と物語の連鎖だけから成り立っている。権限は、さまざまな連鎖をつなげる接続点を支配する人が握っている。そうした接続点が部族の土台を成す神話だ。カリスマ的な指導者や雄弁家や神話作者は、アイデンティティを形作ったり、提携関係を築いたり、感情を揺さぶったりするために、こうした物語を使う方法を心得ている。[34]

古代ウルから現代インドまで、文書と官僚制の手続きで結びついている人間のネットワークの中では、社会は人間と文書のかかわり合いにある程度まで依存している。そのような社会は、人間と人間や、人間と物語の連鎖に加えて、人間と文書の連鎖によっても一つにまとめられている。官僚制の社会が機能している様子を眺めると、何億ものインド人が『ラーマーヤナ』の連続ドラマを視聴するときのように、人間が他の人間に物語を語っているところを依然として目にできるが、テレビのネットワークが放送免許の申請をしたり、税務申告書に記入したりすることを求められるときのように、人間が他の人間に文書を渡しているところも目にできる。視点を変えれば、私たちが目にしているのは、文書が人間に他の文書とかかわることを強いるところだ。

これが権限の移行につながった。文書が多くの社会的な連鎖を結びつける肝心なネクサスになると、それらの文書にかなりの力が与えられ、文書にまつわる難解なロジックの専門家が、新たな権威者として台頭してきた。行政官や会計士や弁護士は、読み書きだけではなく、書類を作成したり、引き出しを分けたり、文書保管所を管理したりする方法も習得した。官僚制のシステムでは、目立たない予算の抜け穴を巧みに利用する方法に精通したり、さまざまな部署や委員会や小委員会の迷宮をすいすい動き回る術を知っていたりすると、権力を得られることが多い。

このような権限の移行によって、世の中の力の均衡が変化した。読み書きのできる官僚から成る制度は、良くも悪くも、一般市民を犠牲にして中央の権力を強化しがちだった。文書やその保管所のおかげで、中央が誰でも課税したり、裁いたり、徴兵したりしやすくなっただけではない。同時にその反面、官僚制の権力は理解しづらいせいで、一般大衆が中央の権力に影響を与えたり、逆らったり、その権力を免れたりするのが、前よりも難しくなった。官僚制は、人々に下水設備や教育や治安を提供する有益な権力体制であるときでさえ、支配する側とされる側の隔たりを拡げることが依然として多かった。官僚制によって、中央は支配している人々について、以前よりもはるかに多くの情報を集めて記録することが可能になる一方で、人々はその制度そのものがどう機能しているのかを理解するのが、格段に難しくなった。

芸術作品は、人生のさまざまな面を理解しやすくしてくれるが、官僚制に関しては、ごく限られた役にしか立たなかった。詩人や劇作家や映画製作者は、ときおり官僚制の権力のダイナミックな働きに焦点を当ててきた。とはいえ、これは伝えるのがじつに困難な物語だった。詩人や劇作家らはたいてい、私たちの生物学的特性に根差した、限られた数の筋で創作するが、それらの生物学のドラマのどれ一つとして、官僚制の仕組みにはろくに光を当てない。なぜなら、生物学のドラマはみな、文書やその保管所が登場するよりも前に何百万年もの進化によって脚本が書かれているからだ。「生物学のドラマ」が何かを知り、官僚制を理解する上でそれらがほとんど手引きにならない理由を突き止めるために、人類史上屈指の芸術的傑作である『ラーマーヤナ』を詳しく考察しよう。

『ラーマーヤナ』の重要な筋の一つは、この作品の題名のもとであるラーマ王子と、父のダシャラタ王と、継母のカイケーイー妃の関係にかかわるものだ。ラーマは長男で王国の正統な跡継ぎであるのにもかかわらず、カイケーイーがダシャラタを言いくるめてラーマを森に追放させ、我が子のバラタに継承権を授けさせる。この筋の裏には、哺乳類と鳥類の進化を何億年もさかのぼる、いくつかの生物学のドラマがある。

哺乳動物と鳥の子供はみな、誕生後の最初の段階で親に頼り、親による養育を求め、親に育児放棄されたり敵意を向けられたりすることを恐れる。生死が親にかかっているからだ。幼獣や雛鳥《ひなどり》は、あまりに早く巣から追い出されれば、飢えや捕食によってすぐに命を落としかねない。人間の間では、親によって育児放棄されたり見捨てられたりする恐れは、『白雪姫』や『シンデレラ』やハリー・ポッターのような子供向けの話だけではなく、じつに大きな影響力を持っている国民神話や宗教神話の一部の雛型になっている。『ラーマーヤナ』は唯一の例には程遠い。キリスト教神学では、永遠の断罪は、母なる教会と天の父との関係をすべて失うことと考えられている。地獄とは、子供が迷子になり、姿が見えなくなった親を求めて泣き叫んでいる状態と言える。

これに関連した生物学のドラマには、これまた人間の子供や幼獣や雛鳥にはお馴染みのものがある。「父はあなたを愛するよりももっと私を愛している」というドラマだ。生物学者と遺伝学者は、兄弟姉妹間のライバル意識を、進化のカギを握るプロセスの一つと見ている。[35] 兄弟姉妹は日常的に食べ物や親の注意をめぐって競い合い、一部の種では相手を殺すこともよくある。ブチハイエナの子供の約四分の一は兄弟姉妹に殺され、殺したほうがたいてい、親から前よりも手厚く養育してもらえる。[36] サンドタイガーシャーク（シロワニ）のメスは、子宮に多数の胚《はい》を抱えている。孵化《ふか》して最初に体長が約一〇センチメートルに達した胎仔《たいし》は、他の胎仔を食べ尽くす。[37] 兄弟姉妹間のライバル意識から生じるダイナミックな関係は、『ラーマーヤナ』だけでなく、他の無数の神話などにも出てくる。カインとアベルの物語やリア王の物語、アメリカの連続テレビドラマ『メディア王　～華麗なる一族～』などがその例だ。ユダヤ人のように、民族や国民全体が、「私たちは父のお気に入りの子供だ」という主張を自らのアイデンティティの基盤にしていることもある。

『ラーマーヤナ』の二番目の筋は、王子ラーマと、妃《きさき》のシーターと、シーターをさらう羅刹《らせつ》の王ラーヴァナとの三角関係に焦点を当てる。男女の恋愛と、女性をめぐる男性どうしの争いも、数知れない哺乳類や鳥類、爬虫類《はちゅうるい》、魚類が何億年にもわたって演じてきた生物学のドラマだ。私たちがこうした物語に魅了されるのは、それを理解するのが、祖先の生存に不可欠だったからだ。ホメロスやシェイクスピア、『ラーマーヤナ』の作者あるいは編纂者《へんさんしゃ》とされるヴァールミーキといった物語の語り手は、生物学のドラマを膨らませ、詳しく語る見事な手際を見せたが、詩的な物語の最高傑作でさえ、たいていは進化の手引書から基本的な筋を丸写ししているだけだ。

『ラーマーヤナ』に繰り返し見られる第三のテーマは、清浄と不浄の間の緊張関係であり、ヒンドゥー文化における清浄の権化《ごんげ》がシーターだ。清浄への文化的執着は、汚染を避けるための進化の闘いに端を発している。すべての動物は、新しい食べ物を試す必要と、食中毒への恐れの板挟みになる。したがって、進化は動物に、好奇心と、何か有毒なものや危険なものに出合ったときに嫌悪を催す能力の両方を与えた。(38) 政治家や預言者は、その嫌悪のメカニズムを操作することを学んだ。国民神話や宗教神話では、国家や教会は不浄な侵入者によって汚染される危険にさらされた生体のように描かれる。強い偏見を抱く人々は何世紀にもわたって、しばしば次のように言ってきた。民族的少数派や宗教的少数派は病気を蔓延させる、(39) ＬＧＢＴＱの人は汚染の根源だ、(40) 女性は不浄だ、(41) と。一九九四年のルワンダでの大量虐殺《ジェノサイド》のときには、フツ人のプロパガンダでツチ人はゴキブリ呼ばわりされた。ナチスはユダヤ人をドブネズミになぞらえた。チンパンジーも、別の群れの馴染みのないチンパンジーの画像には嫌悪の反応を示すことが実験でわかっている。(42)

「清浄」と「不浄」の生物学のドラマを、伝統的なヒンドゥー教ほど極限まで推し進めた文化は他にないかもしれない。ヒンドゥー教は、清浄な「バラモン」を最上層、不浄とされている「ダリット」（かつては「不可触民」と呼ばれていた）を最下層とする、清浄さの架空の序列によって階層化されたカースト制という共同主観的な制度を構築した。職業も道具も日々の活動も、清浄さの次元によって分類され、「不浄」な人が「清浄」な人と結婚したり、彼らに触れたり、その食事を準備したりすることや、近づくことまでもが、厳しい規則によって禁じられてきた。

現代国家となったインドは、カースト制というこの遺物と相変わらず格闘している。この制度は、生活のほぼすべての面に影響を与えているからだ。たとえば、不浄への恐れは、前述の「清潔なインド運動」にさまざまな問題を引き起こした。なぜなら、「清浄」とされる人々は、トイレの建設やメンテナンスや掃除、「不浄」とされる人との公衆トイレの共用といった「不浄」な活動にかかわりたがらなかったからだ。[43] 二〇一九年九月二五日、一二歳のロシュニ・ヴァールミーキと彼女の一〇歳になる甥《おい》のアヴィナシュという二人のダリットの子供が、インドのバウケディ村で私刑によって殺された。「ヤーダヴ」と呼ばれる高いカーストに属する家族の家の近くで排泄したためだった。人前で排泄せざるをえなかったのは、二人とも家にはきちんとしたトイレがなかったからだ。彼らの家庭は、村でも最貧の部類に入っていたのにもかかわらず、トイレ設置用の政府援助を受ける資格がある家庭のリストから除外されていたと、後に地元の役人は説明した。この子供たちは、カーストに基づいた他の差別も日頃から受けていた。たとえば、学校へは他の生徒とは別のマットや道具を持ってきて、彼らとは離れて座ることを強いられた。彼らを「穢《けが》す」ことがないようにするためだった。[44]

私たちの感情のボタンを押す生物学のドラマのリストには、「誰が最上位者《アルファ》になるか?」や「私たちvs.彼ら」や「善vs.悪」といった、古典的な作品もさらにいくつか含まれる。これらのドラマも『ラーマーヤナ』の中で嫌でも目につくし、人間社会だけではなくオオカミの群れやチンパンジーの生活集団でも、どれもがよく知られている。これらの生物学のドラマが合わさって、人間の詩や小説などの芸術作品と神話のほぼすべての根幹を成している。だが、それらの作品や神話は生物学のドラマに頼っているため、詩人や劇作家らは官僚制の仕組みを説明するのが難しい。『ラーマーヤナ』

は大きな農業王国が舞台になっているが、そのような王国がどのように不動産を登記したり、税を徴収したり、文書保管所の目録を作ったり、戦費を調達したりするかには、ほとんど関心を示さない。兄弟姉妹間のライバル意識や男女の三角関係は、文書のダイナミックな働きの良い手引きではない。なにしろ、文書には兄弟姉妹もいなければ、恋愛生活もないのだから。

フランツ・カフカは、官僚制が人間の人生をしばしば超現実的な形で決める様子に焦点を当てたが、彼のような物語の語り手は、新しい非生物学的な筋の先駆者だ。カフカの『審判』では、銀行員のKが得体の知れない機関の正体不明の役人たちに、罪状も知らされないまま逮捕される。Kがどれだけ努力しても、自分の身に何が起こっているのかわからず、彼を虐げている機関の目的も暴くことができない。この物語は、この世界における人間の境遇や神の計り知れなさへの実存的な言及あるいは神学的な言及と見なされることもあるが、より世俗的なレベルでは、官僚制の悪夢のような潜在的特性を際立たせる。法律の実務家として保険に携わったカフカは、その特性を、嫌というほどよく知っていた。

官僚制の社会では、一般人の人生は、得体の知れない機関の正体不明の役人たちによって不可解な理由で引っくり返されてしまうことがよくある。『ラーマーヤナ』からスパイダーマンまで、怪物と対決するヒーローについての物語が、捕食者や恋敵に立ち向かう生物学のドラマの焼き直しであるのに対して、カフカ風の物語に特有の恐ろしさは、脅威の得体が知れないことに由来する。進化のおかげで、私たちの心はトラがもたらす死は理解できるようになっている。ところが、文書がもたらす死を理解するのははるかに難しい。

官僚制の描写のうちには、風刺もある。ジョーゼフ・ヘラーが一九六一年に発表した代表作『キャッチ＝22』は、官僚制が戦争で果たす中心的な役割を風刺によって描いている。この小説の中でもとりわけ大きな力を持っているのがウィンターグリーン元一等兵であり、彼はその権力基盤である郵便室で、どの手紙を転送し、どの手紙を行方不明にしてしまうかを決める。[45] 一九八〇年代のイギリスの連続コメディ番組の『イエス・ミニスター』と『イエス・プライム・ミニスター』は、公務員が難解な規制やろくに知られていない小委員会や文書の山を利用して、仕えている政治家たちを操り、支配する様子を示した。二〇一五年のコメディ映画『マネー・ショート　華麗なる大逆転』（二〇一〇年のマイケル・ルイスの作品〔訳註：邦題は『世紀の空売り――世界経済の破綻に賭けた男たち』（東江一紀訳、文藝春秋、二〇一〇年）〕に基づく）は、二〇〇七～〇八年の金融危機の根源を官僚制にたどる。この映画の大悪党は、人間ではなく債務担保証券（ＣＤＯ）だ。ＣＤＯというのは、投資銀行家が発明した金融商品で、彼ら以外は世界中で誰も理解していない。ＣＤＯという官僚制のゴジラたちは、銀行のポートフォリオの奥深くで誰にも気づかれずにまどろんでいたが、二〇〇七年に突如姿を現し、一大金融危機を引き起こし、何十億もの人の人生に大打撃を与えた。

これらの作品は、官僚制の力がどう働くかという認識を形作る上で、ある程度の成功を収めたが、これは困難な闘いだ。なぜなら、石器時代以来、私たちの心は官僚制のドラマではなく生物学のドラマに焦点を合わせるように準備されてきたからだ。ハリウッドやボリウッドの大ヒット作の大半は、ＣＤＯについてのものではない。むしろ、二一世紀に入ってさえも、ほとんどの大ヒット作は、ヒーローがモンスターと戦って女の子を勝ち取るという、本質的に石器時代の物語だ。同様に、『ゲーム・オブ・スローンズ』や『ザ・クラウン』や『メディア王　～華麗なる一族～』といった連続テレビドラマが、政治権力のダイナミックな働きを描くときには、王朝の権力を維持し、ときには抑える官僚制の迷宮ではなく、宮廷に渦巻く一族の陰謀に焦点を当てる。

法律家どもを皆殺しにしよう

官僚制の現実を描いたり理解したりするのが難しいことから、不幸な結果が生じてきた。人々はその難しさのせいで、カフカの『審判』の主人公のように、自分が理解できない有害な権力に直面して無力感を覚える。そしてまた、官僚制がじつは有益な権力体制で、医療や治安や司法を提供してくれているときにさえ、有害な陰謀のような印象を抱かされる。

一六世紀に、ルドヴィコ・アリオストは「不和」という寓意的な人物を女性として描き、「召喚状や令状、反対尋問の書類や委任状の束、註解書や弁護人の意見書や判例集の山」の雲の中を歩き回らせた。「そのいっさいに、貧しい人々の不安は募るばかりだ。彼女の前後左右を、公証人や法定代理人や弁護人が取り囲んでいる(46)」

シェイクスピアは『ヘンリー六世』第二部の、ジャック・ケイドの叛乱（一四五〇年）の描写で、「肉屋のディック」という平民の叛乱者に、官僚制への嫌悪を論理的な極限まで突き詰めさせる。ディックは、より良い社会秩序を打ち立てる計画を持っている。「手始めに、法律家どもを皆殺しにしよう」とディックは助言する。叛乱の指導者のジャック・ケイドはディックの提案を入れ、官僚制、それも特に文書を槍玉に挙げる。「嘆かわしいじゃないか。罪のない子ヒツジの皮が羊皮紙にされちまうとは。そして、文字を書きつけられたその羊皮紙が、人を破滅させるとは。ハチが刺すと言う人がいるが、俺に言わせれば、害があるのはハチの蜜蠟《みつろう》のほうだ。いったん蜜蠟に印を押しただけで、もうそれっきり自由の身じゃなくなっちまったんだから」。ちょうどそのとき、叛乱者たちは事務官を捕まえ、読み書きができることを非難する。短い尋問で「罪」が立証された後、ケイドは部下たちに命じる。「首に奴《やつ》のペンとインク壺を掛けて吊《つ》るし首にしろ[47]」

ジャック・ケイドの叛乱の七〇年前、なおさら大規模な一三八一年の農民一揆《いっき》のときには、叛乱者たちは怒りを生身の官僚だけでなく彼らの文書にも向け、無数の文書保管所を破壊し、裁判所の記録や特許状、行政や法律の記録を焼いた。あるときには、ケンブリッジ大学の文書保管所に火をつけて燃やしてしまった。マージェリー・スターという名の高齢の女性は、「事務官どもの学識は消え失《う》せろ、失せてしまえ！」と叫びながら、灰を撒《ま》き散らした。聖オールバンズ修道院の文書保管所が破壊されるのをその目で見たトマス・ウォルシンガムという修道士は、叛乱者たちが「裁判所の記録や不動産の権利証書にすべて火をつけた。昔からの奉仕を書き連ねたこれらの記録が消失してしまえば、領主たちは将来、彼らに対する権利をまったく主張できなくなるからだ」と記している[48]。彼らは文書を殺して債務を消し去ったのだ。

文書保管所に対する同じような攻撃が、歴史を通して他の無数の叛乱でも見られた。たとえば西暦六六年のユダヤ人の大叛乱のときには、エルサレムを陥れた叛乱者が真っ先にしたことの一つが、中央の文書保管所への放火だった。債務の記録を焼き、民衆の支持を勝ち取るためだ[49]。一七八九年のフランス革命のときには、各地の無数の文書保管所が、同じ理由から破壊された[50]。多くの叛乱者は読み書きができなかったものの、文書がなければ官僚機構が機能しえないことは知っていた。

政府の官僚制や公文書の力に対する疑念は、私にもよくわかる。私自身の家族にとっても、官僚制と公文書の力は重大な役割を果たしてきたからだ。私の母方の祖父の人生は、政府の人口調査によって、そしてまた、肝心な文書を見つけられなかったことによって暗転した。祖父ブルーノ・ルッティンガーは、一九一三年にチェルニウツィで生まれた。今日その町はウクライナ領だが、当時はハプスブルク帝国の一部だった。ブルーノは、父親が第一次世界大戦で行方不明になり、母親のチャヤ＝パールに育てられた。戦争が終わると、チェルニウツィはルーマニアに併合された。一九三〇年代後半、ルーマニアがファシストの独裁国家になると、新たな反ユダヤ主義政策の重要項目の一つとして、ユダヤ人の人口調査を実施することを掲げた。

一九三六年の公式統計によると、ルーマニアには七五万八〇〇〇人のユダヤ人が住んでいて、人口の四・二パーセントを占めていたという。同じ統計は、ソ連からの難民の総数は、ユダヤ人と非ユダヤ人を合わせて約一万一〇〇〇人としている。翌三七年、オクタヴィアン・ゴガ首相の率いる新しいファシスト政権が権力を掌握した。ゴガは政治家であるばかりではなく名高い詩人でもあったが、たちまち愛国的な詩作をやめて、偽りの統計と暴虐な官僚制に転じた。彼と閣僚たちは公式の統計を無視し、何十万ものユダヤ人難民がルーマニアになだれ込んできていると主張した。ゴガはいくつかのインタビューで、五〇万のユダヤ人がルーマニアに不法入国し、国内のユダヤ人の総数は一五〇万に達したと断言した。政府の諸機関や極右の統計学者や大衆紙は、さらに大きな数字さえ頻繁に挙げた。たとえば、パリのルーマニア大使館は、ルーマニアには一〇〇万のユダヤ人難民がいると主張した。ルーマニアのキリスト教徒たちは、まもなくユダヤ人に取って代わられるか、彼らの支配する国の少数派に成り下がるかするのではないかという、集団パニックに陥った。

そこでゴガ政権が介入し、自らのプロパガンダが捏造《ねつぞう》した空想上の問題への解決策を提案した。一九三八年一月二二日、政府はルーマニアのユダヤ人全員に、ルーマニア領で生まれてルーマニアの市民権を持つ資格があることを証明する文書を示すよう命じる法律を定めた。そのような文書を示せないユダヤ人は市民権を失い、居住権と労働権も併せてそっくり失うことになった。

こうしてルーマニアのユダヤ人たちは突如、官僚制の地獄に放り込まれた。大勢のユダヤ人が必要な文書を探しに出生地まで出掛けたものの、市町村の文書保管所が第一次世界大戦で破壊されていたという事例が続発した。チェルニウツィのように、一九一八年以降にようやくルーマニアに併合された領土で生まれたユダヤ人は、とりわけ苦しい立場に立たされた。ルーマニアの出生証明書は持っていないし、家族についての他の多くの文書は、ルーマニアの首都ブカレストではなく旧ハプスブルク帝国の首都ウィーンやブダペストに保管されていたからだ。ユダヤ人たちは、どんな文書を探すべきなのかさえわからないことが多かった。人口調査の法律が、どの文書が十分な「証拠」と見なされるかを特定していなかったためだ。

適切な文書を手に入れようと必死になったユダヤ人が多額の賄賂を支払ったので、事務官や文書保管所の職員は、大きな収入源を新たに獲得した。文書の入手は、賄賂が絡んでいないときでさえ、はなはだ高くついた。文書の請求にも、当局に対する市民権の取得申請にも、料金を支払う必要があったからだ。また、適切な文書を見つけて提出しても、成功は保証されなかった。出生証明書と市民権証書に記された名前の綴《つづ》りが一文字でも違っていたら、それだけで当局は市民権を取り消した。

多くのユダヤ人が、このような官僚制のハードルを越えられず、市民権の取得申請さえしなかった。そして、申請した人のうち、市民権が認められたのは六三パーセントにすぎなかった。ルーマニアのユダヤ人七五万八〇〇〇人のうち、合計で三六万七〇〇〇人が市民権を失った。(51) 私の祖父のブルーノもその一人だった。新しい人口調査の法律がブカレストで成立したとき、ブルーノはそれについてろくに考えもしなかった。チェルニウツィで生まれ、ずっとそこで暮らしてきたからだ。自分が外国人ではないことをどこかの官僚に証明する必要があるなどという考えは、彼には馬鹿げたものに思えた。そのうえ、その一九三八年の初めに母親を病気で亡くしていたブルーノは、他にもっと重大なことがあって文書探しになどかまけていられないように思えた。

ところが一九三八年一二月、ブルーノの市民権を取り消す公式の書状がブカレストから届き、彼はたちまち、勤めていたチェルニウツィのラジオ店から解雇された。今やブルーノは、身寄りや仕事ばかりか国籍も失い、他に雇ってもらう見込みもろくになかった。九か月後には第二次世界大戦が始まり、身分や権利を証明する文書のないユダヤ人にとって、危険は高まるばかりだった。三八年に市民権を失ったルーマニアのユダヤ人のうち、大多数はその後数年間にルーマニアのファシストと同盟国のナチスドイツによって殺害されることになる（市民権を維持できたユダヤ人の生存率は、はるかに高かった[52]）。

私の祖父はしだいに募る危険から繰り返し逃れようとしたが、適切な書類なしでは難しかった。何度か列車や船で密出国しようとしたものの、見つかって拘束された。一九四〇年、地獄の門がすべて閉ざされる前にようやく、パレスティナに向かう最後の数隻の船の一隻になんとか乗り込めた。だがパレスティナに着くと、現地のイギリス人によって不法移民としてただちに拘束されてしまった。拘留所で二か月過ごした後、イギリス側から取引を持ち掛けられた。拘留所にとどまり、強制送還される危険を冒すか、イギリス軍に志願して入隊し、パレスティナの市民権を得るかという取引だ。祖父はこの機会を逃さず、四一～四五年にイギリス陸軍で兵役に就き、北アフリカとイタリアでの軍事行動に参加した。それと引き換えに、待望の書類を手に入れた。

私の一家では、文書を保存するのが神聖な義務になった。銀行の取引明細書、電気料金の請求書、失効した学生証、地方自治体からの通知など、公式のもののように見える印が押してあるものなら何でも、我が家の戸棚に並ぶ多くのフォルダーの一つに収めた。それらの文書のどれが、いつの日か命を救ってくれるか知れなかったからだ。

聖なる文書

私たちは官僚制の情報ネットワークを愛するべきか憎むべきか？　私の祖父の経験談の類いは、官僚制の力に付き物の危険を示している。ロンドンで起こったコレラの流行の話の類いは、官僚制の力の潜在的な恩恵を示している。強力な情報ネットワークはみな、設計の仕方と使われ方次第で、良いことも悪いことも行なういうる。ネットワーク内の情報を増やすだけでは、恩恵が得られる保証にはならないし、真実と秩序の間の適切なバランスを見つけやすくなるわけでもない。それが、二一世紀の新しい情報ネットワークの設計者と利用者にとっての、重要な歴史的教訓だ。

将来の情報ネットワーク、特にＡＩに基づく情報ネットワークは、従来のネットワークとは多くの点で違ってくるだろう。本書の第Ⅰ部では、神話と官僚制が大規模な情報ネットワークにこれまで欠かせなかった理由を考察しているが、第Ⅱ部では、ＡＩが官僚と神話作者の両方の役割をどのように担うようになっていくのかを見てみる。ＡＩシステムはデータを見つけて処理する方法を生身の官僚よりもよく知っているし、ＡＩはほとんどの人間よりもうまく物語を作り上げる能力も獲得しつつある。

だが、二一世紀のＡＩベースの新しい情報ネットワークを探究したり、ＡＩの神話作者や官僚の脅威と将来性を考察したりする前に、情報ネットワークの長い歴史について、もう一つ理解しておく必要がある。情報ネットワークは真実を最大化するわけではなく、むしろ真実と秩序のバランスを見つけようとすることは、すでに見たとおりだ。官僚制と神話はともに、秩序を維持するのに不可欠であり、どちらも秩序のためなら喜んで真実を犠牲にする。だとすれば、官僚制と神話が真実から完全に乖離《かいり》してしまうのを、どのようなメカニズムが確実に防いでいるのか？　そして、ある程度の無秩序という代償を払ってさえ、情報ネットワークが自らの誤りを突き止めて正すことを、どのようなメカニズムが可能にしているのか？

人間の情報ネットワークが誤りの問題にどのように対処してきたのかが、この後の二章の主題になる。まず、さらに別の情報テクノロジー、すなわち聖典の発明について考えるところから始める。聖書やクルアーンのような聖典は情報テクノロジーであり、社会が必要とする重要極まりない情報をすべて含むと同時に、誤りを犯す可能性がまったくないことが意図されている。情報ネットワークが、自らは絶対誤りを犯しえないと信じているときには、何が起こるのか？　不可謬とされている聖典の歴史は、あらゆる情報ネットワークの限界のいくつかを浮き彫りにし、二一世紀に不可謬のＡＩを創出しようという試みに対する、重要な教訓の数々を与えてくれる。

第4章　誤り——不可謬という幻想

聖アウグスティヌスは次のような有名な言葉を残している。「誤るのは人間、誤り続けるのは悪魔[1]」。誤りを免れられないという人間の可謬性と、人間の誤りを正す必要性は、どの神話でも主要な役割を果たしてきた。キリスト教の神話によれば、歴史全体が、アダムとイヴ（エバ）の原罪を正す試みとなる。マルクス・レーニン主義の考え方に従えば、労働者階級でさえ、圧制者たちに騙されて自らの利害を取り違える可能性が高いことになる。だから、党の賢い指導者によるリーダーシップが必要とされる。官僚制も、文書が行方不明になることから、非効率的な手順が採用されていることまで、さまざまな誤りに目を光らせている。複雑な官僚制のシステムは、たいてい自己規律組織を内部に持っていて、軍事的敗北や金融危機といった大惨事が起こったときには、調査委員会が設置され、何が悪かったかを突き止め、同じ間違いが繰り返されないようにする。

自己修正メカニズムは、きちんと機能するためには真っ当なものでなければならない。だが、人間が誤りを犯しがちだとすれば、自己修正メカニズムそのものが誤りとは無縁だなどと、どうして自信を持って言えるだろう？　この堂々巡りを脱するために、人間はしばしば超人間的なメカニズムを空想してきた——まったく誤りを犯すことがなく、人間の間違いを確実に見つけて正してくれるようなメカニズムを。今日、ＡＩがそのようなメカニズムを提供できるかもしれないと、期待する向きもあるだろう。たとえば、イーロン・マスクは二〇二三年四月に、「これから一つ始めるつもりで、それをTruthGPTと呼ぶ。それは最高の真実追求ＡＩであり、森羅万象の本質を理解しようとするものだ」と宣言した。(2) 後ほどの章で、これが危険な空想である理由を示すことにする。これまでなら、そのような空想は異なる形態を取った。それは、宗教だ。

私たちの個人生活では、宗教はじつにさまざまな機能を果たすことができる。慰めを与えたり、生命の謎を説明したり、という具合に。だが歴史的に見て、これまで宗教の最も重要な機能は、社会の秩序のために超人間的な正当性を提供することだった。ユダヤ教やキリスト教、イスラム教、ヒンドゥー教のような宗教は、自らの考え方や規則は不可謬の超人間的な権威者によって打ち立てられたもので、したがって誤りを犯す可能性はまったくなく、可謬の人間がけっして疑ったり変えたりするべきではないと言う。

人間の介在を排除する

あらゆる宗教の核心には、超人的で不可謬の知能と人間が結びつくという空想がある。だから、第8章で探究するように、宗教の歴史の研究は、ＡＩについての今日の議論とおおいに関連している。宗教の歴史に繰り返し登場する問題は、特定の教義が不可謬の超人間的創始者に実際に由来すると、どうやって人々に納得させるかだ。たとえ私が原則として神々の思《おぼ》し召しに従いたくてたまらなくても、神々が本当は何を望んでいるのか、どうして私にわかるだろう？

歴史を通して多くの人間が、自分は神からのメッセージを伝えていると主張したが、彼らのメッセージはしばしば互いに矛盾した。神が自分の夢に現れたと言う人もいれば、天使が自分のもとを訪れたと言う人や、森で霊に出会ったと言う人もいた。そして、そのそれぞれが異なるメッセージを伝えた。人類学者のハーヴィー・ホワイトハウスは、次のように語っている。一九八〇年代後半にニューブリテン島のバイニング人の間でフィールドワークをしていたときに、タノトゥカという若い男性が病気になり、熱に浮かされながら、「私はウトゥカだ」とか「私は柱だ」とか、わけのわからないことを言いだした。ほとんどの言葉は兄のバニンゲにしか聞こえず、彼が他の人々にその言葉を伝え、独創的な解釈を与え始めた。バニンゲによれば、タノトゥカはウトゥカという祖先の霊に取り憑《つ》かれ、地元の家々を中央の柱が支えているのとちょうど同じように、彼がコミュニティの大黒柱となるべく神に選ばれたとのことだった。

タノトゥカは回復し、その後もウトゥカからの不可解なメッセージを伝え続け、それにバニンゲがなおさら手の込んだ解釈を加えた。バニンゲ自身も夢を見始め、それはさらなる神のお告げを明かすものだったという。この世の終わりが迫っているとバニンゲは主張し、地元の人の多くを説得して、彼に独裁的な権力を与えさせた。その来《きた》るべき大惨事に、コミュニティを備えさせるためだという。それからバニンゲは、コミュニティの資源のほぼすべてを、豪勢な宴会や儀式で浪費した。ところが、この世の終わりはやって来ないし、人々は餓死しかけたので、バニンゲの権力は崩壊した。彼とタノトゥカは神の使者だと信じ続ける地元民もいたが、他の多くは、二人はペテン師だ、あるいは、ことによると悪魔の手下だと結論した(3)。

人々は、神の本当の思し召しと、可謬の人間の作り事や想像の産物とをどうやって区別できたのか？　自分自身が神の啓示を受けたのでないかぎり、神の言ったことを知るとは、タノトゥカやバニンゲのような可謬の人間たちが、神が言ったと主張する内容を信じることを意味した。だが、そういう人を、どうして信頼できるだろう？　相手が知らない人なら、なおさらだ。宗教は、可謬の人間の介在を排除し、不可謬の超人間的な法へのアクセスを人々に与えたがるが、けっきょく、誰かしら人間を信頼せざるをえなかった。

　この問題を回避する一つの方法は、神の使者と称する人々を綿密に調べる宗教の制度を創立することだった。部族社会ではすでに、部族の霊のような超人間的な存在との意思の疎通は、宗教の専門家の領分であることが多かった。バイニング人の間では伝統的に、「アグンガラガ」と呼ばれる専門の霊媒が霊と意思疎通して、それによって、病気から凶作まで、さまざまな不運の隠れた原因を知る責任を負ってきた。アグンガラガは確立された制度に所属していたので、タノトゥカやバニンゲよりも信頼できたし、彼らの権威はより安定しており、広く認められていた。[4] ブラジルのカラパロ人の間では、宗教の儀式は「アネタウ」と呼ばれる、世襲の祭祀《さいし》官《かん》が主催した。古代のケルト社会やヒンドゥー社会では、ドルイド教の祭司やバラモンが同様の務めを任されていた。[5] 人間社会が拡大して複雑さを増すと、宗教の制度も拡大・複雑化した。聖職者や託宣者は、神々の代わりを務めるという重要な責務のために、長く厳しい訓練を受けなければならなかったので、人々はもう、天使に会ったとか神のお告げをもらったとか主張する俗人を誰でも信頼する必要がなくなった。[6] たとえば古代ギリシアでは、神が何と言っているか知りたければ、デルポイにあるアポロン神殿の高位の女性神官ピューティアーのような、公認の専門家の所に行けばよかった。

　だが、神託がもらえる神殿のような宗教機関も、可謬の人間がそこで働いているかぎり、誤りや腐敗の余地があった。アテナイが僭主《せんしゅ》ヒッピアスに支配されていたとき、民主制支持派がピューティアーを買収して力を貸してもらおうとしたことを、ヘロドトスは詳しく語っている。スパルタ人が公式の用件や個人的な問題で神の助言を求めて訪ねてくるたびに、ピューティアーはまずスパルタがアテナイを僭主から解放しなければならないと、きまって答えた。ヒッピアスと同盟を結んでいたスパルタ人は、けっきょく神の思し召しとされるものに従い、紀元前五一〇年にアテナイに軍を送ってヒッピアスを退位させ、それがアテナイの民主制の確立につながった(7)。

もし人間の預言者が神の言葉を偽って伝えられるのなら、宗教の主要な問題は神殿や修道会のような宗教機関を創立することでは解決しない。人々は、不可謬のはずの神々に接触するためには、可謬の人間を信頼することが依然として必要だった。どうにかして人間を完全に迂回《うかい》することは可能だろうか？

不可謬のテクノロジー

聖書やクルアーンのような聖典は、人間の可謬性を迂回するテクノロジーであり、ユダヤ教やキリスト教やイスラム教のように聖典を持つ宗教は、聖典という、テクノロジーの人工的な産物を軸に構築されてきた。このテクノロジーがどのように機能するべく意図されているかを正しく認識するためには、書物とは何か、そして書物は他の種類の文書とどこが違うのかを説明するところから始めるべきだろう。書物とは、複数の章や短編、レシピ、書簡などが決まった順番で並ぶ一まとまりであり、つねに一体化していて、同一のものが多部数ある。その点で書物は、口承の物語とも、官僚制の文書とも、文書保管所とも違う。口で物語を語るときには、毎回少しずつ違いが出るかもしれないし、多くの人が長年にわたってその物語を語っていると、かなりの違いがあれこれ必ず紛れ込んでくる。それとは対照的に、同じ書物なら、どの一冊をとっても内容は完全に同じはずだ。官僚制の文書はと言えば、比較的短い傾向にあり、一つの保管所に現物が一つだけ存在していることが多い。長い文書の多くの写しが無数の保管所にあるときには、通常、書物と呼ばれる。最後に、多くの文書を収録してある書物は、保管所とも違う。なぜなら、それぞれの保管所には異なる文書が収蔵されているのに対して、同一の書物はどの一冊にも同じ章や短編やレシピが収録されている。したがって書物は、多くの人がさまざまな時にさまざまな場所で同一のデータベースにアクセスすることを可能にする。

書物が宗教の重要なテクノロジーとなったのは、紀元前一千年紀（紀元前一〇〇〇〜紀元前一年）だ。神々は何万年にもわたって、シャーマン（呪術師）や聖職者、預言者、託宣者、その他の人間の使いを通して語り掛けてきたが、その後、ユダヤ教のような宗教運動は、神は書物というこの斬新なテクノロジーを通して語ると主張し始めた。特別な書物が一冊あって、多数の章に、天地の創造から食べ物の規定まで、あらゆることについての神の言葉をすべて含んでいるというのだ。これが肝心なのだが、それらの神の言葉は、どんな聖職者も預言者も人間の機関も忘れたり変えたりすることができない。可謬の人間が言うことはいつでも、その不可謬の書物が記録している内容と比べることが可能だからだ。

だが、書物を持つ宗教も、特有の問題を抱えていた。いちばん明白なのは、その聖典に何を含めるかを誰が決めるのかという問題だ。最初の一冊は、天から下ってきたわけではない。人間が一冊にまとめなくてはならなかった。それでも敬虔な信者たちは、最大限の決定的な努力を一回かぎり行なえばこの厄介な問題が解決できることを願った。最も賢くて最も信頼できる人々を集め、彼ら全員が聖典の中身について合意できれば、以後、人間の介在を排除することが可能で、神の言葉は人間による干渉を永遠に免れることができるというわけだ。

この手順には、さまざまな異議を唱えることができる。誰が賢者を選ぶのか？　どういう基準で選ぶのか？　もし彼らが合意できなかったらどうするのか？　彼らが後で心変わりしたらどうするのか？　こうした疑問があったにもかかわらず、この手順を使ってヘブライ語聖書（キリスト教における旧約聖書）などの聖典がまとめ上げられた。

ヘブライ語聖書の編纂

紀元前一千年紀に、ユダヤ教の預言者と聖職者と学者が、厖大な数の物語や文書、預言、詩、祈り、年代記を書き残した。単一の聖典としての聖書は、聖書に書かれている時代には存在しなかった。ダビデ王も預言者イザヤも、聖書は一冊も目にしていない。

現存する聖書の最古の写しは、死海文書に含まれていたと言われることがあるが、それは誤りだ。死海文書は、約九〇〇の異なる写本群で、主に紀元前の最後の二世紀に書かれ、死海に近いクムランという村の周辺のさまざまな洞窟で発見された。(8) ほとんどの学者は、それらの洞窟は近くに暮らしていたユダヤ教のある宗派の文書保管所だったと考えている。(9)

重要なのは、どの写本にも聖書の写しが含まれておらず、旧約聖書の二四の巻が単一の完全なデータベースと考えられていたことを示す写本が一つもない点だ。死海文書のうちには、今日の聖書正典の一部である文書を記録しているものがたしかにある。たとえば、一九の写本と断片には、「創世記」のいくつかの部分がとどめられている。[10] だが、多くの写本は、後に聖書には収録されなかった文書を記録している。たとえば、二〇を超える写本や断片が、「エノク書」の一部を含んでいる。「エノク書」はノアの曽祖父である太祖エノクによって書かれたとされる巻で、天使と悪魔の歴史や、救世主《メシア》の到来についての預言が綴られている。[11] どうやらクムランのユダヤ教徒たちは、「創世記」と「エノク書」の両方を非常に重視していたようで、「創世記」は正典であるのに対して「エノク書」は偽典であるというふうには思っていなかったらしい。[12] 実際、今日に至るまで、エチオピアではユダヤ教とキリスト教のいくつかの宗派が、「エノク書」を聖書正典の一部と考えている。[13]

後に正典となる文書を記録している写本でさえ、今日の正典の内容とは違っていることもある。たとえば、正典の「申命記」三二章八節は、神が「イスラエルの人々の数」に合わせて地上の諸国民を分けたとしている。ところが、死海文書には「神の息子たちの数」とあり、神には多数の息子がいるという、かなり驚くべき考え方が示されている。[14]「申命記」八章六節は、正典では忠実な信者に神を畏れることを求めているのに対して、死海文書では、神を愛するように言っている。[15] あちらこちらで単語が一つ違っているだけではなく、大幅な違いも見られる。「詩編」の写本には、正典の聖書からはまるごと抜け落ちている詩がいくつかある（特に、第一五一編、一五四編、一五五編）。[16]

同様に、紀元前三世紀～紀元前一世紀に完成した、聖書の最古の翻訳である『七十人訳ギリシア語聖書』には、後の正典とは多くの違いがある。[17] たとえば同聖書は、「トビト記」「ユディト記」「シラ書」「マカバイ記一」「マカバイ記二」「知恵の書」「ソロモンの詩編」「詩編第一五一編」を収録しており、[18]「ダニエル書」と「エステル記」の長いバージョンも収めている。[19] この聖書の「エレミヤ書」

は、正典の「エレミヤ書」よりも一五パーセントほど短い。[20] そして、「申命記」三二章八節に関しては、たいていの『七十人訳ギリシア語聖書』の写本が「イスラエルの人々」ではなく「神の息子たち」あるいは「神の天使たち」としている。[21]
「ラビ」と呼ばれる学識あるユダヤ教徒の賢人たちの間で、重箱の隅をつつくような議論を何世紀も重ねてようやく、正典のデータベースが整理され、出回っていた多くの巻のうちのどれをヤハウェの公式の言葉として聖書に含め、どれを除外するかが決まった。イエス・キリストの時代までには、ほとんどの巻についてはおそらく合意が成り立っていただろうが、その一世紀後になってさえ、「雅歌」を正典に収めるべきかどうかを、ラビたちは依然として議論していた。この巻は世俗的な愛の詩だと非難するラビもいる一方、ラビ・アキヴァ（西暦一三五年没）は、ソロモン王が神から霊感を受けて創作したものだとして擁護した。アキヴァは、「『雅歌』はこの上なく神聖である」[22]という有名な言葉を残している。二世紀が終わる頃には、どの巻が正典に入り、どれが排除されるかについて、ユダヤ教のラビたちの間ではどうやら広く意見の一致が見られたようだが、この件についての議論や、各巻の厳密な言い回しと綴りと発音についての議論に最終的な決着がついたのは、聖書学者たちによってヘブライ語聖書の校訂や註解が行なわれた七～一〇世紀のことだった。[23]
この正典化の過程で、「創世記」はヤハウェの言葉とされたが、「エノク書」と「アダムとエバの生涯」と「アブラハムの遺訓」は人間の手になるものとされた。[24] ダビデ王の「詩編」は正典化されたが（ただし、第一五一～一五五編は除く）、ソロモン王の「詩編」は正典化されなかった。「マラキ書」は認められたが、「バルク書」は認められなかった。「歴代誌」は是とされ、「マカバイ記」は非とされた。

興味深いことに、聖書自体の中で触れられている巻のうちにも、正典に収録されそこなったものがある。たとえば、「ヨシュア記」と「サムエル記」の両方が、「ヤシャルの書」という非常に古い聖典に触れている（「ヨシュア記」一〇章一三節、「サムエル記下」一章一八節）。「民数記」は「主の戦いの書」に触れている（「民数記」二一章一四節）。そして、「歴代誌下」はソロモン王の治世を概観し、「ソロモンの他の事績は、その初めから終わりまで『預言者ナタンの言葉』『シロ人アヒヤの預言』『ネバトの子ヤロブアムに関する予見者イエドの幻』に記されているとおりである」という言葉で結んでいる（「歴代誌下」九章二九節）。「預言者ナタンの言葉」「シロ人アヒヤの預言」「ネバトの子ヤロブアムに関する予見者イエドの幻」も、「ヤシャルの書」と「主の戦いの書」も、聖書正典には入っていない。どうやら、意図的に除外されたわけではなく、たんに失われてしまったようだ[25]。

正典が定まった後、ほとんどのユダヤ教徒は、聖書の編纂という厄介な過程で人間の機関が果たした役割を少しずつ忘れていった。ユダヤ教の正統派は、シナイ山で神が自らモーセにトーラー〔訳註：聖書の最初の五巻、「モーセ五書」〕をそっくり手渡したと主張した。トーラーは、神が天地開闢《かいびゃく》のときに創り出したので、ノアやアダムといったモーセ以前の聖書の登場人物たちさえ読み、学んだとまで言い切るラビも多かった[26]。聖書のそれ以外の部分も、神が創出した巻、あるいは神の霊感を受けて書かれた巻であり、通常の人間の編纂物とはまったく違うと見なされるようになった。いったん聖典が確立されると、今やユダヤ教徒はヤハウェの言葉の一語一句にまで正確に直接触れられることが見込まれた。そして、それらの言葉は可謬の人間や腐敗した機関には、抹消したり変更したりすることはけっしてできないものとなった。

ユダヤ教徒は、ブロックチェーンの発想を二〇〇〇年も早く先取りして、聖典の多数の写本を作り始め、どのユダヤ教コミュニティもシナゴーグ〔訳註：ユダヤ教の礼拝堂〕あるいはベート・ミドラーシュ（学びの家）に少なくとも一冊は備えておくことになった。[27] 目的は二つあった。第一に、聖典の写本を数多く行き渡らせておけば、宗教を民主化し、独裁者を目指す人間の権力に厳しい制限を課すことが保証される。エジプトのファラオやアッシリアの王の文書保管所が一般大衆を犠牲にして王の理解し難い官僚制に力を与えたのに対して、ユダヤ教の聖典は一般大衆に権力を与えるように見えた。今や彼らは、どれほど厚かましい指導者にさえも、神の法に対する責任を負わせることができるようになったからだ。

そして、こちらのほうが重要なのだが、第二に、同じ聖典の写本が多数あれば、内容に手が加えられるのを防ぐことができた。多数の場所に合計何千冊もの同一の写本があるので、聖典のたった一文字でさえ変えようとすれば、ごまかしであることが簡単に明らかになる。多数の聖書が各地に散らばり、遠く離れた場所でも読むことができるので、ユダヤ教徒は人間の独裁を神の支配に置き換えることができた。今や社会の秩序は、聖典という不可謬のテクノロジーによって保障された。いや、そのように見えた。

制度の逆襲

聖書の正典化の過程が完了する前にさえ、この聖書プロジェクトはさらなる困難に直面した。不可謬のはずのこのテクノロジーにとっての問題は、聖典に何を含めるかについて合意することだけにとどまらなかった。聖典を書き写すというのも、明らかに問題含みだった。聖典が威力を発揮するためには、ユダヤ教徒はどこで暮らしていようと、何冊も写本を必要とした。ユダヤ教徒の拠点はパレスティナだけではなくメソポタミアやエジプトにも現れていたし、ユダヤ教徒のコミュニティは中央アジアから大西洋岸まで拡がっていたので、それぞれ何千キロメートルも離れた場所で写本に取り組む写字生たちが、意図的に、あるいは間違えて、聖典を変えてしまわないようにするには、どうすればいいのか？

聖書を正典化したラビたちは、そのような問題を未然に防ぐために、聖典を書き写すにあたっての綿密な規則を工夫した。たとえば、写字生は写本の途中、特定の肝心なときには中断が許されなかった。写字生は、神の名を書いているときには、「たとえ王に挨拶されても応じてはならない」。神の名を続けて二つか三つ書いているときには、名前の間になら手を休めて応じてもかまわない」[28]。ラビ・イシュマエル（西暦二世紀）は、ある写字生に、「お前は天の仕事をしているのだ。だから、たとえ一文字でも書き落としたり書き加えたりしたら、全世界を破壊することになる」と告げた[29]。実際には、写字の過程でどうしても誤りが起こったが、全世界が破壊されることはなかった。そして、古代の聖書に二冊としてまったく同じものはなかった[30]。

第二の、はるかに重大な問題は、解釈にかかわるものだった。たとえ人々が、ある書物が神聖であると認め、一つひとつの言い回しにまで合意できたときでさえ、同じ語句に異なる解釈を加えることはありうる。聖書には、安息日に労働してはならないと書かれている。だが、何が「労働」に該当するかは明示されていない。安息日に畑に水を撒いてもいいのか？　植木鉢に水をやったり、ヤギの番をしたりするのはどうか？　安息日に本を読んでもかまわないのか？　本を書くのはどうだろう？　紙を引きちぎるのは？　ラビたちは、本を読むのは労働ではないとしたが、紙を引きちぎるのは労働だという判断を下した。だから今日、正統派のユダヤ教徒は安息日に使うために、トイレットペーパーをあらかじめちぎって何枚も積み重ねておく。

聖書は、子ヤギを母ヤギの乳で煮ることも禁じている（「出エジプト記」二三章一九節）。これを文字どおりに解釈した人もいる。子ヤギを殺したら、母ヤギの乳で煮てはいけないが、別のヤギの乳や、ウシの乳で煮るのはかまわないというふうに。この禁止事項をはるかに広い意味で解釈し、肉と乳製品はけっして交ぜてはならないと捉えた人もいる。その場合、フライドチキンを食べた後にはミルクセーキは飲めないことになる。ありえない話のように聞こえるかもしれないが、ほとんどのラビは後者の解釈が正しいとした。ニワトリが乳を出すことはないのだが。

たとえ聖典というテクノロジーが、神聖な言葉の変更を制限することに成功したにせよ、聖典の外の世界は変化を続けたため、古い規則を新しい状況にどう当てはめたらいいか不明になり、さらに多くの問題が生じた。聖書の文書の大半は、パレスティナの丘陵地帯とエルサレムという聖なる町で暮らすユダヤ教徒のヒツジ飼いや農民の生活に的を絞っていた。ところが二世紀には、ほとんどのユダヤ教徒は、それとは別の場所に住むようになっていた。ローマ帝国の中でも富裕な大都市の一つである港町アレクサンドリアには、ユダヤ教徒のとりわけ大きなコミュニティが発展した。アレクサンドリア在住のユダヤ人海運王なら、聖書の律法の多くが自分の人生には無縁に思える一方で、差し迫った疑問の多くは、聖書に明確な答えを見つけられなかったことだろう。彼は、エルサレムの神殿での礼拝についての戒律には従うことができなかった。エルサレムの近くに住んでいなかったからだけではなく、神殿そのものも、すでに存在しなくなっていたからだ。その一方で、ローマに穀物を運ぶ自分の船を安息日に航行させるのは許されるのかどうか知ろうとしても、「レビ記」や「申命記」の書き手たちは長い船旅など考慮に入れていなかった[31]。

必然的に、聖書には無数の解釈が生じ、それが聖書そのものよりも段違いに重要な影響を及ぼした。ユダヤ教徒が聖書の解釈をめぐってますます議論を戦わせるようになるにつれて、ラビの権力と威信が増した。ヤハウェの言葉を書き記すことで、旧来の聖職者制度の権威を制限するはずだったが、ラビたちの新しい制度の権威を増大させる結果になった。ラビたちはユダヤ人社会の技術官僚《テクノクラート》のエリート層となり、長年の哲学的議論と法的論争を通じて論理や弁論の技能を伸ばした。こうして、新しい情報テクノロジーに頼って可謬の人間の制度や機関を迂回する試みは、裏目に出た。それは、聖典を解釈するために人間の制度が必要だったからだ。

ラビたちが聖書の解釈の仕方について最終的にある程度の合意に至ったときに、ユダヤ教徒は人間の可謬の制度を排除する新たな機会を見出した。彼らは、合意に達した解釈を新しい聖典に書き記し、無数の写本を作れば、自分たちと神の法の間に、これ以上人間の仲介を必要としなくなると考えた。そこで、ラビの意見のうち、どれを収録し、どれを無視するべきかについてたっぷり議論が交わされた後、三世紀に新しい聖典が正典化された。「ミシュナー」だ[32]。

聖書というただの文書よりも「ミシュナー」のほうが権威を持つようになると、ユダヤ教徒は「ミシュナー」が人間の手で生み出されたはずがないと信じ始めた。これもまたヤハウェの霊感を受けて書かれたものに違いない、あるいは、ことによると不可謬の神そのものによって書かれたものでさえあるかもしれないというわけだ。「ミシュナー」はシナイ山でヤハウェからモーセに授けられ、口承で代々伝えられ、三世紀に書きとめられたと、今日、多くの正統派ユダヤ教徒が固く信じている[33]。

残念ながら、「ミシュナー」が正典化され、書き写されるやいなや、ユダヤ教徒たちは「ミシュナー」の正しい解釈をめぐって議論を始めた。そして、「ミシュナー」の解釈について五～六世紀に合意に達し、それが第三の聖典「タルムード」として正典化されると、ユダヤ教徒は「タルムード」の解釈に関して意見が食い違い始めた。[34]

聖典というテクノロジーを通して、可謬の人間の制度や機関を迂回するという夢は、ついに実現しなかった。毎回、ラビの制度の権力が強まるばかりだった。「不可謬の聖典を信頼せよ」は、「聖典を解釈する人間を信頼せよ」へと変わった。ユダヤ教は聖書よりも「タルムード」によって形作られている度合いがはるかに高い。そして、「タルムード」の解釈についてのラビの主張は、「タルムード」そのものよりもなおさら重要になった。[35]

これは必然の成り行きだった。なぜなら、世の中は変わり続けるからだ。「ミシュナー」と「タルムード」は、聖書に明確な答えを見つけられなかった二世紀のユダヤ人海運王たちが投げ掛けた質問に対処した。現代にも新しい質問がいくつも投げ掛けられたが、「ミシュナー」や「タルムード」には明確な答えはなかった。たとえば、二〇世紀に家庭用の電化製品が開発されると、ユダヤ教徒は、安息日にエレベーターの電気式のボタンを押してもいいのかどうかといった、前例のない無数の疑問に頭を悩ませた。

正統派の答えは、ノーだった。前述のように、聖書は安息日には労働を禁じている。そして、ラビたちによれば、電気は火に似ており、火を起こすのは「労働」であると遠い昔から決まっているので、電気設備や電化製品のボタンを押すのは「労働」なのだそうだ。だとすれば、ブルックリンの高層ビルで暮らしている高齢のユダヤ教徒は、安息日には労働を避けるため、自分の部屋まで何百段も階段を上っていかなければならないのか？　いや、そんなことはない。正統派ユダヤ教徒たちは、「安息日エレベーター」を発明した。このエレベーターは、ボタンを押して「労働」をしなくても、各階に止まりながら絶えず昇降を繰り返す[36]。AIが発明されると、この古い話にさらに一捻《ひとひね》りが加わった。AIは顔認識機能を使って、エレベーターでユダヤ教徒を素早く目的の階に運ぶことができるので、安息日の決まりを破らなくて済むのだ[37]。

このように文書も解釈も数が増えたせいで、やがてユダヤ教に重大な変化が起こった。ユダヤ教はもともと、儀式と供犠《くぎ》を中心とする、聖職者と神殿の宗教だった。聖書時代には、ユダヤ教の典型的な場面は、血まみれの式服をまとった聖職者がヤハウェの祭壇で子ヒツジを生贄《いけにえ》に捧げているところだった。ところが、何世紀も経るうちに、ユダヤ教は文書と解釈に執着する「情報の宗教」と化した。二世紀のアレクサンドリアから二一世紀のブルックリンまで、ユダヤ教の典型的な場面は、ラビの一団が文書の解釈をめぐって議論しているところになった。

聖書自体のどこを探しても、どんな文書についてであれ誰一人議論している場面がほとんど見つからないことを踏まえれば、この変化はきわめて意外だ。そのような議論は、聖書時代の文化そのものとは完全に無縁だった。たとえばモーセに叛逆したコラとその仲間が、モーセにはイスラエルの民を導く権利がないとして、権力をもっと公平に分配することを要求したときには、モーセはそれに応じて学識に基づく議論を始めることも、聖典の一節を引用することもなかった。そうする代わりに、モーセは神に奇跡を行なうように求め、彼が語り終えるとたちまち、大地が裂け、「地はその口を開き、彼らとその家族、コラに属するすべての者たちとすべての持ち物を呑み込んだ」(「民数記」一六章三二節)。エリヤは、バアルの四五〇人の預言者とアシェラの四〇〇人の預言者に、イスラエルの民の前で正当性を問われたときには、まず奇跡を起こして天から火を降らせ、次に異教徒の預言者たちを殺して、バアルとアシェラに対するヤハウェの優位性を証明した(「列王記上」一八章)。文書を読む者は一人もいなかったし、合理的な議論を行なう者も一人としていなかった。

ユダヤ教が供犠を文書に替えるにつれて、情報は現実の最も基本的な構成要素であるという見方に傾いていき、物理学とコンピューター科学における現在の考え方の先駆けとなった。ラビたちが生み出した文書の洪水は、しだいに、畑を耕したりパンを焼いたり神殿で子ヒツジを生贄にしたりするよりも重要で、より現実的でさえあると見なされるようになった。エルサレムの神殿がローマ人に破壊され、神殿での儀式がすべて途絶えた後でさえ、ラビたちは神殿での儀式を適切に行なうことについての文書を書き、それからそうした文書の正しい解釈について議論することに途方もない労力を費やした。神殿がなくなってから何世紀も過ぎた後でさえ、こうしたバーチャルな儀式についての情報の量は増える一方だった。ラビたちも、文書と現実の間に存在するように見えるこの隔たりに気づかなかったわけではない。それでもなお、儀式についての文書を書き、それらの文書について議論することが、実際に儀式を行なうことよりもはるかに重要だというのが彼らの言い分だった。[38]

ラビたちはそうしているうちに、とうとう、全宇宙が情報空間だと信じるようになった。それは、言葉からできていて、ヘブライ語の文字コードで機能する領域だった。彼らは、さらに次のように主張した。情報から成るこの宇宙は、ユダヤ教徒が文書を読んでその解釈について議論できるように創造されたのであって、もしユダヤ教徒がそうした文書を読んだり、それらについて議論したりするのをやめれば、存在しなくなる、と。[39] この見方に従えば、日常生活では、ラビにとって文書の中の言葉のほうが、しばしば世の中の事実よりも重要であることになる。あるいは、より正確に言うならば、聖典にどの言葉が出てくるかが、この世界についてとりわけ重要な事実となり、それで個人やコミュニティ全体の生活が決まるということだった。

分裂した聖書

聖書の正典化や「ミシュナー」と「タルムード」の誕生に関するこれまでの説明では、ある重要な事実に触れなかった。じつは、ヤハウェの言葉を正典化する過程では、文書の系列が一つだけできたのではなく、複数の競合する系列が誕生したのだ。ヤハウェは信じるけれど、ラビを信じない人々がいた。これらのラビ反対者の大半は、聖書の系列の最初の一続きは受け容れ、それを旧約聖書と呼んだ。だが、ラビたちがこの一続きを正典化する前に、反対者たちはすでに、ラビたちの制度全体の権威を拒絶していた。そしてそれが、後に「ミシュナー」と「タルムード」も拒絶することにつながった。これらの反対者たちが、キリスト教徒だった。

キリスト教は、一世紀に現れたときには統一された宗教ではなく、ろくに意見が合わないさまざまなユダヤ教の運動であり、共通していたのは、全員がラビたちの制度ではなくイエス・キリストをヤハウェの言葉の究極の権威と考えていた点だけだった。[40] キリスト教徒は、「創世記」「サムエル記」「イザヤ書」といった巻の神性は受け容れていたが、ラビたちはこれらの巻を誤解しており、イエスとその弟子たちだけが、「主ご自身があなたがたにしるしを与えられる。見よ、おとめが身ごもって男の子を産み、その名をインマヌエルと呼ぶ」(「イザヤ書」七章一四節) のようなくだりの真の意味を知っていると主張した。ラビたちは、「おとめ」は「若い女性」、「インマヌエル」は「神は我らとともに」という意味だとし (ヘブライ語で「インマヌ」は「我らとともに」、「エル」は「神」を意味する）、この一節は全体として、ユダヤの民が国外の暴虐な帝国と戦うのを助けるという神の約束だと解釈した。一方、キリスト教徒は、「おとめ」は「処女」を意味し、「インマヌエル」は神が文字どおり人間の間に生まれるということであり、これは神聖なイエスがこの地上で処女マリアに産まれることについての預言だと主張した。[41]

ところが、キリスト教徒はラビたちの制度を拒絶すると同時に新しい神の啓示の可能性を受け容れたため、大混乱を招くことになった。一世紀に、そして二世紀と三世紀にはなおさら、さまざまなキリスト教徒が「創世記」や「イザヤ書」といった巻の根本的に新しい解釈を打ち出すとともに、神からの新しいメッセージを大量に示した。彼らはラビたちの権威を拒絶していたし、イエスは亡くなっていて裁定できなかったし、統一されたキリスト教会はまだ存在していなかったのだから、これらすべての解釈やメッセージのうち、どれが神の霊感を受けたものなのか、誰に判断できるというのか？

たとえば、黙示録で世の終わりを描いたのは、ヨハネ（「ヨハネの黙示録」）だけではない。当時の黙示録は、他にも多くある。「ペトロの黙示録」や「ヤコブの黙示録」、さらには「アブラハムの黙示録」[42]まである。イエスの生涯と教えについては、初期のキリスト教徒には、「マタイによる福音書」「マルコによる福音書」「ルカによる福音書」「ヨハネによる福音書」の四巻に加えて、「ペトロによる福音書」「マリアによる福音書」「真実の福音書」「救世主の福音書」他、多数があった。[43]同様に、「使徒言行録」以外にも、「ペトロの言行録」や「アンデレの言行録」など、他に少なくとも一二の言行録があった。[44]使徒書簡はそれに輪をかけて多かった。今日のほとんどのキリスト教聖書にはパウロのものとされる書簡が一四、ヨハネのものとされる書簡が三つ、ペトロのものとされる書簡が二つ、ヤコブとユダのものとされる書簡がそれぞれ一つずつ収録されている。だが古代のキリスト教徒は、パウロの別の書簡（たとえば「ラオディキアの信徒への手紙」）だけでなく、他の弟子や聖人が書いたとされる、それ以外の多くの書簡にも馴染みがあった[45]。

キリスト教徒がますます多くの福音書や書簡、預言、寓話、祈り、その他の文書を生み出すにつれて、どれに注意を払うべきかを知るのがいっそう難しくなった。キリスト教徒には、キュレーション（収集・整理・選別・編集）の制度が必要になった。こうして新約聖書が誕生した。ユダヤ教のラビたちの間の議論から「ミシュナー」と「タルムード」が生まれたのとおおよそ同じ頃に、キリスト教の司祭や司教や神学者の間の議論から新約聖書が生まれた。

アレクサンドリアの司教アタナシオスは三六七年の手紙で、敬虔なキリスト教徒が読むべき二七の巻を推薦した。異なる人々が異なる時代に異なる場所で書いた、かなり多岐にわたる物語や書簡や預言の一群だった。アタナシオスは、「ヨハネの黙示録」は推薦したが、「ペトロの黙示録」や「アブラハムの黙示録」は推さなかった。パウロの「ガラテヤの信徒への手紙」は良しとしたが、「ラオディキアの信徒への手紙」は認めなかった。「マタイによる福音書」「マルコによる福音書」「ルカによる福音書」「ヨハネによる福音書」は支持したが、「トマスによる福音書」と「真実の福音書」は拒絶した[46]。

それから三〇年ほど後、ヒッポ会議（三九三年）とカルタゴ会議（三九七年）で、司教と神学者が集まり、この推薦リストを正式に正典化し、それが「新約聖書」と呼ばれるようになった[47]。キリスト教徒が「聖書」と言うときには、旧約聖書と新約聖書を併せて考えている。それとは違い、ユダヤ教徒はけっして新約聖書を受け容れなかった。彼らが「聖書」と言うときには旧約聖書のことだけが念頭にあり、「ミシュナー」と「タルムード」がその旧約聖書を補足している。興味深いことに、ヘブライ語には今日でも、旧約聖書と新約聖書の両方を含むキリスト教の聖典を表す単語がない。ユダヤ教徒の観点に立てば、旧約聖書と新約聖書は二冊のまったく無関係の書物であり、彼らは両者を網羅する単一の書物が存在する可能性は頑として認めない。それがおそらく世界で最も広く行き渡った書物であるのにもかかわらず、だ。

これを指摘しておくのがきわめて重要なのだが、新約聖書を生み出した人々は、収録されている二七の巻の著者ではなかった。彼らはキュレーションを行なった人々、つまりキュレーターだった。当時の証拠は乏しいので、アタナシオスが選んだ巻のリストが彼個人の判断を反映していたのか、それとも、初期のキリスト教思想家たちに端を発するものだったのかはわからない。それでも、ヒッポ会議とカルタゴ会議の前には、他にもキリスト教徒のための競合する推薦リストが複数存在していたことはわかっている。そのうちで最も早いリストは、シノペのマルキオンが二世紀半ばにまとめた。マルキオンの正典には、「ルカによる福音書」とパウロの書簡が一〇だけしか含まれていなかった。そして、これら一一の巻でさえ、後にヒッポとカルタゴで正典化されたバージョンとはいくぶん違っていた。マルキオンは、「ヨハネによる福音書」や「ヨハネの黙示録」などの他の巻の存在を知らなかったのか、あるいはそれらを高く評価していなかったかのどちらかだろう。(48)

司教アタナシオスと同時代の教父、聖ヨハネス・クリュソストモスは、二二の巻しか推薦せず、「ペトロの手紙二」「ヨハネの手紙二」「ヨハネの手紙三」「ユダの手紙」「ヨハネの黙示録」は自分のリストから除外している。(49) 中東のキリスト教会のうちには、今日に至るまで、クリュソストモスの短いリストに従っているものもある。(50) アルメニア教会は、「ヨハネの黙示録」を選ぶかどうか決めるのに約一〇〇〇年もかかった。その一方で、カトリック教会やプロテスタント教会のような他の教会が偽典と考えている「コリントの信徒への手紙三」は、正典に含めている。[51] エチオピア教会はアタナシオスのリストを全面的に支持したが、「シノドス」「クレメンス書」「契約の書」「使徒戒規」の四巻も加えている。[52]「クレメンスの手紙」を二つ、「ヘルマスの牧者」「バルナバの手紙」「ペトロの黙示録」、その他、アタナシオスのリストに入らなかったさまざまな巻を支持しているリストもある。[53]

異なる教会や教会会議や教父たちによって、特定の巻が支持されたり拒絶されたりした正確な理由はわかっていない。だが、その選択の影響は広範に及んだ。教会は巻についての判断を下したものの、巻そのものが教会の在り方を決めた。重要な例として、教会における女性の役割について考えてほしい。初期のキリスト教指導者のうちには、女性を男性よりも知的・倫理的に劣っていると見て、女性が社会やキリスト教コミュニティで果たす役割は副次的なものに限定するべきだと主張する人々がいた。この見方は、「テモテへの手紙一」などの巻に反映されている。

聖パウロが書いたとされるこの巻の一節には、こうある。「女は静かに、あくまでも従順に学ぶべきです。女が教えたり、男の上に立ったりするのを、私は許しません。むしろ、静かにしているべきです。なぜなら、アダムが初めに造られ、それからエバが造られたからです。また、アダムはだまされませんでしたが、女はすっかりだまされて、道を踏み外しました。しかし、女が慎みをもって、信仰と愛と清さを保ち続けるなら、子を産むことによって救われます」(「テモテへの手紙一」二章一一〜一五節)。だが、現代の学者と、マルキオンのような古代のキリスト教指導者の一部も、この手紙は二世紀に偽造されたものであり、聖パウロの言葉とされているが、じつは別の人物によって書かれたと考えてきた。[54]

「テモテへの手紙一」とは裏腹に、二〜四世紀には、「マリアによる福音書」[55]や「パウロとテクラの言行録」のように、女性を男性と対等の存在とし、女性が指導者の役割を担うことさえ許す重要なキリスト教の文書が書かれている。後者は「テモテへの手紙一」とほぼ同じ頃に書かれ、しばらく非常な人気を博した[56]。この文書は聖パウロと女性の弟子のテクラの冒険を語り、テクラが多数の奇跡を行なったことばかりではなく、自らの手で洗礼を施したことや、しばしば説教をしたことを記している。テクラは何世紀にもわたって、キリスト教の聖人として盛んに崇敬され、女性も洗礼を施したり、説教をしたり、キリスト教コミュニティを指導したりできる証拠と見なされた[57]。

ヒッポ会議とカルタゴ会議の前には、「テモテへの手紙一」が「パウロとテクラの言行録」よりも権威があるのかどうかは、明らかではなかった。両会議に集まった司教や神学者たちは、「テモテへの手紙一」を推薦リストに含め、「パウロとテクラの言行録」を除外することで、女性に対するキリスト教徒の態度を定め、その態度が今日まで続いている。もし新約聖書に「テモテへの手紙一」の代わりに「パウロとテクラの言行録」が収められていたら、キリスト教がどのようになっていたかは想像するしかない。教会には、アタナシオスのような教父たちに加えて、教母も誕生していたかもしれない。そして女性蔑視は、普遍的な愛というイエスのメッセージを歪める危険な異端というレッテルを貼られていたことだろう。

ラビたちが旧約聖書のキュレーションを行なったことをほとんどのユダヤ教徒が忘れたのと同じで、教会会議が新約聖書のキュレーションを行なったことをほとんどのキリスト教徒が忘れ、新約聖書は不可謬の神の言葉であるとばかり思うようになった。だが、聖典が権威の究極の源泉と見られていた一方で、そのキュレーションの過程で、真の権力はキュレーションを行なう制度や機関の手に委ねられた。ユダヤ教では、旧約聖書と「ミシュナー」の正典化は、ラビという制度の創出と密接に結びついていた。キリスト教では、新約聖書の正典化は、統一されたキリスト教会の創出と密接に結びついていた。キリスト教徒が司教アタナシオスのような教会の聖職者を信頼したのは、新約聖書で読んだ事柄のおかげだが、キリスト教徒が新約聖書を信じていたのは、司教たちに新約聖書を読むように言われていたからだ。すべての権威を不可謬の超人間的なテクノロジーに付与する試みは、新しい、きわめて強力な人間の機関の台頭につながった。その機関とは、教会だ。

エコーチェンバー

時が流れるにつれ、解釈の問題のせいで、聖典と教会の間の力関係は、教会という機関にしだいに有利になっていった。ユダヤ教では聖典を解釈する必要性によってラビたちの力が増したのとちょうど同じように、キリスト教でも聖典を解釈する必要性によって、教会の力が増した。イエスの同じ言葉やパウロの同じ書簡も、さまざまな形で理解することができた。そして、どの読み方が正しいかを決めるのが教会という機関だった。そしてその機関は、聖典を解釈する権限をめぐる争いで繰り返し揺らぎ、それが西のカトリック教会と東の正教会の間で起こったような、機関の分裂を招いた。

すべてのキリスト教徒が「マタイによる福音書」の山上の説教を読み、敵を愛するべきことや、右の頬を打たれたら左の頬も向けるべきこと、へりくだった人々が地を受け継ぐことを学んだ。だが、これらの教えは、実際には何を意味していたのか？　キリスト教徒はこの説教を、あらゆる軍事力の行使を拒むようにという呼び掛けとして[58]、あるいは、あらゆる社会階層制の否定として読むこともできた[59]。ところがカトリック教会は、そのような平和主義や平等主義の読み方は異端であると見なした。

そして、イエスの言葉を独自に解釈し、ヨーロッパ随一の豊かな地主となり、暴力に満ちた聖戦を何度も仕掛け、凶悪な宗教裁判所を設立した。カトリック神学は、イエスが私たちに敵を愛するように言ったことは受け容れたものの、異端者を焼き殺すのは愛の行為だと説明した。異端者を焼き殺せば、さらに多くの人が異端の見方を採用するのを思いとどまらせ、それによって彼らを地獄の業火から救えるからというわけだ。フランスの宗教裁判官のジャック・フルニエは一四世紀の初めに、山上の説教について本をまる一冊書き、この文書が異端者狩りに正当性を与えるという説明をした。[60] フルニエの見方は、けっして主流から外れたものではなかった。なにしろ彼は、ローマ教皇ベネディクトゥス一二世（在位一三三四〜四二年）となったのだから。

宗教裁判官として、またその後は教皇としてのフルニエの仕事は、カトリック教会による聖典の解釈を普及させることだった。そのために、フルニエをはじめとする聖職者たちは、暴力的な強制だけではなく、書物の製作に対する支配権も利用した。一五世紀にヨーロッパで活版印刷が始まる前は、書物の写本を多数作るには莫大《ばくだい》な費用がかかったので、それができるのは飛び抜けて裕福な個人や機関だけだった。カトリック教会は自らの権力と富を使い、教会が支持する文書の写本を広め、誤っていると判断した文書の写本の製作と普及を禁じた。

もちろん教会にも、ときおり自由思想家が異端の考えをまとめ上げるのを防ぐことはできなかった。だが教会は、写本工房や文書保管所や図書館といった、中世の情報ネットワークの主要なノード（結節点）を支配していたので、そのような異端者が自分の著書の写本を大量に作って流通させるのを防ぐことはできた。自説を広めたい異端の著者がどのような苦難に直面したかを理解するために、レオフリックが一〇五〇年にイングランドのエクセターの司教になったときのことを考えてみよう。聖堂の図書室には書物はたった五冊しかなかった。そこでレオフリックはただちに、聖堂に写本工房を設置したが、彼が亡くなる一〇七二年までの二二年間に、工房の写字生たちが書き写した書物は六六冊にすぎなかった[61]。一三世紀には、オックスフォード大学の図書館の蔵書は聖母マリア教会の箱に収められた数冊の書物だった。ケンブリッジ大学の図書館は、一四二四年には蔵書数がたった一二二冊だった[62]。オックスフォード大学が一四〇九年に出した命令には、大学で学ばれる「近年の文書はすべて、大司教に任命された一二名の神学者から成る審査員団によって」満場一致で承認されたものでなくてはならないと規定されていた[63]。

カトリック教会は、社会をエコーチェンバー〔訳註：特定の主張ばかりが増幅・強化される場のこと〕に閉じ込め、教会が支持する書物だけが広まることを許した。そして、人々が教会を信頼したのは、ほぼすべての書物が教会を支持していたからだった。字が読めず、したがって本を読まない一般信徒たちでさえ、それらの貴重な文書の朗読や内容の解説に畏敬の念を抱いた。こうして、新約聖書などの不可謬とされる超人間的テクノロジーへの信仰が、カトリック教会のようなきわめて強力ではあるものの可謬の人間の機関――対立する見方はすべて「誤っている」として粉砕する一方、自らの見解の正当性を問うことは誰にも許さない機関――の台頭につながった。

ジャック・フルニエのようなカトリックの情報専門家は、聖パウロの書簡のアウグスティヌスによる解釈のトマス・アクィナスによる解釈を読み、自らの解釈をそれに加えて日々を過ごした。相互に関連したこれらの文書は、どれ一つとして現実を表してはおらず、ユダヤ教のラビたちが創り出したものよりもなおさら大きくて強力な情報空間を新たに創出した。中世ヨーロッパの人々は、繭に覆われるようにその情報空間にすっぽりと包まれ、日々の活動も思考も感情も、文書についての文書についての文書によって形作られていた。

印刷と科学と魔女

不可謬の文書に権威を付与することで人間の可謬性を迂回する試みは、けっして成功しなかった。これがユダヤ教のラビやカトリックの聖職者に特有の欠陥のせいだったと思う人がいるといけないので言っておくが、宗教改革もこの実験を何度も何度も試みた。そして必ず同じ結果に至るのだった。ルターやカルヴァンやその後継者たちは、普通の人々と聖典の間に、人間の可謬の制度や機関が入り込む必要はないと主張した。キリスト教徒は、聖書の周りに巣くっている寄生虫のような官僚制をすべて捨て去り、神のもともとの言葉との直接のつながりを取り戻すべきであるというわけだ。ところが、神の言葉が自らを解釈することはけっしてなかった。だからこそ、ルター派やカルヴァン派だけではなく、プロテスタントの他の多くの宗派が、最終的にはそれぞれ独自の教会制度を打ち立て、文書を解釈して異端者を迫害する権限を付与したのだ[64]。

不可謬の文書が可謬で暴虐な教会の台頭につながるだけなら、人間の誤りという問題にはどう対処すればいいのか？　情報の素朴な見方は、教会とは正反対のもの、すなわち情報の自由市場を創出すれば、この問題は解決できると断定する。もし情報の自由な流れに対する制限をすべて取り除けば、誤りは必ず暴かれ、真実に取って代わられるというのが、素朴な見方だ。プロローグで指摘したように、これは希望的な観測にすぎない。その理由を理解するために、この問題を少しばかり掘り下げてみよう。テストケースとして、情報ネットワークの歴史でもとりわけ有名な、ヨーロッパの印刷革命の時代に何が起こったか、考えてほしい。一五世紀半ばにヨーロッパに印刷機が導入されると、たとえカトリック教会が認めない文書であっても、比較的速く安価にこっそりと大量生産することが可能になった。一四五四年から一五〇〇年にかけての四六年間に、ヨーロッパでは一二〇〇万部を超える書物が印刷されたと推定されている。それに引き換え、それ以前の一〇〇〇年間に人間の手で書き写された書物は、約一一〇〇万部だった[65]。一六〇〇年までには、異端者や革命家、科学者の先駆けといった、ありとあらゆる種類の非主流の人々が、自らの著作をかつてないほど素早く、広く、手軽に流通させることができるようになっていた。

情報ネットワークの歴史の中では、近世ヨーロッパにおける印刷革命は、それまでカトリック教会が維持してきたヨーロッパの情報ネットワークの完全な支配体制を打ち破った勝利の時として、たいてい称賛される。人々が以前よりはるかに自由に情報を交換できるようになり、それが科学革命につながったとされている。それにも一理ある。印刷術がなければ、コペルニクスやガリレオらはきっと、自分の考えを練り上げて広めるのが格段に難しくなっていたことだろう。

だが、印刷術は科学革命の根本原因ではなかった。印刷機にできたのは、文書を忠実に複製することだけだった。印刷機には、独自の新しい考えを思いつく能力はまったくなかった。印刷術を科学と結びつける人は、より多くの情報を生み出して広めるだけで、必ず人々を真実へと導けるものと思い込んでいる。実際には、印刷術のおかげで科学的な事実だけではなく宗教的な幻想やフェイクニュースや陰謀論もまた、急速に拡散するようになった。後者の最も悪名高い例は、魔王《サタン》が率いる魔女たちの世界的な陰謀とされるものを人々が信じたことだろう。それが熱狂的な魔女狩りにつながり、近世ヨーロッパはその波に呑まれた[66]〔訳註：本書ではいわゆる「魔女狩り」が大きく取り上げられているため、原書で「witch」という単語が使われている場合には、おおむね「魔女」という訳語を採用している。ただし、「witch」は必ずしも女性に限られないので、本書でも「魔女」に男性を含めている場合もある〕。

魔法や魔女の存在を信じるというのはこれまで、あらゆる大陸のあらゆる時代の人間社会の特徴だったが、どのような魔女を想像し、どのように対応するかは、それぞれの社会で大きく異なった。魔女は霊たちを支配し、死者と話し、未来を予知すると信じる社会もあれば、魔女は家畜を盗み、秘宝の在りかを突き止めると思っている社会もあった。あるコミュニティは、魔女が病気を引き起こし、作物を枯らし、媚薬《びやく》を調合すると考え、またあるコミュニティでは、夜に家に忍び込み、家事をし、畜乳を盗むとされた。魔法を使うのは主に女性だとされる土地もあれば、たいがい男性だと思われている土地もあった。魔女を恐れ、暴力を使って迫害する文化もあれば、大目に見る文化や、敬いさえする文化もあった。さらには、魔女などほとんど顧みることのない社会が、どの大陸にもどの時代にもあった[67]。

中世のほぼ全般で、ヨーロッパ社会の大半は最後の部類に属し、魔女のことなどあまり気に掛けなかった。中世のカトリック教会は、魔女は人類にとって大きな脅威だとは見ていなかったし、聖職者のうちには、魔女狩りを思いとどまらせようと、積極的に活動する者もいた。一〇世紀に大きな影響力を振るった『司教法令集（*Canon Episcopi*）』という文書がある。魔女に関する中世の教会の教理を定めたこの文書によれば、魔法はおおむね錯覚であり、魔法が現実のものだと信じるのはキリスト教の教えに反する迷信とのことだった[68]。ヨーロッパでの熱狂的な魔女狩りは、中世の現象ではなく、むしろ近世の現象だったのだ。

一四二〇年代から三〇年代にかけて、主にアルプス地方で活動していた聖職者や学者が、キリスト教と地元の民間伝承と古代ギリシア・ローマの遺産からさまざまな要素を抜き取って融合させ、魔法に関する新しい説にまとめ上げた。[69] それまでは、魔女たちが恐れられていたときにさえ、彼女たちは完全に地域限定の問題だと考えられていた。魔女は単独犯で、個人的な悪意に突き動かされ、摩訶《まか》不思議《ふしぎ》な手段で盗みを働いたり人を殺したりするというのだ。一方、聖職者や学者が新たに示したモデルによれば、魔女は社会にとってそれよりも段違いに手強い脅威だという。魔王に率いられた魔女たちの世界的な陰謀が存在し、それが制度化された反キリスト教の宗教を形作っているとのことだった。その目的は、社会秩序の完全な破壊と人類の根絶にほかならないのだそうだ。魔女たちは夜中に大勢集まり、魔王を崇拝し、子供たちを殺し、人肉を食らい、乱痴気騒ぎをし、魔法をかけ、嵐や伝染病などの大惨事を起こすと言われた。

そのような考えに促され、一四二八～三六年にアルプス西部のヴァレー地方で、地元の聖職者と貴族の主導で最初の大規模な魔女狩りと魔女裁判が行なわれ、魔法使いとされた二〇〇人以上の男女が処刑された。このアルプスの中心部から、魔女の世界的な陰謀の噂がヨーロッパの他の地方へと少しずつ伝わっていったが、そのような陰謀を信じるというのは依然として主流には程遠く、既成のカトリック教会の権力機構はそれを受け容れなかったし、他の地域ではヴァレーに倣って大規模な魔女狩りが行なわれることはなかった。

ところが一四八五年、ハインリヒ・クラーマーという名のドミニコ会の修道士で宗教裁判官が、これまたアルプスの一地方であるハプスブルク家領のティロルで魔女狩りに乗り出した。彼は、魔王の世界的な陰謀の存在を信じる新しい動きを熱烈に支持するようになった人物だ。[70] 彼は精神が錯乱していたようでもあり、極悪非道の魔法という彼の告発は、過激な女性蔑視と常軌を逸した性的執着を色濃く反映していた。ブリクセンの司教が率いる地元の教会当局は、クラーマーの告発に懐疑的で、彼の活動に懸念を抱いた。そして、彼の宗教裁判をやめさせ、彼が拘束した容疑者を釈放し、彼をその地域から追い払った。(71)

だがクラーマーは、印刷機を利用して反撃に出た。追放されてから二年のうちに、彼は『魔女への鉄槌《てっつい》（*Malleus Maleficarum*）』という書物を編集して出版した。これはいわば、魔女の正体を暴いて殺すためのＤＩＹ（ドゥーイットユアセルフ）ガイドブックであり、その中でクラーマーは魔王の世界的な陰謀や、誠実なキリスト教徒が魔女を見つけ出して撃退する方法を詳しく説明した。特に、魔法を使うことが疑われる人々に自白させるために恐ろしい手段で拷問を行なうことを推奨し、有罪とされた者に対する罰は処刑しかないと、断固として主張した。

クラーマーは、既存の考え方や物語を整理してまとめ、憎しみに満ちた想像力を盛んに働かせて多くの詳細をつけ加えた。彼は、「テモテへの手紙一」に見られるような古代キリスト教の女性蔑視の教えを拠り所とし、魔法に性的な特色を与えた。彼は、魔法使いはたいてい女性だと主張した。なぜなら魔法は性欲から生じるからであり、性欲は女性のほうが強いはずだからだった。彼は、性行為のせいで敬虔な女性が魔女となり、夫を骨抜きにすると読者に警告した。(72)

『魔女への鉄槌』は、まる一章を割いて、男性の生殖器を盗み取る魔女の能力を説明している。魔女は本当に男性の生殖器を奪い取ることができるのか、それとも去勢されたという錯覚を男性の頭の中に生み出すことができるだけなのかについて、クラーマーは長々と論じている。「このようにして、ときには多数の、全部で二〇も三〇もの男性器を集め、鳥の巣に入れたり箱にしまい込んだりする魔女について、どう考えればいいのか？」とクラーマーは問う。「多くの人が目撃してきたように、男性器は巣や箱の中で、まるで生きているかのようにうごめき、カラス麦や小麦を食べる」。それから彼は、ある男性から聞いた話を語る。「彼は自分の性器を失うと、よく知られている魔女の所に行き、元どおりにしてくれるように頼んだ。すると魔女はその男に、ある木に登り、そこの巣にいくつか入っている性器のうちから好きなものを取っていいと言った。彼が大きいものを取ろうとすると、それは取ってはいけないと魔女は言い、教区の司祭のものだからとつけ加えた」[73]。魔法使いについて、今日でも相変わらずよく知れ渡っている考え方、たとえば、魔法使いは圧倒的に女性が多いとか、野放図な性行為に興じるとか、子供を殺したりその手足を切断したりするとかいった考え方に標準的な形を与えたのが、このクラーマーの本だった。

ブリクセンの司教と同じように、他の聖職者たちも最初はクラーマーの突飛な考え方には懐疑的で、教会の専門家たちの間では、彼の著書に対する抵抗もあった[74]。ところが『魔女への鉄槌』は、近世ヨーロッパで屈指のベストセラーになった。この作品は、人々の最も深い恐れを掻《か》き立てるだけでなく、乱痴気騒ぎや人食い、子供殺し、魔王の陰謀について聞きたいという忌まわしい好奇心もそそった。そして、一五〇〇年までに第八版が刊行され、一五二〇年までに五回、一六七〇年までには一六回、さらに版を重ね、多くの言語に翻訳された[75]。こうしてこの本は魔法と魔女狩りに関する書物の決定版となり、それに着想を得て多数の模倣作品や解説書が出回った。クラーマーの名声が高まると、『魔女への鉄槌』は教会の専門家たちにも受け容れられた。クラーマーは教皇の代理に任命され、一五〇〇年にはボヘミアとモラヴィアの宗教裁判官に取り立てられた。今日でさえ、彼の考え方は世界を引き続き方向づけており、Qアノンのような、魔王による世界的な陰謀にまつわる現在の多くの説は、彼の空想を拠り所とし、その空想を存続させている。

印刷術の発明がヨーロッパでの魔女狩りの熱狂を引き起こしたと言ったら言い過ぎだろうが、印刷機は魔王の世界的な陰謀という考えを急速に広める上で、きわめて重要な役割を果たした。クラーマーの考え方の人気が高まるにつれ、印刷機は『魔女への鉄槌』やその模倣作品を多数刷り上げただけではなく、安価な一ページのパンフレットの洪水も生み出した。そうしたパンフレットの煽情的な文章には、悪魔に襲われている人々や火あぶりにされている魔女の挿し絵が添えられていることが多かった。[76]これらの印刷物は、魔女の陰謀の規模について、根も葉もない数値も示した。たとえば、ブルゴーニュ地方の裁判官で魔女狩り人だったアンリ・ボゲ（一五五〇～一六一九年）は、魔法使いはフランスだけでも三〇万人、ヨーロッパ全体では一八〇万人いると推定した。[77]そのような主張が集団パニックを煽り、一六世紀から一七世紀にかけて、四万～五万の無実の人が魔法を使ったとして告発され、拷問されたり処刑されたりする事態につながった。[78]犠牲者はありとあらゆる職業や年齢の人に及び、わずか五歳の子供たちも含まれた。[79]

　人々は、薄弱極まりない証拠に基づいて、魔法を使ったとして互いに告発し始めたが、それはかつて受けた侮辱への仕返しや、経済的・政治的利益のためであることがよくあった。公式の捜査が始まると、容疑者はたいてい万事休すだった。『魔女への鉄槌』で推奨されている宗教裁判の方法は、まさしく極悪非道だった。容疑者は、魔法使いであることを認めれば処刑され、財産は告発者と処刑者と宗教裁判官が山分けにした。もし容疑者が自白を拒めば、それが強情な魔女であることの証拠とされ、身の毛もよだつような拷問を加えられ、指の骨を折られたり、熱したやっとこで肉をむしられたり、ちぎれそうになるまで体を引き伸ばされたり、熱湯に沈められたりした。容疑者は遅かれ早かれ耐え切れなくなって自白し、それを受けて処刑された。[80]

一例を挙げよう。一六〇〇年にミュンヘンの当局は、魔法を使った疑いでパッペンハイマー一家（父親のパウルス、母親のアンナ、成人した二人の息子、一〇歳の息子のヘンゼル）を拘束した。宗教裁判官たちは手始めに、幼いヘンゼルを拷問した。そのときの手順は、ミュンヘンの文書保管所で今なお読むことができる。記録には、尋問者の一人が、その一〇歳の少年について残した次のような覚書が含まれている。「この子が母親を罪に陥れるように、徹底的に拷問してかまわない」[81]。言いようのないほど残忍な拷問を受けた後、パッペンハイマー一家は、魔法で二六五人を殺害し、激しい嵐を一四回引き起こしたことを含め、多くの罪を告白した。彼らは全員、死刑を宣告された。

一家の四人の大人は灼熱《しゃくねつ》したやっとこで体を引き裂かれ、男性たちは車輪で手足の骨を折られ、父親は杭《くい》で串刺しにされ、母親は乳房を切り取られ、それから全員が生きたまま火あぶりにされた。一〇歳のヘンゼルは、一部始終を目の当たりにさせられた。四か月後、彼も処刑された[82]。魔女狩り人たちによる悪魔と共犯者たちの捜索は、じつに徹底していた。もっとも、彼らが本当に極悪非道な悪魔を見つけたければ、鏡を覗《のぞ》くだけでよかったのだが。

魔女狩り産業

魔女狩りは、人間一人、あるいは一家族を殺すだけで終わりになることはめったになかった。根底にあるモデルが世界的な陰謀を想定していたので、魔法を使ったとして告発された人々は、共犯者の名を挙げるように拷問された。そして、その告白を証拠として使い、他の人々を投獄し、拷問にかけ、処刑した。このような不条理なやり口に役人や学者や聖職者が異議を唱えたら、それが、彼らが魔法使いであるに違いない証拠と見なされ、彼ら自身が拘束され、拷問された。
たとえば、魔王が陰謀を巡らせているという考えがちょうど定着しかけていた頃の一四五三年、ギヨーム・エドゥランという名のフランスの神学博士が勇敢にも、それが広まる前に抑え込もうとした。彼は、魔法は錯覚である、そして、魔女は夜に空を飛んで魔王と会い、約束を交わすことはできないという中世の『司教法令集』の主張を繰り返した。ところがエドゥラン本人が魔法使いだとして告発され、拘束された。拷問を受けた彼は、自分自身、箒にまたがって空を飛び、悪魔との契約に署名した、そして魔王に、魔法が錯覚だと説く任務を与えられた、と告白した。裁判官たちはエドゥランには寛大だった。彼は処刑を免れ、代わりに終身刑の判決を受けた。(83)

魔女狩りは、繭のような情報空間を創出することの邪悪な面を浮き彫りにする。「タルムード」についてのラビたちの議論や、キリスト教の聖典に関する学者たちの議論の場合と同じで、魔女狩りも、現実を表すのではなく新たな現実を創り出しながら拡がり続ける情報の海によって煽られたものだった。魔女は客観的な現実ではなかった。近世ヨーロッパには、魔王と交わった人も、箒にまたがって空を飛べる人も、雹《ひょう》を伴う嵐を起こせる人も、一人としていなかった。だが、魔女は共同主観的現実になった。魔女は貨幣と同じように、それについての情報を交換することで現実になったのだった。

魔女狩りの官僚制が生まれ、総掛かりでそのような交換に専念した。神学者や法律家、宗教裁判官、印刷機の所有者は、魔女についての情報を集めたり生み出したり、さまざまな種類の魔女の目録を作ったり、魔女の振る舞いを調べたり、魔女の正体の暴き方や撃退の仕方を推薦したりすることを生業《なりわい》とした。専門の魔女狩り人たちが現れ、政府や地方自治体のために働き、高額の料金を受け取った。文書保管所は、魔女狩りの実施記録や魔女裁判の手順、魔女とされる人々から引き出した長い告白などでいっぱいになった。

専門の魔女狩り人たちは、あらゆるデータを使って自説にさらに磨きをかけた。彼らは、聖典の正しい解釈について学者が議論するように、『魔女への鉄槌』やその他の有力な書物の正しい解釈について討論した。魔女狩りの官僚制は、官僚制がしばしばすることをした。つまり、「魔女」の共同主観的なカテゴリーを考案し、それを現実に押しつけた。用紙さえ印刷した。それには、魔法の標準的な告発と告白や、日付と名前と容疑者の署名のための空欄があった。こうした情報のおかげで、秩序と権力がたっぷり生まれた。それは、特定の人々が権限を獲得し、社会全体が成員に規律を守らせる手段だった。だが、真実や知恵はまったく生み出されなかった。

魔女狩りの官僚制が生成する情報が増えるにつれ、その情報をすべてまったくの空想として退けるのがますます難しくなった。魔女狩りのデータが収まった保管所に、一抹の真実さえ含まれていないなどということがありうるだろうか？　学識ある聖職者たちが書いた、これほど多くの書物はどうなのか？　りっぱな裁判官たちが行なった裁判の手順のいっさいについてはどうなのか？　何万という自白の記録はどうなのか？

この新しい共同主観的現実はじつに説得力があったので、魔法を使ったとして告発された人のうちには、魔王の世界的な陰謀に自分が本当に加担していると信じるようになる者さえ出てきた。誰もがそう言うのなら、きっと真実に違いないというわけだ。第2章で論じたように、人間は偽の記憶を採用しやすい。近世ヨーロッパの人の少なくとも一部は、悪魔を呼び出したり、魔王と交わったり、魔法を使ったりすることを夢見たり空想したりした。そして、自分が魔女として告発されると、そうした夢や空想を現実と混同した。[84]

その結果、魔女狩りが一七世紀初期にぞっとするほど過激になり、明らかに何かが間違っているのではないかと多くの人が思っていたときにさえ、すべてを純然たる空想として退けることは難しかった。近世ヨーロッパでも最悪の部類の魔女狩りの例は、一六二〇年代後半にドイツ南部のバンベルクとヴュルツブルクの町で見られた。当時人口一万二〇〇〇に満たない町だったバンベルク[85]では、一六二五〜三一年に多ければ九〇〇人の無実の人々が処刑された。[86]ヴュルツブルクでは、およそ一万一五〇〇という人口のうち、一二〇〇人が拷問にかけられて殺された。[87]一六二九年八月、ヴュルツブルクの君主司教の書記官は、その頃行なわれていた魔女狩りについて友人に手紙を書き、その中でこの出来事についての疑念を告白した。少し長くなるが、引用する価値がある。

魔女の件についてだが［……］また新たに始まった。筆舌に尽くし難い。ああ、なんと痛ましく悲惨だろう。身分の高い人、低い人、あらゆる地位の人、男女の両方、聖職者さえもが、この町では依然として四〇〇人も激しく非難されており、いつなんどき拘束されてもおかしくない。［……］君主司教のもとには、まもなく聖職者になる学生が四〇人以上いる。そのうち一三人か一四人が魔法使いだと言われている。数日前、司祭が一人、拘束された。他に二人が出頭を命じられていたが逃亡した。教会会議の書記は非常に学識のある人物なのだが、昨日拘束されて拷問にかけられた。早い話、町の三分の一が間違いなく巻き込まれている。聖職者のうちでもとりわけ裕福で魅力的で著名な者たちは、すでに処刑された。一週間前、一九歳の乙女が処刑された。彼女はこの町きっての美貌の持ち主だったと至る所でささやかれており、類のないほど慎み深く清らかな娘だと、誰からも思われていたのだが。彼女の後には、並外れて優れた魅力的な人が七、八人続くだろう。［……］そして、これほど多くの人が、神を捨て、魔女の踊りに参加した廉《かど》で死刑に処せられる。これまで誰にも悪口一つ言われたことのない人々なのに。

この不幸な一件の締めくくりにつけ加えると、三歳や四歳の子供が三〇〇人も、悪魔と交わったと言われている。私は、七歳の子供や、一〇歳、一二歳、一四歳、一五歳の前途有望な生徒たちが死刑に処せられるのを目にしてきた。［……］だが、この悲惨な状況については、これ以上書くことはできないし、書いてはならない。

書記官はその後、この手紙に興味深い追伸を添えている。

素晴らしいことも恐ろしいことも多々起こっているものの、フラウ・レングベルクという場所で悪魔その人が八〇〇〇人の信者とともに集会を開き、彼ら全員の前でミサを祝い、聴衆（つまり魔女たち）に聖体の代わりにカブの皮や屑《くず》を与えた。粗野なだけではなく、この上なく恐ろしく忌まわしい冒瀆がなされた。それについては、体が震えてしまって書けない。(88)

書記官は、ヴュルツブルクでの常軌を逸した魔女狩りに対する恐怖を記した後でさえ、魔女たちを率いる魔王の陰謀を固く信じる気持ちを表している。彼はその目で直接魔法を見たわけではないが、魔女についての情報があまりにも大量に出回っていたため、そのすべてを疑うのは彼には難しかった。魔女狩りは、有害な情報が広まったために起こった大惨事であり、情報が生み出し、情報量が増えたせいでいっそう悲惨なものとなった問題の最たる例だ。

これは、現代の学者だけではなく当時の一部の鋭敏な観察者たちも達した結論だった。スペインの宗教裁判官のアロンソ・デ・サラザール・フリアスは、一七世紀の初めに魔女狩りと魔女裁判を徹底的に調べ、次のように結論した。「一回でも魔法が実際に行なわれた証拠やそうした行為をわずかにさえ示唆するものは一つも見つからなかった」。そして、「魔女も、魔法をかけられた人も、そういう人について語られたり書かれたりするまでは、存在しなかった」[89]。サラザール・フリアスは、共同主観的現実の意味をよく理解し、魔女狩り産業全体を共同主観的情報空間の繭として正しく識別した。

魔女をめぐる近世ヨーロッパの狂乱の歴史は、情報の流れの障害物を取り除いても、真実の発見と普及につながるとはかぎらないことを証明している。嘘や空想の拡散や有害な情報空間の創出につながることも十分ありうる。より具体的に言えば、考えや意見の完全な自由市場は、真実を犠牲にし、憤慨や憎悪を煽るコンテンツや煽情主義の拡散を促しかねない。その理由を理解するのは難しくない。印刷業者や書物の販売者は、退屈な数学的記述だらけのコペルニクスの『天球の回転について』よりも、身の毛もよだつような話が出てくる『魔女への鉄槌』によって、ずっと多くのお金を稼いだ。『天球の回転について』は、近代科学の伝統の土台となる文書の一つだった。それは、私たちの住む地球を宇宙の中心から追いやり、いわゆる「コペルニクス的転回」を引き起こした驚天動地の大発見の書として高く評価されている。だが、一五四三年に初めて刊行されたときには、初版四〇〇部は完売に至らず、一五六六年にようやく同じような部数で第二版が刊行された。第三版が登場したのは、一六一七年になってからだった。アーサー・ケストラーが皮肉を込めて言っているように、それは空前絶後のワーストセラーだった[90]。科学革命を本当に勢いづけたのは、印刷機でもなければ、完全に自由な情報市場でもなく、人間の可謬性という問題への斬新なアプローチだった。

無知の発見

印刷と魔女狩りの歴史が示しているように、規制されていない情報市場のおかげで、人々は自らの誤りに気づき、それを正すようになるとはかぎらない。なぜなら、そのような市場は、おそらく真実よりも、憤慨や憎悪を煽って攻撃的な言動に走らせるようなコンテンツを優先させるからだ。真実が勝利するためには、事実を重視する方向へ舵《かじ》を切る力を持った、キュレーションの機関を確立する必要がある。ところが、カトリック教会の歴史を見ればわかるとおり、そのような機関はキュレーションの力を濫用し、自らに対する批判をすべて抑え込み、他の見方にはみな誤りというレッテルを貼り、自らの誤りが暴かれて正されるのを阻止する。より多くの権力を獲得するのではなく、真実の追求を促進するために自らの力を使うような、もっと優れたキュレーションの機関を設立することは可能なのだろうか？

近世ヨーロッパでは、まさにそのようなキュレーションの機関の設立が見られ、印刷機や『天球の回転について』のような特定の書物ではなく、そうした機関こそが科学革命の基盤となったのだった。それらの主要なキュレーションの機関は、大学ではなかった。科学革命の特に重要な指導者の多くは、大学教授ではなかった。たとえばニコラウス・コペルニクスやロバート・ボイル、ティコ・ブラーエ、ルネ・デカルトは教授職には就いていなかった。スピノザやライプニッツ、ロック、バークリー、ヴォルテール、ディドロ、ルソーにしても同じだ。

科学革命で中心的な役割を果たしたキュレーションの機関は、大学の内外両方の学者や研究者を結びつけ、ヨーロッパ全土にわたり、最終的には世界全体に及ぶ情報ネットワークを作り上げた。科学革命が勢いを増すためには、科学者たちが、遠方の仲間が刊行した情報を信頼することが欠かせなかった。一度も会ったことのない人の研究に対するこの種の信頼は、一六六〇年に設立された「自然についての知識を改善するためのロンドン王立協会」や、一六六六年創立のフランス科学アカデミーなどの科学協会、一六六五年創刊の「フィロソフィカル・トランザクションズ」や一六九九年創刊の「王立科学アカデミー年誌・論文集」といった科学雑誌、『百科全書』(一七五一~七二年刊)の編纂者のような科学出版業者にはっきり見て取れた。これらの機関は、経験的証拠に基づいて情報のキュレーションを行ない、クラーマーの空想ではなくコペルニクスの発見に人々の注意を向けさせた。「フィロソフィカル・トランザクションズ」誌に論文が投稿されると、編集者たちが投げ掛ける最も重要な問いは、「どれだけの人がお金を払ってこれを読むだろうか?」ではなく、「どのような証拠が、これが正しいことを示しているだろうか?」だった。

当初、これらの新しい機関は人間社会を作り変えるのに必要な力を欠いていて、クモの巣のように弱々しく見えた。「フィロソフィカル・トランザクションズ」誌の編集者たちは魔女狩りの専門家とは違い、誰も拷問したり処刑したりすることができなかった。そして、科学アカデミーはカトリック教会とは違い、広大な領地も莫大な予算も自由に使うことはできなかった。だが、科学の機関は、信頼に値するだけのじつに独創的な資格を持っていたおかげで、影響力を獲得することができた。教会はたいてい、不可謬の聖典という形で絶対的な真実を手にしているから教会を信頼するようにと人々に言った。科学の機関はそれとは対照的に、機関自体の誤りを暴いて正す強力な自己修正メカニズムを持っていたから権威が得られた。科学革命の原動力は、印刷というテクノロジーではなく、このような自己修正メカニズムだった。

言い換えれば、科学革命は無知の発見によって始まったのだ。[91] 聖典を拠り所とする宗教は、知識の不可謬の源泉に自らが触れることができると決めてかかっていた。キリスト教徒には聖書が、イスラム教徒にはクルアーンが、ヒンドゥー教徒にはヴェーダが、仏教徒には三蔵（経蔵・律蔵・論蔵）があった。科学の文化は、それに匹敵するような聖典は持たないし、科学の偉人の誰であれ、不可謬の預言者や聖人や天才だなどとは主張しない。科学という事業は、不可謬性の幻想を退け、誤りは避けられないとする情報ネットワークの構築へと進むことで始まる。たしかに、コペルニクスやダーウィンやアインシュタインの非凡な才能については多くが語られるが、一人として完全無欠とは考えられていない。彼らはみな誤りを犯したし、際立って有名な科学論文にも必ず誤りや欠陥があるものだ。

天才たちでさえ確証バイアス〔訳註：ある信念や仮説を検証するときに、それを支持する証拠を集めたり重視したりし、それに矛盾する証拠を無視したり軽視したりする傾向のこと〕を免れないし、彼らが自分の誤りを必ず正すことは期待できない。科学はチームでの取り組みであり、個々の科学者や、たった一冊の不可謬の書物ではなく、機関を挙げての協働を拠り所としている。もちろん、機関も誤りを犯しがちだ。それでも、科学の機関は宗教の機関とは違う。服従ではなく懐疑と革新に報いるからだ。科学の機関は陰謀論とも違う。自己懐疑に報いるからだ。陰謀論者は、大多数の人が合意している既存の意見にははなはだ懐疑的だが、こと自らの信念に関しては、その懐疑的な態度はすっかり影を潜め、確証バイアスの餌食になる。[92] 科学のトレードマークはたんなる懐疑ではなく自己懐疑であり、どの科学の機関も、その核心には強力な自己修正メカニズムが見つかる。科学の機関は、量子力学や進化論など、特定の理論の正確さについては幅広い合意に至るが、それは、外部の人だけではなく機関自体の部内者も反証しようと懸命に努力したにもかかわらず、それらの理論が首尾良く生き延びてきたからにほかならない。

自己修正メカニズム

自己修正メカニズムは、情報テクノロジーとしては聖典とは正反対だ。聖典は不可謬ということになっている。だが、自己修正メカニズムは可謬性を受け容れる。私の言う自己修正メカニズムとは、ある存在が自らを正すために使うメカニズムのことだ。学生の論文を直している教師は自己修正メカニズムではない。学生が自分自身の論文を正していないからだ。犯罪者を刑務所に送る裁判官も自己修正メカニズムではない。犯罪者は自分自身の犯罪を暴いていないからだ。連合国がナチス政権を打ち負かして解体したときも、自己修正メカニズムではなかった。ドイツはそのまま放っておかれたなら、自ら非ナチス化することはなかっただろう。だが、科学雑誌が以前に掲載した論文に含まれていた間違いを正す論文を掲載したなら、それは機関が自らの誤りを自己修正する例となる。

自己修正メカニズムは、自然界では至る所に存在している。子供たちは、このメカニズムのおかげで歩くことを学ぶ。間違った動きをすれば転び、その間違いから学び、少しだけ違うやり方を試みる。親や先生が子供に手助けをしたり助言を与えたりすることもたしかにあるが、そのような外部からの修正に完全に頼ったり、間違いから学ぶ代わりに言い訳ばかりしたりする子供は、なかなか歩けるようにならないだろう。じつのところ、私たちは大人になってからでさえ、歩くときには毎回、身体が複雑な自己修正を行なう。身体が空間を進む間、脳と手足と感覚器官を結ぶ体内のフィードバックループのおかげで、手足が適切な位置に移動し、私たちは絶妙のバランスを保つことができる。[93]

他の多くの身体プロセスも絶えず自己修正を必要とする。私たちの血圧や体温、血糖値、その他無数の要因には、さまざまな状況に応じて変化できるだけの、ある程度の余裕を与えておかなければならないが、特定の上限や下限を超えることは許されない。血圧は、私たちが走るときには上がる必要があるし、眠るときには下がる必要があるものの、決まった範囲内につねに収まっていなければならない。[94] 私たちの身体は、多くの恒常性《ホメオスタシス》を維持する自己修正メカニズムを使って、この微妙な生化学的調整を行なう。もし血圧が上がり過ぎたら、自己修正メカニズムが血圧を下げる。血圧が危険なまでに低くなったら、自己修正メカニズムがそれを上げる。自己修正メカニズムが故障したら、私たちは死ぬこともある。[95]

さまざまな機関も、自己修正メカニズムがないと破綻する。これらのメカニズムは、人間が可謬で腐敗しうることに気づくところから始まる。だが、機関は人間に絶望して人間を迂回する道を探す代わりに、自らの誤りを積極的に探して正す。ほんの数年ではなく長く持続してのける機関はみな、そのようなメカニズムを持っているが、機関ごとに自己修正メカニズムの効力や可視性には大きな違いがある。

たとえば、カトリック教会は自己修正メカニズムが比較的弱い機関だ。不可謬性を誇っているため、自らの間違いを認めることができない。内部の人間が誤ったり罪を犯したりしたことを、ときおり認める場合もあるが、教会自体はあくまで完璧なままという建前になっている。たとえば、カトリック教会は第二ヴァティカン公会議で、一九六四年に次のように認めた。「キリストは、教会がこの地上に存在する間、継続的な改革を行なうことを求める。教会は、この地上で人間の一機関であるかぎりにおいて、つねにそれを必要とする。したがって、さまざまな時と状況において道徳的な振る舞いあるいは教会の規律に、はたまた、教会の教えを定式化する方法――信仰の遺産そのものとは入念に区別されなければならない――にさえ、欠陥があったとすれば、適切な時期に正すことが可能であり、また正されるべきである」[96]

このように認めているので期待が持てそうだが、肝心なのは細部、具体的には、「信仰の遺産（depositum fidei）」に欠陥がある可能性を認めることを拒否している点だ。カトリックの教義では、「信仰の遺産」とは、教会が聖典や、聖典を解釈するという神聖な伝統から受け取った、啓示された多数の真実のことをいう。カトリック教会は、聖職者は可謬の人間であり、罪を犯しうるし、教会の教えを定式化する方法も間違いうることは認める。ところが、聖典そのものはけっして誤りえないという。これは、可謬の人間と不可謬の文書を組み合わせる機関としての教会全体について、何を意味しているのか？

カトリックの教義によれば、聖書の不可謬性と神の導きが人間の腐敗に勝つので、たとえ教会の個々の成員が誤ったり罪を犯したりするかもしれないにしても、カトリック教会という機関は、けっして間違うことはないという。歴史を通して、神は教会指導者の大多数が、聖典の解釈で重大な間違いを犯すことを許したためしがないのだそうだ。この原則は多くの宗教に共通する。ユダヤ教の正統派は、「ミシュナー」と「タルムード」をまとめたラビたちが私事では誤りを犯したかもしれないが、宗教の教理を定めるときにはけっして間違いを犯さないように神が取り計らったという。[97]イスラム教では、「イジュマー」という同じような原則がある。預言者ムハンマドの言行を記録した重要な「ハディース」の一つによれば、「アッラーは我が共同体が誤った事柄にはけっして合意しないように保

証してくださる」とムハンマドが言ったことになっている。(98)

カトリックの信仰では、この機関の完全性とされるものは、教皇不可謬の教理に最も明白に記されている。教皇は私事では誤りを犯すかもしれないものの、機関の中での役割を果たす上では不可謬であると、この教理は謳《うた》っている。(99) たとえば、教皇アレクサンデル六世（在位一四九二～一五〇三年）は独身の誓いを破り、愛人を持ち、数人の子供をもうけたが、倫理や神学の問題について教会の公式の教えを定義するときには、間違いを犯しようがないとされた。

カトリック教会はこのような見方に即して、内部の人間たちを私事に関して監督するために自己修正メカニズムをつねに用いてきたが、聖書や「信仰の遺産」を修正するためのメカニズムを開発することはついになかった。この姿勢は、カトリック教会が以前の振る舞いに対して発表した数少ない謝罪の中に表れている。過去数十年間に、数人の教皇がユダヤ人や女性、カトリック信徒ではないキリスト教徒、先住民文化に対する虐待に謝罪した。さらに、一二〇四年の十字軍によるコンスタンティノープルの略奪や、カトリックの学校での児童虐待といった、より具体的な出来事についても謝罪した。カトリック教会がそのような謝罪をしたこと自体、見上げたものだ。宗教の機関が謝罪することはめったにないのだから。それでも、それらの謝罪では、教皇たちは抜かりなく、責任を聖典や教会という機関からは切り離した。そして、聖典の解釈を誤ったり、教会の真の教えから逸脱したりした個々の聖職者に責めを負わせた。

たとえば、教皇ヨハネ・パウロ二世は二〇〇〇年三月、特別の儀式を執り行ない、ユダヤ人や異端者、女性、各地の先住民に対してそれまで行なってきた数々の犯罪への赦《ゆる》しを求めた。彼は、「真実のために一部の人間が暴力を行使したことに対して」謝罪した。この言葉は、そうした暴力は教会の教える真実を理解していなかった見当違いの「一部の」人間のせいであることを意味している。教皇は、それらの人々がまさに教会が教えているとおりのことを理解しており、それらの教えが真実ではなかったという可能性は、受け容れなかった。[100]

同様に、カナダで教会が運営する寄宿学校で先住民へ虐待が行なわれたことに対して二〇二二年に謝罪した教皇フランシスコも、「教会の多くの人間が［……］文化の破壊と強制的な同化の事業に［……］加担したことに対して特に、赦しを求める」と述べた。[101] 彼もやはり抜かりなく責任を転嫁している点に注目してほしい。責任は教会にもその教えにもなく、「教会の多くの人間」にあったというのだ。まるで、先住民の文化を破壊し、人々を強制的に改宗させるのが、教会の公式の方針ではなかったかのようではないか。

実際には、十字軍を派遣したり、ユダヤ人や女性を差別する法律を押しつけたり、世界中で先住民の宗教を組織的に根絶するよう画策したりしたのは、道を踏み外した少数の聖職者ではなかった。[102] 崇敬されている多くの教父の文書や、多くの教皇と教会会議の公式の命令が、「異教」や「異端」の宗教を軽んじたり、その殲滅《せんめつ》を求めたり、そうした宗教の信者を差別したり、人々をキリスト教に改宗させるために暴力を使うことを正当化したりする言葉で満ちあふれている。[103] 一例を挙げよう。教皇ニコラウス五世は一四五二年に、ポルトガル王のアフォンソ五世をはじめとするカトリック信徒の君主に宛てて勅書を発布した。それには、こうあった。「我々は、サラセン人、異教徒、どこにいる者であれ他のいかなる不信心者やキリストの敵、および彼らの王国、公国、州、侯国、その他の所領を、侵し、捜索し、攻略し、統治下に置き［……］その民を恒久的に隷属させる、完全かつ無制限の許可を、本勅書によって、使徒の権威により、汝《なんじ》に与える」。[104] 後の教皇たちによって何度となく繰り返されたこの公式声明は、ヨーロッパの帝国主義と、世界中の先住民文化の破壊の、神学的基盤を築いた。公式には認めないものの、カトリック教会はもちろん、時とともに機関としての構造や、中核とする教えや、聖典の解釈を変えていった。カトリック教会は、中世や近世と比べると、今日ではユダヤ人排斥や女性蔑視の傾向が大幅に弱まっている。教皇フランシスコは教皇ニコラウス五世よりも、先住民文化に対して格段に寛容だ。ここでは機関の自己修正メカニズムが働いており、そのメカニズムは外部からの圧力と内部の反省の両方に反応している。だが、カトリック教会のような機関の自己修正の特徴は、それが行なわれたときにさえ、褒め称《たた》えられることはなく否定される点にある。教会の教えを変えていることをけっして認めないというのが、教会の教えを変えるときの鉄則なのだ。

「我々の専門家たちが、聖書に重大な誤りを発見した。まもなく改訂版を発行する」などと、教皇が世界に告げるところは、絶対に耳にできないだろう。むしろ、ユダヤ人や女性に対する以前よりも寛大な教会の態度について問われたら、それこそ昔からずっと教会が本当に教えてきたことだ、たとえ聖職者の一部が個人として以前にそのメッセージを正しく理解しそこなったとしても、ということを教皇はほのめかす。自己修正を否定しても、自己修正が起こるのを完全には止められないが、それを弱めたり遅くしたりすることにはなる。過去の間違いの修正が褒め称えられることはもちろん、認められることさえないため、敬虔な信者は機関やその教えの抱える別の深刻な問題に新たに出合ったとき、永続的で不可謬のはずのものを変えることの恐ろしさで身動きが取れなくなってしまう。彼らは、以前の変更の例の恩恵に浴することができない。

　たとえば、ほかならぬ教皇フランシスコのようなカトリック信徒が今や同性愛についての教会の教えを考え直しているときに、[105] 過去の間違いをあっさり認めて教えを変えるのが難しく感じられる。最終的に未来の教皇がＬＧＢＴＱの人々に対する不当な扱いへの謝罪を発表するとしても、福音書を誤解した一部の勇み足だったとして、またしても彼らに責任を転嫁することだろう。カトリック教会は、宗教的な権威を維持するために、機関が自己修正を行なっていることを否定せざるをえない。なぜなら、教会は不可謬性の罠《わな》にはまってしまったからだ。宗教的な権威の拠り所を、教会は不可謬であるという主張に求めてしまった以上、教会という機関が、たとえ比較的些細《ささい》な事柄に関してであっても誤っていたことを一度でも公に認めれば、その権威は完全に崩れ去ってしまいうる。

ＤＳＭと聖書

近世ヨーロッパに出現したさまざまな科学の機関は、カトリック教会とは違い、強力な自己修正メカニズムを中心に構築された。ある事柄が真実であると、特定の時代の科学者のほとんどが信じていたとしてもなお、科学の機関はそれが不正確あるいは不完全であることが判明するかもしれないという立場を取る。一九世紀には物理学者の大半は、宇宙を包括的に説明するものとしてニュートン力学を受け容れていたが、二〇世紀にはそのニュートンのモデルの不正確さと限界が、相対性理論と量子力学によって暴かれた[106]。科学史上とりわけ有名な瞬間はみな、妥当なものとされていた通念が覆され、新しい説が誕生したときにほかならない。

これがきわめて重要なのだが、科学の機関は、大きな誤りや犯罪に対する、機関としての自らの責任を進んで認める。たとえば、大学での生物学や人類学や歴史学といった科目の科学研究は、一九世紀と、二〇世紀の大半を通して、機関ぐるみの人種差別や性差別を特徴としていたが、今日の大学はそうした差別を暴く講座を日常的に開設しているし、専門誌もそうした差別を暴露する記事を日頃から掲載している。タスキギー梅毒研究〔訳註：アメリカのアラバマ州タスキギーで公衆衛生局がタスキギー大学の協力を得て一九三二年から四〇年間実施した研究。貧しい黒人男性を対象に、治療をせずに梅毒の症状を観察した〕のような個々の実験の事例研究や、オーストラリアの白豪主義からナチスによるユダヤ人大虐殺まで、さまざまな政府の政策についての研究が行なわれており、一流の科学の機関で開発された生物学や人類学や歴史学の欠陥理論が、差別や帝国主義、さらにはジェノサイドまで正当化したり促進したりするために使われた経緯が、繰り返し大々的に取り上げられてきた。これらの犯罪や誤りは、数人の見当違いの学者のせいにされたりはしない。それらは、さまざまな学問分野の機関全体の失敗と見なされる。[107]

機関が大きな誤りを進んで認めるおかげで、科学は比較的速いペースで発展している。支配的な説も、妥当な証拠さえあれば、何十年かのうちに新しい説に取って代わられることがよくある。二一世紀の初めに生物学や人類学や歴史学の学生が大学で学ぶ内容は、一世紀前の学生が学んだこととは大きく異なる。

精神医学も、強力な自己修正メカニズムを支持する同様の例を数多く提供してくれる。たいていの精神科医の書棚には、『精神疾患の診断・統計マニュアル』、略称DSMが収まっている。「精神科医の聖書《バイブル》」と呼ばれることもあるが、DSMと本物の聖書との間には決定的な違いがある。一九五二年に初版が発行されたDSMは、一〇〜二〇年ごとに改訂され、二〇一三年には第五版が登場した。長年の間に、多くの病気の定義が変わり、新しいものが加わる一方、削除されたものもある。たとえば、同性愛は一九五二年には社会病質パーソナリティ障害とされたが、七四年に削除された。DSMのこの誤りを正すのには、わずか二二年しかかからなかった。つまり、DSMは聖典ではない。これこそが科学的文書だ。

今日、精神医学という学問領域は、一九五二年の同性愛の定義を、より好意的に解釈し直そうとはしない。代わりに、同年の定義を紛れもない誤りと見なす。さらに重要なのだが、この誤りは、同性愛嫌悪の教授数人の理解が不足していたせいにされることはない。むしろ、精神医学という学問領域における、根深い組織的な偏見の結果であることが認められている。[108]精神科医たちは、自らの学問領域が過去に組織的な誤りを犯したことを告白したおかげで、そのような誤りを新たに犯さないように、今日では前よりも慎重になった。トランスジェンダーの人や自閉スペクトラム症の人について激論が戦わされていることが、何よりの証拠だ。当然ながら、精神科医はどれだけ注意を払っても、依然として組織的な間違いを犯す可能性が高い。だが、そうした間違いを認めて正す可能性も高い。[109]

出版か死か

科学の自己修正メカニズムがとりわけ強力なのは、科学の諸機関が組織的な誤りと無知を進んで認めるからだけではなく、それらを積極的に暴こうとするからでもある。科学の機関の報奨《インセンティブ》構造を見ると、それがよくわかる。宗教の機関では、部内者は既存の教理に従い、新奇なものは疑うことを奨励される。人は教理への忠誠を誓って司祭やラビやイマーム〔訳註：イスラム教の指導者〕になり、前任者を批判したり新しい過激な考え方を示したりするのを控えることで出世し、教皇や首席ラビや大アヤトラ〔訳註：イスラム諸学に通じたシーア派の高位の指導者〕になる。実際、教皇ベネディクト一六世やイスラエルの首席ラビのデイヴィッド・ラウやイランのアヤトラ・ハメネイらの、特に強力で崇拝されている近年の宗教指導者たちは、フェミニズムのような新しい考え方や傾向に徹底的に抵抗することで名声と支持を獲得してきた[110]。

科学では、それとは正反対だ。科学の機関での雇用や昇進は、「出版か死か」という原則に基づいており、権威ある雑誌に論文を載せてもらうには、既存の説の間違いを暴いたり、先輩や恩師が知らなかったことを発見したりしなければならない。以前の学者が言ったことを忠実に繰り返し、科学の新説をすべて退けていたら、けっしてノーベル賞はもらえない。

もちろん、宗教には自己修正の余地があるのとちょうど同じで、科学にも順応主義の余地はたっぷりある。科学は機関で行なう企てであり、科学者の知識はほぼすべて機関を拠り所としている。たとえば、中世と近世のヨーロッパ人が魔法について何を考えていたかを、私はどうやって知ったのか？自ら関連の文書保管所を漏れなく訪れたりはしなかったし、関連の一次資料をすべて自分で読むこともなかった。実際、そうした資料の多くは、直接読むことができない。それに必要な言語を残らず知っているわけではないし、中世や近世の手書き文字を判読する技能も持ち合わせていないからだ。だから、そうしたことをする代わりに、二〇一七年にイェール大学出版局から刊行された、ロナルド・ハットンの『魔女——恐怖の歴史（*The Witch: A History of Fear, from Ancient Times to the Present*）』のような、他の学者が書いた書物や論文に頼った。

私はブリストル大学の歴史学教授ロナルド・ハットンには会ったことがないし、彼を雇ったブリストル大学の責任者や、彼の著書を出版したイェール大学出版局の編集チームを個人的に知っているわけでもない。それでも、ハットンの本に書かれていることを信頼している。なぜなら、ブリストル大学やイェール大学出版局のような機関がどのように機能するかを知っているからだ。それらの自己修正メカニズムには、きわめて重要な特徴が二つある。第一に、自己修正メカニズムは皮相的な付け足しではなく、機関の中核に組み込まれている。第二に、これらの機関は自己修正を否定する代わりに褒め称える。当然ながら、私がハットンの本から得た情報の一部が不正確である可能性はあるし、私自身が解釈を誤るかもしれない。だから、ハットンの本を読んだ上で本書を読んでいる魔法の歴史の専門家がいたとしたら、そのような誤りを見つけて明るみに出してもらいたいものだ。

科学の機関に批判的なポピュリストは、じつはそれらの機関は自らの力を使って非正統的な見方を抑圧し、異議を申し立てる人に対して独自の魔女狩りを行なっているのだと反論するかもしれない。もし学者が自分の分野で現在正統的である見方に異議を唱えたら、論文の掲載を断られたり、研究助成金の申請を却下されたり、不快な個人攻撃を受けたり、稀ではあるものの解雇までされたりといった、悪影響が出る場合もあることは間違いないだろう[11]。そのような影響が引き起こす苦痛を軽く見るつもりはないが、それは依然として、身体的な拷問や火あぶりの刑の苦しみには遠く及ばない。

たとえば、化学者のダニエル・シェヒトマンの事例について考えてほしい。シェヒトマンは一九八二年四月、電子顕微鏡で観察していたときに、当時の化学の説のすべてが、完全にありえないとしていたものを目にした。アルミニウムとマンガンの合金試料中の原子が、五回回転対称性のパターンで結晶したのだ。その頃、科学者は固体結晶にはさまざまな対称性を持つ構造があることを知っていたが、五回回転対称性は、自然の法則そのものに反すると考えられていた。シェヒトマンは後に「準結晶」と呼ばれることになるものを発見したのだが、その発見はあまりに突飛に思えたので、専門家の査読がある科学雑誌で、彼の論文を掲載してくれるものがなかなか見つからなかった。当時シェヒトマンがまだ駆け出しの科学者だったことも不利に働いた。彼はまだ自分の研究室さえ持っておらず、別の科学者の研究室で研究をしていた。だが、「フィジカル・レヴュー・レターズ」誌の編集者たちが証拠を検討した後、八四年についにシェヒトマンの論文を掲載した。[112] そして、本人の言葉を借りると、「とんでもない大騒ぎになった」。

　シェヒトマンの主張は、他の化学者のほとんどにはねつけられた。そして、彼は実験の管理を誤ったと非難された。研究室の責任者もシェヒトマンを戒めた。化学の教科書を一冊、これ見よがしにシェヒトマンの机の上に置くと、言った。「ダニー、これを読むといい。そうすれば、君の言っていることがありえないのがわかるだろう」。シェヒトマンは大胆にも言い返した。教科書ではなく、顕微鏡で準結晶を目にしたのだ、と。その結果、彼は研究室を追い出された。だが、それはまだ序の口だった。ノーベル賞を二度受賞し、二〇世紀を代表する卓越した化学者の一人だったライナス・ポーリングが先頭に立って、シェヒトマンへの容赦ない個人攻撃を始めたのだ。何百人もの科学者が出席していた学会で、ポーリングは言い放った。「ダニー・シェヒトマンは戯言《たわごと》をほざいている。準結晶などというものは存在しない。似非《えせ》科学者が存在しているだけだ」

　だが、シェヒトマンは投獄もされなければ、処刑もされなかった。彼は別の研究室で職を得た。彼が提示した証拠はけっきょく、既存の化学の教科書やライナス・ポーリングの意見よりも説得力があった。他の化学者が数人、シェヒトマンの実験を繰り返し、彼が得たのと同じ結果を再現できたのだ。シェヒトマンが顕微鏡で準結晶を目にしてからわずか一〇年後に、この分野では一流の科学組織である国際結晶学連合（ＩＵＣｒ）が、結晶とは何かという定義を改めた。それに即して化学の教科書も書き換えられ、準結晶の研究という新しい科学の分野がまるごと一つ誕生した。二〇一一年、シェヒトマンは準結晶の発見を称えられてノーベル化学賞を授与された[113]。ノーベル委員会は、「彼の発見ははなはだしい物議を醸した［が］、科学者はみな最終的には物質の本質そのものについての自らの概念の再考を余儀なくされた」と述べた[114]。

シェヒトマンの話はけっして例外ではない。科学の歴史は類似の事例で満ちあふれている。相対性理論と量子力学は、二〇世紀の物理学の土台となる前、当初は激烈な論争を引き起こし、これらの新しい理論の擁護者は、守旧派から個人攻撃を受けた。同様に、一九世紀末にゲオルク・カントールが、二〇世紀数学の大半の基礎となる無限集合の理論を構築したとき、アンリ・ポアンカレやレオポルト・クロネッカーといった、同時代の一流数学者の一部から個人攻撃された。科学者は他の誰とも同じで、人間ならではのさまざまな偏見を抱えているとポピュリストが考えるのは正しい。とはいえ、科学の機関が備えている自己修正メカニズムのおかげで、それらの偏見は克服することができる。経験的証拠が十分提供されれば、非正統的な説が既存の通念を覆し、妥当なものとして大多数に受け容れられるまでには、ほんの数十年しかかからないことが多い。

次章で見るように、科学の自己修正メカニズムが機能しなくなり、学問上の反対意見を述べると身体的な拷問や投獄や死につながりうる時代や場所があった。たとえばソ連では、経済学、遺伝学、歴史学などのどんな問題についても公の定説に疑問を投げ掛ければ、職を失うだけでなく、強制労働収容所に数年間送られたり、死刑執行人に弾丸を浴びせられたりさえしかねなかった[115]。有名なのが、農学者トロフィム・ルイセンコの似非理論にまつわる例だ。ルイセンコは主流の遺伝学と自然選択による進化の理論を拒絶し、持論を提唱した。その説によれば、「再教育」によって動植物の形質は変更可能であり、一つの種《しゅ》を別の種に変えることさえできるという。スターリンはこのルイセンコ学説に強く惹かれた。「再教育」のほぼ無限の可能性を信じるような、イデオロギー上の理由や政治上の理由があったからだ。ルイセンコに反対し、自然選択による進化の理論を支持し続けた何千もの科学者が解雇され、投獄されたり処刑されたりする人もいた。植物学者で遺伝学者のニコライ・ヴァヴィロフは、かつてルイセンコの指導者だったが、彼を批判したために、植物学者のレオニード・ゴヴォロフや遺伝学者のゲオルギー・カルペチェンコや農学者のアレクサンドル・ボンダレンコとともに、一九四一年七月に裁判にかけられた。ヴァヴィロフ以外の三人は銃殺され、ヴァヴィロフは四三年にサラトフの収容所で亡くなった。[116]独裁者スターリンの圧力を受けたレーニン記念全ソ連農業科学アカデミーは、やがて四八年八月に、以後ソ連の教育機関はルイセンコ学説を唯一の正しい理論として教えることを発表した。[117]

だが、まさにそうしたために、同アカデミーは科学の機関ではなくなり、遺伝学についてのソ連の定説は科学ではなくイデオロギーと化した。機関は何なりと好きなように自称できるが、強力な自己修正メカニズムを欠いていたら、それは科学的な機関ではない。

自己修正の限界

以上を踏まえると、人間の情報ネットワークを誤りや偏見から守ってくれる特効薬が見つかり、自己修正メカニズムこそがその特効薬ということなのか？　残念ながら、話はそれほど単純ではない。カトリック教会やソ連共産党のような機関が強力な自己修正メカニズムを避けたのには理由がある。そうしたメカニズムは真理の追求には重要極まりないが、秩序の維持の点では高くつく。強力な自己修正メカニズムは、疑いや意見の相違、対立、不和を生み出したり、社会の秩序を保っている神話を損なったりしがちだからだ。

むろん、秩序自体は必ずしも良いものではない。たとえば、近世ヨーロッパの社会秩序は、魔女狩りだけではなく、ほんの一握りの貴族が何百万もの小作人を搾取することや、女性の組織的な虐待、ユダヤ教徒やイスラム教徒やその他の少数派に対する広範な差別などを是認していた。だが、社会秩序が著しく暴虐なときでさえ、それを切り崩しても状況が改善するとはかぎらず、大混乱といっそうの圧制につながるだけになりかねない。情報ネットワークの歴史は、つねに真実と秩序のバランスの維持にまつわるものだった。秩序のために真実を犠牲にすれば高くつくのとちょうど同じで、真実のために秩序を犠牲にすれば、その代償を払う羽目になる。

これまで科学のさまざまな機関が強力な自己修正メカニズムを持つ余裕があったのは、社会秩序の維持という難しい仕事を他の機関に任せてきたからだ。もし化学の研究室に泥棒が押し入ったり、精神医学者が殺害の脅迫を受けたりしたら、彼らは専門家の査読がある雑誌に不平を漏らしたりはしないで、警察を呼ぶ。それならば、各学問分野以外の機関で、強力な自己修正メカニズムを維持することは可能なのだろうか？　特に、そのようなメカニズムは、社会秩序の維持という任務を負わされている警察や軍、政党、政府といった機関に存在しうるのか？

この疑問は次章で探ることにする。次章では、情報の流れの政治的な面に焦点を当て、民主社会と独裁社会の長い歴史を考察する。そこで見るように、民主社会は、政治においてさえ強力な自己修正メカニズムを維持することは可能であると考えている。独裁社会は、そのようなメカニズムは拒否する。だから、冷戦の真っ最中に、民主主義のアメリカでは新聞や大学がヴェトナムでの自国の戦争犯罪を公然と暴き、非難した。全体主義のソ連の新聞や大学も、嬉々《きき》としてアメリカの犯罪を批判したが、アフガニスタンなどでの自国の犯罪については沈黙を守った。ソ連の沈黙は、科学的には不当だが、政治的には理に適っていた。アメリカはヴェトナム戦争に関して自らを鞭打《むちう》ったため、今日でさえ国民の分断が収まらず、世界中でアメリカの評判が傷つき続けている一方、ソ連とロシアはアフガニスタン戦争について口を閉ざしているので、戦争の記憶を薄れさせ、悪評に歯止めをかける上で、それが役立っている。

私たちは、古代アテナイやローマ帝国、アメリカ、ソ連のような歴史的システムにおける情報の政治学を理解して初めて、ＡＩの台頭が持つ画期的意味合いを探る準備が整う。なぜなら、ＡＩにまつわる重大な疑問の一つは、ＡＩが民主的な自己修正メカニズムを助けるか、それとも損なうか、だからだ。

第5章　決定——民主主義と全体主義の概史

民主制と独裁制はたいてい、政治的にも倫理的にも対照的な制度として論じられる。本章では視点を変え、両者を対照的な種類の情報ネットワークとして歴史を概観することを試みる。そして、民主社会と独裁社会では情報の流れ方がどう違うかや、それぞれの種類の政治体制を新しい情報テクノロジーの発明がどのように助けるかを考察する。

独裁制の情報ネットワークは高度に中央集中化されている[1]。これは、次の二つのことを意味する。第一に、中央は無制限の権限を享受し、したがって、情報はその中枢に流れ込む傾向にあり、そこで最も重要な決定が下される。ローマ帝国ではすべての道がローマに通じていたし、情報はナチスドイツではベルリンに、ソ連ではモスクワに流れた。中央政府があらゆる情報を手元に集中させ、あらゆる決定を自ら下し、人々の暮らしの全体を統制しようとすることもある。ヒトラーやスターリンの類いが行なう、あらゆる面に及ぶこの独裁制を、全体主義と呼ぶ。だが、すべての独裁制が全体主義であるわけではない。後ほど見るように、技術上の問題のせいで独裁者が全体主義者になれないことがよくあった。たとえばローマ皇帝のネロは、遠い属州の村々の何百万という小作人の暮らしを細かく管理するのに必要なテクノロジーを持っていなかった。だから多くの独裁体制では、個人にも企業にもコミュニティにも、かなりの自律性が残されていた。とはいえ、独裁者は人々の生活に介入する権限をつねに保持している。ネロの支配下のローマでは、自由は究極の目標ではなく、全体主義的な統制を統治機関が行なえないことの副産物だった。

独裁制の情報ネットワークの持つ第二の特徴は、中央は不可謬であるという前提に立っている点だ。そのため、独裁制の情報ネットワークは中央の決定にどのような異議が唱えられることも嫌う。ソ連のプロパガンダはスターリンを不可謬の天才として描き出し、古代ローマのプロパガンダは皇帝を神のような存在として扱った。スターリンやネロが明らかに判断を誤って大きな災難を招いたときでさえ、その間違いを暴き、軌道修正を求めることができるような確固とした自己修正メカニズムは、ソ連にもローマ帝国にも存在しなかった。

高度に中央集中化した情報ネットワークは理論上、独立した裁判所や選挙で選ぶ立法機関のような強力な自己修正メカニズムを維持しようとすることが可能だろう。だがそうしたメカニズムは、十全に機能したら中央の権威に楯突《たてつ》き、それによって情報ネットワークを分散化するだろう。独裁者は必ず、そのような独立した権力の拠点を脅威と見なし、無力化しようとする。これこそ、古代ローマの元老院に対してなされたことだ。元老院は歴代の皇帝によって力を削《そ》ぎ取られ、ついには皇帝の言いなりのお飾りに成り下がった。[2] ソ連の司法制度も同じ運命をたどり、共産党の意思にはけっして逆らおうとしなくなった。スターリン時代の「見世物裁判」はその名のとおり、あらかじめ筋書きが決まっている茶番だった。[3]

要するに、独裁社会は強力な自己修正メカニズムを欠いた中央集中型の情報ネットワークだ。それとは対照的に、民主社会は強力な自己修正メカニズムを持つ分散型の情報ネットワークだ。民主的な情報ネットワークを眺めてみると、たしかに中枢がある。民主社会では政府が最も重要な行政権を持っており、したがって政府の諸機関は厖大な量の情報を集めて保存する。だが、それ以外にも多くの情報の経路があり、独立した多数のノードをつないでいる。立法機関や政党、裁判所、報道機関、企業、地域コミュニティ、NGO、個々の国民は、互いに直接自由に意思を疎通させるので、ほとんどの情報は政府の機関をまったく通過しないし、多くの重要な決定が政府の外で下される。国民は誰もが、どこに住み、どこで働き、誰と結婚するかを自分で決める。企業は、どこに支店を開設し、特定の事業にどれだけ投資し、モノやサービスにどれだけの代金を請求するかを自ら決める。コミュニティは、慈善事業の運営やスポーツイベントの開催、宗教関連の祝祭について、自ら判断を下す。自律性は、政府が効力を持たない結果ではなく、民主主義の究極の目標なのだ。

民主的な政府は、たとえ人々の生活を細かく管理するのに必要なテクノロジーを持っていたとしても、人々が自ら選択する余地をできるかぎり残す。民主社会では万事が多数決で決まるというのは、よくある誤解だ。実際には、民主社会では、中央で決めることはできるかぎり少なくする。どうしても中央で下さざるをえない比較的少数の決定だけに、多数派の意思を反映させるべきだ。民主社会では、仮に九九パーセントの人が特定の服装をして特定の神を崇拝したがっても、残る一パーセントは依然として自由に服装を選び、異なる形で崇拝できてしかるべきなのだ。

もちろん、中央政府が人々の生活にまったく介入せず、治安の維持のような基本的なサービスを提供しなければ、それは民主社会ではなく無政府状態だ。すべての民主社会で、中央は税を徴収し、軍隊を維持するし、現代のほとんどの民主社会では、少なくともある程度の医療と教育と福祉も提供する。だが、人々の生活に対するどんな介入にも、説明が求められる。やむをえない理由がないかぎり、民主的な政府は人々にやりたいようにさせるべきだ。

　民主社会には他にもきわめて重要な特徴がある。民主社会は、誰もが可謬であることを前提とする。したがって、民主社会はいくつかの重要極まりない決定を下す権限を中央に与えるものの、中央の権威に異議を唱えることができる強力なメカニズムを維持する。アメリカの第四代大統領ジェイムズ・マディソンの言葉を言い換えれば、こうなる。人間は可謬なので政府が必要だが、政府も可謬なので、政府が犯す誤りを暴いて正すメカニズムが必要とされる。たとえば、定期的に選挙を行なったり、報道の自由を守ったり、政府の行政と立法と司法の部門を分離したりするといったメカニズムだ。

　その結果、独裁社会は単一の情報中枢がすべてを指示する体制であるのに対して、民主社会は多種多様なノードの間で継続する話し合いの体制となる。それらのノードはしばしば影響を及ぼし合うが、たいていの問題では合意に達することを義務づけられてはいない。個人も企業もコミュニティも、独自の考えを持ち、独自の行動をし続けてかまわない。誰もが同じように行動しなくてはならず、多様性が許されないことももちろんある。たとえば、二〇〇二年から翌年にかけて、アメリカ人はイラクに侵攻するべきかどうかをめぐって意見が分かれたが、最終的には誰もが単一の決定に従わざるをえなかった。一部のアメリカ人がサダム・フセインと個人的に平和を保つ一方で、他のアメリカ人が宣戦を布告するなどという事態は、許容できなかった。善かれ悪《あ》しかれ、イラクに侵攻するという決定は、アメリカ国民全員を縛るものだった。国家のインフラ事業に着手するときや、刑法上の犯罪を定義するときも同じだ。誰もが別々の鉄道網を敷設したり、殺人の独自の定義を持ったりするのを許されれば、どんな国も機能しえない。

　そのような社会全体にかかわる問題についての決定を下すためには、まず公の場での話し合いを全国的に行ない、続いて、自由で公正な選挙で選んだ人民の代表が選択をしなければならない。だが、選択が行なわれた後でさえ、再検討と修正の余地を残しておくべきだ。ネットワークは以前の選択は変更できないものの、次回は違う政権を選出することができる。

多数派による独裁制？

強力な自己修正メカニズムを持つ分散型の情報ネットワークという民主制の定義は、民主制を選挙とだけ同一視するありふれた思い違いとは好対照を成す。選挙は民主主義の実行手段として欠かせないが、民主主義そのものではない。自己修正メカニズムも充実させておかなければ、選挙は簡単に不正操作されうる。そして、選挙は完全に自由で公正であっても、それだけでは民主主義は保障できない。なぜなら、民主制は多数派による独裁制とは同一ではないからだ。

仮に、自由で公正な選挙で有権者の五一パーセントの選んだ政権が、やがて有権者の一パーセントを、憎むべき宗教的少数派に属しているからという理由で、死の収容所に送り込んで皆殺しにするとしよう。これは民主的なことなのか？　明らかに違う。問題は、ジェノサイドは五一パーセントを超える特定の割合を必要とするということではない。政権が、投票者の六〇パーセントか七五パーセントの支持、あるいは九九パーセントもの支持を勝ち取ったとしても、死の収容所がついに民主的なものになったりはしない。民主制というのは、どれだけの規模の多数派であれ、不人気な少数派を皆殺しにできる制度ではない。中央の権力に明確な限度がある制度なのだ。

仮に、有権者の五一パーセントの選んだ政権が、その後、残る四九パーセントの有権者の選挙権を取り上げるとしよう。いや、残りの一パーセントだけでもいい。それは民主的なのか？　この答えも、ノーだ。そして、それは数とは関係がない。政敵の選挙権を奪えば、民主的なネットワークの重要極まりない自己修正メカニズムの一つを取り除くことになる。選挙は、ネットワークが「私たちは間違いを犯した。何か別のことを試してみよう」と言うためのメカニズムだ。だが、もし中央が意のままに人々の選挙権を奪うことができたら、自己修正メカニズムは無効になる。

これら二つの例は突飛なもののように思えるかもしれないが、不幸にも、十分現実になりうる。ヒトラーは、民主的な選挙で権力の座に就いてから数か月のうちに、ユダヤ人と共産主義者を強制収容所に送り始めたし、アメリカでは民主的に選ばれた多くの政権が、アフリカ系アメリカ人やアメリカ先住民、その他の虐げられた人々の選挙権を奪ってきた。もちろん、民主制に対するほとんどの攻撃は、もっと目立たない形で行なわれる。ウラジーミル・プーチンやオルバーン・ヴィクトル、レジェップ・タイイップ・エルドアン、ロドリゴ・ドゥテルテ、ジャイール・ボルソナーロ、ベンヤミン・ネタニヤフのような強権的な指導者の経歴は、民主制を利用して権力の座に就いた指導者が、その後、自らの権力を使って民主制を切り崩す実例を示している。エルドアンがかつて言ったように、「民主制は路面電車のようなものだ。乗って目的地に着いたら降りる」[4]。

強権的な指導者が民主制を切り崩すのに使う最もありふれた方法は、自己修正メカニズムを一つ、また一つと攻撃するというものであり、手始めに標的とされるのは、裁判所とメディアであることが多い。典型的な独裁者は、裁判所の権限を奪ったり、忠実な支持者だらけにしたりするとともに、独立した報道機関をすべて閉鎖しようとする一方で、自らのプロパガンダ機関を構築して至る所に浸透させる[5]。

裁判所がもはや法的な手段で政権の力を抑止できなくなり、メディアが政権の方針を従順にそのまま伝えるだけになると、あえて政権に反抗しようとする他の機関や人はみな、裏切り者や犯罪者や外国のスパイの汚名を着せられて迫害されかねない。学術機関や地方自治体、ＮＧＯ、民間企業は解体されるか、あるいは政権の統制下に置かれる。政権はこの段階では、たとえば人気のある野党の指導者を投獄したり、野党が選挙に参加するのを妨げたり、自らに有利になるように選挙区の区割りをしたり、有権者の選挙権を奪ったりして、好き勝手に選挙を不正操作することもできる。こうした反民主的な措置に対する訴訟は、政権がお手盛り人事で選んだ裁判官たちによって却下され、それらの措置を批判するジャーナリストや学者は解雇される。後に残された報道機関や学術機関や司法当局はみな、国民と民主的な制度と称するものを裏切り者や外国のスパイから守るために必要なステップとして、政権の措置を称賛する。強権的な指導者はたいてい、選挙を完全に廃止するという最終的な段階までは進まない。その代わり、正当性を提供し、民主的なうわべを保つのに役立つ儀式として、選挙を行ない続ける。プーチンのロシアが、その良い例だ。

強権的な指導者を支持する人々は、このような過程を反民主的とは見なさない。彼らは、選挙に勝てば無制限の権力を与えられるとばかり思い込んでいるので、そうではないと言われると、心底当惑する。そして、選挙で選ばれた政権の権力に対する抑制は、すべて非民主的と受け止める。ところが、民主制とは多数決原理のことではない。万人の自由と平等を意味する。民主制は、誰もがある程度の自由を保障される制度であり、その自由は、多数派でさえも取り去ることはできない。

民主社会では、多数派の代表には、政権を樹立して自らが選んだ政策を多数の分野で推し進める権利があることに異論を唱える人はいない。もし多数派が戦争を望めば、国は戦争を始める。多数派が平和を望めば、国は矛を収める。多数派が増税を望めば、税額が増やされる。多数派が減税を望めば、税額が減らされる。外交問題や防衛、教育、課税、その他多くの政策に関する主な決定は、すべて多数派の手に握られている。

だが民主制では、多数派の支配が及ばない権利のカテゴリーが二つある。一方は、人権のカテゴリーだ。たとえ国民の九九パーセントが残る一パーセントを皆殺しにしたくても、民主社会ではそれは禁じられている。なぜならそれは、最も基本的な人権である、生命に対する権利を侵すからだ。人権のカテゴリーには、就労する権利やプライバシーに対する権利、移動の自由、信教の自由など、他にも多くの権利が含まれる。これらの権利は、分権化という民主制の本質を神聖なものとして大切にし、人々が誰も他者を害さないかぎり、適切と思う形で人生を送れるようにしている。

権利のきわめて重要なカテゴリーの二番目には、公民権が収まっている。公民権とは、民主制というゲームの基本的なルールであり、自己修正メカニズムを神聖なものとして大切にする。公民権のうち、明白な例が選挙権だ。仮に多数派が少数派の選挙権を奪うことを許されたなら、民主制はたった一度の選挙の後に終わりを告げる。公民権には他に、報道の自由や学問の自由や集会の自由が含まれ、そうした権利のおかげで、独立した報道機関や大学や反対運動は、政権の正統性を問うことができる。これらはみな重要な権利であり、強権的な指導者はそれらを侵そうとする。一国の自己修正メカニズムに変更を加えることが必要なときもたしかにあり、たとえば、選挙権を拡大したり、メディアを規制したり、司法制度を改革したりせざるをえない場合も考えられるが、そのような変更は、多数派と少数派の両方を含む幅広い合意に基づいてのみ行なわれるべきだ。もし過半数をわずかに上回るだけの多数派が一方的に公民権に変更を加えることができたなら、簡単に選挙を不正操作し、自らの権力に対する他のあらゆる抑制も取り除くことが可能になってしまう。

人権と公民権の両方について指摘しておくべき重要な点がある。これらの権利は、中央政府の権力を制限するのに加えて、積極的に果たすべき義務を数多く中央政府に課す。民主主義の政府は、人権や公民権の侵害を慎むだけでは十分ではない。行動を起こしてそれらの権利を保障しなければならない。たとえば生命に対する権利は、暴力的な犯罪行為から国民を守る義務を民主主義の政府に課す。政権が誰一人殺さなくても、国民を殺人から守る努力を怠れば、それは民主制ではなく無政府状態だ。

多数派vs.真実

当然ながら、どの民主社会でも、人権と公民権の厳密な限度についての議論が延々と行なわれる。生命に対する権利にさえ限度がある。アメリカのように、死刑を科し、それによって一部の犯罪者の生命に対する権利を否定する民主主義国もある。宣戦布告し、それによって、殺し殺される場へと国民を送り出す特権を、どの国も自らに認める。だとすれば、生命に対する権利は、厳密にはどこで終わるのか？　人権と公民権という二つの権利のカテゴリーにどのような権利を含めるべきかについても、込み入った議論が続いている。信教の自由は基本的人権であると、誰が決めたのか？　インターネットへのアクセスは公民権と定義されるべきなのか？　そして、動物の権利はどうなのか？　あるいは、ＡＩの権利は？

こうした問題は、ここで解決することはできない。人権も公民権も、人間が発見したのではなく考案した共同主観的な約束事であり、普遍的な道理ではなく歴史的な偶然性によって決まる。それぞれの民主社会が、いくぶん異なる権利のリストを採用することもありうる。少なくとも、情報の流れの観点に立つと、ある制度で中央が無制限の権限を持っておらず、中央の間違いを正す強固なメカニズムが備わってさえいれば、それを「民主主義的」な制度と呼ぶことができる。民主主義的なネットワークは、誰もが可謬で、選挙の勝者や多数派の有権者さえも例外ではないことを前提としている。

これはぜひとも記憶にとどめておかなければならないのだが、選挙は真実を発見するための方法ではない。むしろ、人々の相反する願望を裁定することによって秩序を維持する方法だ。選挙は、何が真実かではなく、過半数の人が何を願っているかを明確にする。そして人々は、真実が実際とは違っていることを欲することが多い。したがって、民主主義的なネットワークは、多数派の意思からさえ真実を守るために、ある程度の自己修正メカニズムを維持する。

一例を挙げよう。二〇〇一年九月一一日の同時多発テロを受けて起こった、イラク侵攻の可否をめぐる二〇〇二〜〇三年の議論の間、ブッシュ政権は次のように主張した。サダム・フセインが大量破壊兵器を開発しており、イラクの人民はアメリカ流の民主制の樹立をしきりに願っていて、アメリカ人を解放者として歓迎するだろう、と。この主張で議論に決着がついた。二〇〇二年一〇月、アメリカ国民に選挙で選ばれた連邦議会の議員たちの圧倒的多数が、イラク侵攻を認可した。決議案は、下院では二九六票対一三三票（賛成が六九パーセント）、上院では七七票対二三票（賛成が七七パーセント）で可決された。(6) 戦争が始まって間もない二〇〇三年三月の世論調査では、議員たちは実際に有権者の多くと波長が合っていることが裏づけられた。アメリカ国民の七二パーセントが、この侵攻を支持していたのだった。(7) アメリカの人々の意思は明確だった。

だが、やがて判明したとおり、真実は政府が言ったことや多数派が信じていたこととは違っていた。

戦争が進むにつれて明らかになったのだが、イラクには大量破壊兵器はなく、多くのイラク人がアメリカ人に「解放され」ることも、民主制を打ち立てることも願ってはいなかった。二〇〇四年八月に行なわれた世論調査では、アメリカ人の六七パーセントが、侵攻は不正確な前提に基づいたものと考えていることがわかった。年月が過ぎるうちに、ほとんどのアメリカ人は、侵攻の決定は壊滅的な間違いだったと認めるようになった(8)。

民主社会では、多数派は、戦争の開始といった重大な決定を下す当然の権利を持っており、それには重大な誤りを犯す権利も含まれている。だが、多数派はせめて、自らの可謬性を認め、少数派が不人気な見方をしたり、それを公表したりする自由を守るべきだ。結果的に、そのような意見が正しいかもしれないのだから。

別の例として、腐敗の罪を問われているカリスマ的な指導者について考えてほしい。その指導者の忠実な支持者たちは明らかに、そのような告発が間違っていることを願う。だが、たとえほとんどの有権者がその指導者を支持していたとしても、彼らの願望によって、裁判官が告発の内容を調べて真実を解明するのを妨げられるようなことがあってはならない。これは、司法制度だけではなく科学にも当てはまる。有権者の過半数が、気候変動が現実のものであるのを否定するかもしれないが、彼らは科学的な真実を規定する権力や、彼らにとって不都合な事実を科学者が探究したり発表したりするのを妨げる権力を持ってはならない。環境学科は議会とは違って、多数派の意見を反映するべきではない。

もちろん、気候変動についての政策決定を行なうとなれば、民主社会では有権者の意思が最優先されなければならない。気候変動が現実のものであることを認めたからといって、何をしたらいいのかが決まるわけではない。つねにさまざまな選択肢があり、どれを選ぶかは真実の問題ではなく願望の問題なのだ。経済成長を鈍化させるという代償を払ってでも、温室効果ガスの排出をただちに削減するというのが一つの選択肢だ。これを選べば、現時点ではあれこれ困難を招くが、二〇五〇年に人々がいっそう厳しい苦難に直面するのを防ぎ、島嶼国《とうしょこく》のキリバスを水没から救い、ホッキョクグマは絶滅を免れるだろう。一方、これまでどおりのやり方を続けるという選択肢もある。これを選べば、当面の暮らしは楽だが、次世代の暮らしは困窮し、キリバスは水浸しになり、ホッキョクグマは他の無数の種とともに絶滅に追い込まれる。これら二つの選択肢のどちらを選ぶかは願望の問題であり、したがってその選択は、少数の専門家たちではなくすべての有権者によってなされるべきだ。

だが、選挙で提示されるべきでない選択肢が一つだけある。それは、真実を隠したり歪めたりするという選択肢だ。もし過半数の人が、将来の各世代を考慮に入れたり、環境を気遣ったりせずに、好きなだけ化石燃料を消費したいというのなら、彼らはそれを支持する票を投じる権利がある。だがその多数派も、気候変動はでっち上げで、気候変動が起こっていると信じている教授は全員解雇しなければならないとする法律を成立させる権利を持ってはならない。私たちは望みどおりのものを選ぶことができるが、自分の選択の持つ真の意味を否定するべきではない。

当然ながら、学術機関やメディアや司法制度自体も、腐敗や偏見や誤りによって損なわれうる。だが、それらをジョージ・オーウェルの小説『一九八四年』に出てくる政府の真理省のようなものに従属させれば、おそらく事態はいっそう悪化するだろう。政府は先進社会ではすでに最も強力な機関であり、不都合な事実を歪めたり隠したりすることに誰よりも関心がある場合が多い。真実の探求の監督を政府に許すのは、キツネにニワトリ小屋の番を任せるようなものだ。

真実を発見するには、政府ではなく他の機関が持つ二つの機能に頼るほうがいい。第一が自己修正メカニズムだ。学術機関とメディアと司法制度は、腐敗と闘い、偏見を正し、誤りを暴くための、独自の自己修正メカニズムを内部に持っている。学究の世界では、誤りを阻止する上で、専門家の査読がある刊行物が政府の役人による監督よりもはるかに優れている。なぜなら学術の振興は、過去の間違いを暴き、未知の事実を発見することにかかっていることが多いからだ。メディアの世界には自由競争があり、一つの報道機関が利己的な理由などで、あるスキャンダルを報じないことに決めても、他の機関がその特ダネに飛びつく可能性が高い。司法の世界では、賄賂を受け取る裁判官は、他の人々とまったく同じように裁かれ、罰を受けることになりかねない。

第二が相互抑制だ。それぞれ異なる形で真実を探し求める、独立した機関がいくつもあれば、互いに抑制を利かせたり正し合ったりすることができる。たとえば、強力な企業が十分な数の科学者を買収して、専門家による査読のメカニズムを無効にできたとしても、調査報道ジャーナリストや裁判所が、犯人の正体を暴いて罰することができる。もしメディアか裁判所が組織的な人種偏見に毒されていたら、そうした偏見を暴くのは社会学者や歴史学者や哲学者の仕事だ。これらのメカニズムはどれ一つとして絶対確実ではないが、それを言うなら、人間のどんな機関にしても同じだ。そして、政府は断じて絶対確実ではない。

ポピュリズムによる攻撃

これまでの話が複雑に思えたとしたら、それは民主制が複雑であるべきだからだ。単純さは独裁制の情報ネットワークの特徴であり、そのネットワークでは、中央がすべて指図し、誰もが黙って従う。この独裁制の独白劇は内容をたどるのが易しい。それに引き換え、民主制はおびただしい数の参加者による話し合いであり、しかも、参加者の多くが同時に話している。そのような話し合いについていくのは、困難になりうる。

そのうえ、民主制の最も重要な機関は、官僚制の巨大組織でありがちだ。国民は宮廷や大統領官邸で展開される生物学のドラマを熱心に追うが、議会や裁判所、新聞社、大学がどう機能するかを理解するのに苦労することが多い。そのおかげで、強権的な指導者はポピュリズムの立場からさまざまな機関への攻撃を行ない、自己修正メカニズムをすべて解体し、自らの手に権力を集中させやすくする。ポピュリズムについては、情報の素朴な見方への異論を説明する手助けとして、プロローグで簡単に論じた。ここで再びポピュリズムを取り上げ、その世界観を幅広く理解し、反民主主義の強権的な指導者に対してポピュリズムが放つ魅力を説明する必要がある。

「ポピュリズム」という言葉は、「人民」を意味するラテン語の「ポプルス」に由来する。民主社会では、「人民」は政治的権限の唯一の正当な源泉と考えられている。宣戦を布告したり、法案を可決したり、増税をしたりする権限は、人民の代表だけが持つべきだ。ポピュリストはこの民主主義の基本原理を大切にするが、なぜかそこから、単一の政党あるいは指導者があらゆる権力を独占するべきだと結論する。ポピュリストはこの不思議な政治の錬金術を使い、一見すると非の打ち所のない民主主義の原理に基づいて無制限の権力の全体主義的な追求を行なう。どうしてこのようなことが起こるのか？

ポピュリストが行なう最も斬新な主張は、彼らだけが真に人民を代表しているというものだ。民主社会では人民だけが政治権力を持つべきであり、ポピュリストだけが人民を代表しているわけだから、ポピュリストの政党が政治権力をすべて独占するべきことになる。もしポピュリスト政党以外の政党が選挙に勝ったら、その政党は人民の信頼を勝ち取り、政権を樹立する権利を得たことにはならない。むしろ、選挙で不正が行なわれたか、人民が騙されて、自分の真の意思を表さない形で投票してしまったかの、どちらかになる。

ここで強調しておくべきだが、多くのポピュリストにとって、これはプロパガンダの策略ではなく、彼らが心から信じていることだ。ポピュリストは、ほんの一部の票しか獲得できなくても、自分たちだけが人民を代表していると、依然として信じていることもある。それと似ているのが共産党だ。たとえばイギリスでは、グレートブリテン共産党（ＣＰＧＢ）は総選挙で得票率が一度も〇・四パーセントを超えたことがないが[9]、それでも自分たちだけが労働者階級を真に代表していると主張して譲らなかった。何百万ものイギリスの労働者がＣＰＧＢではなく労働党や、保守党にさえ投票していたのは、「虚偽意識」のせいだとＣＰＧＢは主張した。その申し立てによれば、資本主義者がメディアや大学その他の機関の支配を通してまんまと労働者階級を欺き、自らの真の利益に反する投票を行なわせたのであって、ＣＰＧＢだけがその欺瞞を見破ることができるのだという。ポピュリストもそれと同じように、人民の敵が人民を騙して自らの真の意思に反する投票を行なわせるのだと信じることがありうる。そして、ポピュリストだけがその真の意思を代表していると思い込むことがありうるのだ。

このポピュリストの信条にとって基本的な部分は、「人民」はさまざまな利害関係や意見を持った生身の人間の集合ではなく、単一の意思、すなわち「人民の意思」を持った神秘的な統合体であるという信念だ。この半宗教的な信念の最も悪名高く極端な表れが、ナチスのモットーの「アイン・フォルク、アイン・ライヒ、アイン・フューラー」(「一つの民族、一つの国家、一人の総統」の意)だった。ナチスのイデオロギーは、「フォルク(民族、人民)」には単一の意思があり、その唯一かつ真の代表者が「フューラー(指導者、総統)」であると断定した。その指導者は、人民がどう感じ、何を望んでいるかについての不可謬の直観を持っているとされた。もしドイツ国民の一部が指導者に同意できないなら、それは指導者が間違っているかもしれないということではなかった。むしろ反対者が、人民ではなく、ユダヤ人や共産主義者や自由主義者といった叛逆的な外部集団に所属していることを意味した。

ナチスの事例はもちろん極端であり、あらゆるポピュリストを、ジェノサイドの傾向を持つ隠れナチスだなどと非難するのは不当極まりない。そうは言うものの、ポピュリズムの多くの政党や政治家が、「人民」には多様な意見や利益団体が含まれているかもしれないことを否定している。本当の人民は一つの意思しか持たず、その意思を代表できるのは自分たちだけだと、ポピュリストは言い張る。それとは対照的に、彼らの政治上のライバルたちは、国民の大きな支持を集めているときでさえ、「よそ者のエリート」扱いされる。たとえば、ウゴ・チャベスはベネズエラの大統領選挙に立候補したときに、「チャベスこそが人民だ」というスローガンを掲げた[10]。かつてトルコのエルドアン大統領は、国内の批判者に、「我々が人民だ。お前は何者か?」と毒づいた——まるで批判者たちは同じトルコ人ではないかのように[11]。

では、誰かが人民の一員かそうでないかを、どうやったら区別できるのか? 簡単だ。指導者を支持するのなら、その人は人民の一人だ。ドイツの政治哲学者ヤン゠ヴェルナー・ミュラーによれば、これがポピュリズムの決定的な特徴だという。自分だけが人民を代表しており、自分に同意しない人は誰でも――国家の官僚も、少数派も、有権者の大多数であってさえも――虚偽意識に毒されているか、本当の人民の一員ではないかのどちらかだと主張し始めたとき、人はポピュリストになるのだ(12)。

だからこそ、ポピュリズムは民主主義にとって重大な脅威となる。民主主義も、人民が権力の唯一の正当な源泉であることには同意するが、人民はけっして一元的な存在ではなく、したがって、単一の意思は持ちえないという了解を土台としている。ドイツ人であれ、ベネズエラ人であれ、トルコ人であれ、どの民族も多くの異なる集団から成り立っていて、さまざまな意見や意思があり、多様な代表者がいる。多数派も含め、どの集団にも、他の集団を人民の枠から締め出す権利はない。このおかげで、民主制は話し合いになる。話し合いを行なうには、いくつかの正当な声が存在することが前提となる。ところが、もし人民に正当な声が一つしかなければ、話し合いは起こりえない。そして、その単一の声が万事を指図する。したがって、ポピュリズムは「人民の力」という民主主義の原理を遵守していると主張できるとはいえ、実質的には民主主義から残らず意味を取り除き、独裁社会を打ち立てようとする。

ポピュリズムは、他の、そこまであからさまではないものの同じぐらい危険な形でも民主主義を損なう。ポピュリストは自分だけが人民を代表していると断言した上で、人民は政治的な権限の唯一の正当な源泉であるばかりでなく、あらゆる権限の唯一の正当な源泉でもあると主張する。人民の意思以外のものから権限を引き出す機関はみな、反民主的だとされる。ポピュリストは人民の代表を自認した上で、政治的な権限だけではなく、あらゆる種類の権限も独占し、報道機関や裁判所や大学といった機関の支配権も握ろうとする。ポピュリストは、「人民の力」という民主主義の原理を際限なく拡大解釈し、全体主義に転じる。

それに対して、民主主義は政治の領域における権限が人民に由来することを意味するが、他の領域における権限が別のものに由来することの妥当性を否定しない。すでに論じたように、民主社会では独立した報道機関や裁判所や大学が、真実を多数派の意思からさえも守る、不可欠の自己修正メカニズムとなっている。生物学の教授たちは、人間は類人猿から進化したと主張する。たとえ多数派がそうでないことを願っていたとしても、証拠がその主張を支持しているからだ。人気のある政治家が賄賂を受け取ったら、ジャーナリストたちはそれを暴露することができるし、動かぬ証拠が裁判所で提示されれば、たとえほとんどの人がそうした告発を信じたがらなくても、裁判官はその政治家を刑務所に送ることができる。

　ポピュリストは、人民の意思とされるものを、客観的な真実の名の下に退ける機関を胡散臭《うさんくさ》く思う。真実というのは、エリートたちが不法な権力を強引に手に入れるのを隠す名目にすぎないと、ポピュリストは見がちだ。そのせいで彼らは、真実の追求には疑いを抱き、プロローグで見たように、「力こそが唯一の現実だ」と主張する。そのため、自分たちに反対するかもしれないような独立した機関の権威を損なったり横取りしたりしようとする。その結果生まれるのが、この世の中は弱肉強食のジャングルであり、人間は権力だけで頭がいっぱいの生き物だという、暗くシニカルな見方だ。社会的なかかわり合いはすべて権力闘争と見なされ、あらゆる機関が部内者の利益を増大させる派閥として描き出される。ポピュリストの想像の世界では、裁判所は心底から正義に関心を抱いてはいない。裁判官たちの特権を守っているだけだ。たしかに裁判官は正義について多くを語るが、それは自らが権力を奪取するための策略にすぎない。新聞は事実には関心がない。フェイクニュースを広めて人々を欺き、ジャーナリストや彼らに資金を提供する陰謀団に利益をもたらそうとする。科学の機関さえもが、真実の探求に専念してはいない。生物学者や気候学者、疫学者、経済学者、歴史学者、数学者すらも、人民を犠牲にして私腹を肥やそうとする利益団体にほかならない。

全体に、これは人類についての見方としてはかなり卑しむべきものだが、それでも二つの点で多くの人を惹きつける。第一に、この見方はあらゆる社会的なかかわり合いを権力闘争に矮小化《わいしょうか》するので、現実が単純化され、戦争や経済危機や自然災害のような出来事が理解しやすくなる。パンデミックさえも含めて、世の中で起こることはすべて、エリートたちによる権力追求の表れというわけだ。第二に、このポピュリズムの見方が魅力的なのは、正しいこともあるからだ。人間のどんな機関も現に可謬であり、ある程度の腐敗を免れない。本当に賄賂を受け取る裁判官もいる。一般大衆を意図的に欺くジャーナリストもいる。どの学問分野でも、ときおり偏見や縁故者贔屓《びいき》が見られる。だから、あらゆる機関に自己修正メカニズムが必要なのだ。だが、ポピュリストは力こそが唯一の現実だと確信しているので、裁判所や報道機関や学術機関が、真実や正義といった価値観に突き動かされて自らを正すなどということは、けっして受け容れられない。

多くの人が、ポピュリズムは人間の現実を率直に捉えていると考えて信奉するのに対して、強権的な指導者がポピュリズムに惹かれるのには別の理由がある。ポピュリズムは彼らに、民主主義者のふりをしながら独裁者になるためのイデオロギー上の基盤を与えてくれるのだ。強権的な指導者が民主主義の自己修正メカニズムを無力化したり横取りしたりしようとするときに、ポピュリズムはとりわけ役に立つ。ポピュリズムによれば、裁判官もジャーナリストも大学教授も、真実ではなくむしろ政治的な利益を追求しているわけだから、人民の擁護者たる強権的な指導者は、裁判官やジャーナリストや大学教授の地位を支配し、それが人民の敵の手に落ちるのを許さないようにするべきであるということになる。同様に、選挙を運営し、結果を公表する担当の役人たちさえもが極悪非道な陰謀に加担しているかもしれないので、彼らも強権的な指導者に忠誠を誓う人々によって取って代わられるべきであることになる。

円滑に機能している民主社会では、国民は選挙の結果や裁判所の判決、報道機関の記事、科学の分野の発見を信頼する。なぜなら、それらの機関が真実の追求に献身的に取り組んでいると信じているからだ。ところが、人々は力こそが唯一の現実であるといったん考え始めると、選挙や裁判、報道、科学などへの信頼を失い、民主主義が崩壊し、強権的な指導者があらゆる権力を奪うことが可能になる。

もちろんポピュリズムは、強権的な指導者自身への信頼を損なえば、全体主義ではなく無政府状態へと行き着くこともありうる。もし、真実にも正義にも関心を抱く人が一人もいないのなら、ムッソリーニもプーチンも真実や正義に関心がないのではないか？　そして、もし人間の機関がみな、有効な自己修正メカニズムを持ちえないのなら、ムッソリーニの国家ファシスト党もプーチンの政党「統一ロシア」も同じなのではないか？　あらゆるエリートや機関に対する根深い不信は、単一の指導者や政党への揺るぎない称賛と、どうして両立しうるのか？　こうした疑問があるからこそ、ポピュリストは最終的に、強権的な指導者は人民の化身であるという神秘的な考え方を頼みとするのだ。選挙管理委員会や裁判所や新聞社といった官僚制の機関への信頼がはなはだしく低いとき、秩序を保つには神話への依存を高めるしかない。

社会の民主度を測る

人民を代表していると主張する強権的な指導者は、民主的な方法で権力の座に就くことができるだろうし、しばしば民主的な体裁を取りながら支配する。選挙を不正操作して圧倒的多数の票を獲得し、それを指導者と人民の神秘的な絆の証《あか》しとする。そのため、情報ネットワークがどれほど民主的かを測るには、選挙が定期的に実施されるかどうかといった単純な尺度を使うことはできない。プーチンのロシアやイランで、さらには北朝鮮でさえも、選挙は時計仕掛けのように規則正しく行なわれている。だから、もっと複雑な問いを投げ掛ける必要がある。たとえば、「中央政府が選挙で不正操作を働くのを、どのようなメカニズムで防いでいるのか?」「主要な報道機関が政権を批判するのがどれほど安全か?」「どれだけ多くの権限を中央政府が占有しているのか?」といった問いだ。民主制と独裁制は二者択一ではなく、連続線《スペクトラム》上に分布している。あるネットワークがそのスペクトラムの民主的な端に近いか、独裁的な端に近いかを判断するには、そのネットワークを情報がどのように流れるかや、何が政治的な話し合いの在り方を決めているかを理解する必要がある。

単一の人間があらゆる決定を下し、側近中の側近でさえ怖くて反対意見が言えないようなら、話し合いはまったく行なわれていない。そのようなネットワークは、スペクトラムの独裁制の端に位置する。非正統的な意見を誰も公に口にできないものの、密室で党の少数の幹部や高官が自分の見解を自由に表明できるのなら、これは依然として独裁制ではあるものの、民主制に向かってほんの一歩進んだことになる。もし人口の一〇パーセントが意見を述べたり、公正な選挙で投票したり、公職に立候補したりして政治的な話し合いに参加したなら、それは限定的な民主制と見なせるかもしれない。裕福な白人男性だけがそのような政治的権利を持っていた、アテナイのような多くの古代都市国家や、初期のアメリカ合衆国がこれに該当する。話し合いに加わる人の割合が増えるにつれて、ネットワークも民主的になる。

選挙ではなく話し合いに焦点を当てると、興味深い疑問が次々に出てくる。一つには、その話し合いはどこでなされるのか？　たとえば北朝鮮には、平壌《ピョンヤン》の万寿台《マンスデ》議事堂があり、最高人民会議の六八七人の議員が集まって話し合う。この会議は公式には北朝鮮の立法府として知られており、議員の選挙は五年ごとに行なわれるものの、実際には、この組織は追認機関であり、別の場所で下された決定を実行しているにすぎないと広く考えられている。あらかじめ用意された台本に従って退屈な議論がなされるだけで、何についてであれ、誰かの気を変えさせるようにはできていない(13)。

ひょっとするとピョンヤンには他にもっと内輪の議事堂があり、そこできわめて重要な話し合いがなされているのだろうか？　公式の会議の間に、朝鮮人民軍総政治局のメンバーは金正恩《キムジョンウン》の政策をあえて批判することなどあるのだろうか？　ことによると、非公式な晩餐会や非公式のシンクタンクでは、批判できる場合もあるのだろうか？　北朝鮮の情報は、あまりに中央に集中し、あまりに厳しく統制されているので、こうした疑問には明確な答えの出しようがない(14)。

同じような問いを、アメリカについても投げ掛けることができる。北朝鮮とは違い、アメリカでは人々はほとんど何でも言いたいことを言うことができる。政権が公然と厳しい批判を受けるのは日常茶飯事だ。だが、きわめて重要な話し合いが行なわれるのはどこで、そこには誰がいるのか？　連邦議会はこの機能を果たすためにできており、人民の代表が集って話し合い、互いに相手を説得しようとする。だが、何についてであれ、議会で最後に、一方の政党の党員が雄弁を振るい、もう一方の政党の党員の心を変えさせたのはいつだっただろう？　アメリカの政治の行方を決める話し合いが今やどこで行なわれているにせよ、それは断じて議会においてではない。民主社会は、人々が自由に口を利けないときだけではなく、耳を傾ける意欲も能力もないときにも死に絶える。

石器時代の民主社会

以上のような民主主義の定義を踏まえ、今度は歴史資料に目を転じ、情報テクノロジーと情報の流れにおける変化が、民主主義の歴史をどのように形作ってきたかを考察してみよう。考古学と人類学の証拠から判断すると、民主制は古代の狩猟採集民の間では、最も典型的な政治制度だったようだ。もちろん、石器時代の生活集団は選挙や裁判所や報道機関のような正式の制度や機関は持たなかったが、彼らの情報ネットワークはたいてい分散型で、自己修正の機会をたっぷり与えるものだった。ほんの数十人という規模の生活集団の中では、情報は簡単に全員が共有でき、どこで野営するかやどこに狩りに行くか、別の生活集団との争いをどう処理するかなどを決めるときには、誰もが話し合いに加わり、互いに議論を戦わせることができた。生活集団はたいてい部族に属しており、部族の人数は数百人から、場合によっては数千人に達した。だが、戦争を始めるかどうかといった、部族全体に影響が及ぶような重要な選択をしなければならないときには、部族は依然としてメンバーの多くが一か所に集まって話し合えるほど小さかった[15]。

生活集団や部族には支配的な指導者がいる場合もあったが、彼らはたいてい限られた権限しか行使しなかった。指導者には、自由に使える常備軍も警察も政府の官僚制のシステムもなかったので、力ずくで自分の意思を押しつけることはできなかった。[16] 指導者は、人々の生活の経済基盤を支配するのも難しかった。現代では、ウラジーミル・プーチンやサダム・フセインといった独裁者は、油井《ゆせい》のような経済的資産を独占して、それを政治権力の基盤とすることが多い。[17] 古代や中世には、中国の皇帝やギリシアの僭主やエジプトのファラオは、穀倉や銀鉱山や用水路を支配下に置いて社会に君臨した。それとは対照的に、狩猟採集経済では、そのような経済の集中制御は、特殊な状況下でのみ可能だった。たとえば、北アメリカの北西岸沿いでは、一部の狩猟採集経済は、多くのサケを捕まえて保存することで成り立っていた。サケの遡上《そじょう》は特定の河川で数週間しか最盛期が続かないので、有力な首長はこの資産を独占することができた。[18]

だが、これは例外だった。ほとんどの狩猟採集経済は、はるかに多様化していた。指導者は、たとえ数人の盟友の支えがあったとしても、サバンナを囲い込んで、人々がそこで植物を集めたり動物を狩ったりするのを防ぐことはできなかった。したがって狩猟採集民は、何もかもがうまくいかなかったとしても、依然として自分の足を使って投票することができた。持ち物はほとんどなく、最も重要な資産は自分の技能と友だった。首長が独裁的になったら、人々はあっさり立ち去ることができたのだ。[19]

狩猟採集民は、アメリカ北西部でサケ漁をしていた人々のように首長に支配され、たとえその首長が横暴だったときにさえ、少なくともその首長に直に接することができた。首長は、遠い彼方の要塞で、理解し難い官僚制と武装した衛兵の非常線に囲まれて暮らしてはいなかった。人々は、苦情や提案を伝えたければ、たいてい首長に声が届く所まで行くことができた。首長は世論を統制できなかったし、自らを世論から遮断することもできなかった。言い換えれば、首長には、あらゆる情報が中央を通って流れるようにすることも、人々が話し合ったり、首長を批判したり、首長に対抗して団結したりするのを防ぐことも、とうていできなかった[20]。

農業革命に続く数千年間、特に書字の助けを借りて大規模な官僚制の政治組織が誕生してからは、情報の流れを中央集中化するのが以前よりも簡単になり、民主的な話し合いを維持するのが難しくなった。古代のメソポタミアやギリシアで見られたような小さな都市国家では、ウンマのルガルザゲシやアテナイのペイシストラトスのような独裁者は、官僚や文書保管所や常備軍に頼って、主要な経済的資産と、所有権や課税、外交、政治についての情報を独占した。それに伴い、大勢の市民にとって、互いに直接の接触を保ち続けるのが難しくなった。新聞やラジオのようなマスコミュニケーションテクノロジーはなく、何万もの市民を町の中央広場に押し込めてコミュニティの討論会を開くのも容易ではなかった。

これらの小さな都市国家にとって、民主制は依然として選択肢に入っており、初期のシュメールと古代ギリシアの両方の歴史が、それを明確に示している[21]。ところが、古代の都市国家の民主制は、太古の狩猟採集民の生活集団による民主制ほど包摂的ではなかった。古代の都市国家による民主制の最も有名な例はおそらく、紀元前五世紀～紀元前四世紀のアテナイだろう。成人男子市民は全員、アテナイの集会に参加し、公共政策について投票し、公職に選出されることができた。だが、アテナイの女性と奴隷と市民ではない住民には、そのような権利はなかった。政治的な権利をすべて享受することができたのは、アテナイの成人人口のうち約二五～三〇パーセントだけだった[22]。

政治組織の規模が増し、都市国家がより大きな王国や帝国に取って代わられるにつれて、アテナイのもののような部分的な民主制さえも姿を消した。古代民主社会の有名な例はすべて、アテナイやローマのような都市国家だ。それに引き換え、民主主義路線で運営されていた大規模な王国や帝国は、一つとして知られていない。

たとえばアテナイは、紀元前五世紀に都市国家から帝国へと拡張したときに、征服した人々には市民権も政治的権利も与えなかった。アテナイという都市自体は部分的な民主社会であり続けたが、はるかに大きいアテナイ帝国は、中央から独裁的に支配されていた。税金や同盟や軍事遠征についての重要な決定は、すべてアテナイで下された。ナクソス島やタソス島といった属領は、アテナイの民会《エクレシア》と選挙で選ばれた公職者の命令に従わなければならず、ナクソス島民とタソス島民は民会で投票することも、役人に選出されることもできなかった。ナクソス島やタソス島やその他の属領が連携し、アテナイの中枢で下された決定に反抗を企てることも難しかった。そして、仮にそれを試みれば、アテナイから容赦のない報復を受けただろう。アテナイ帝国内の情報は、アテナイに向かって流れ込み、またアテナイから流れ出た[23]。

古代ローマ共和国（共和制ローマ）が、まずイタリア半島を、最終的には地中海沿岸全域を征服して帝国を作り上げたとき、ローマ人たちはアテナイの人々とは少しばかり違う道を歩んだ。ローマは征服した人々にも、徐々に市民権を与えていった。最初はイタリア半島中部のラティウムの住民に、次にイタリア半島の他の地域の住民に、最後にはガリアやシリアといった遠い属州の住民にさえも、市民権を与えた。ところが、市民権がより多くの人に行き渡るにつれて、市民の政治的権利は制限されていった。

古代ローマ人は、民主主義が何を意味するかをはっきり理解し、当初は民主主義の理想を熱烈に信奉していた。紀元前五〇九年にローマの最後の王を追放した後、ローマ人は君主制に対する強い嫌悪感と、単一の人間あるいは機関に無制限の力を与えることに対する恐れを抱くようになった。したがって、最高の行政権は二人の執政官《コンスル》で分け合い、両者がバランスを保った。コンスルは自由選挙で市民によって選ばれ、任期は一年で、民会《コミティア》や元老院、選挙で選ばれた護民官など、その他の公職者の力によってさらに抑制されていた。

だがローマが、ラティウム人やイタリア人に、そしてついにはガリア人やシリア人にまで市民権を与えると、民会や元老院や護民官の力も、二人のコンスルの力さえも、しだいに弱められ、紀元前一世紀後半にはとうとうカエサル一族が独裁的な支配体制を確立した。プーチンのような現代の強権的な指導者に先んじる形で、カエサルの養子アウグストゥスは自ら王座には就かず、ローマは依然として共和国であるふりをした。元老院と民会は相変わらず招集され、市民は毎年コンスルと護民官を選び続けた。だが、これらの制度や機関は実質的な力を奪われていた[24]。

西暦二一二年に、北アフリカ出身のフェニキア人一族の子孫である皇帝カラカラは重大な一歩を踏み出したように見えた。広大な帝国全土で、自由の身の成人男性全員にローマの市民権を自動的に与えることにしたのだ。その結果、三世紀のローマは、何千万もの市民を擁することになった[25]。だがその頃には、重要な決定はすべて、選挙では選ばれていない皇帝が単独で下していた。コンスルは依然として毎年形式的に選ばれたが、カラカラは父親のセプティミウス・セウェルスから権力を受け継いだ。セプティミウス・セウェルスは、内戦に勝利して皇帝になった人物だ。カラカラが自分の支配を盤石にするために取った最も重要な措置は、弟で競争相手のゲタの殺害だった。

カラカラは、ゲタの殺害を命じたり、ローマの通貨の切り下げを決めたり、古代イランのパルティア帝国に宣戦布告したり、何百万ものブリトン人やギリシア人やアラブ人にまで市民権を与えたりしたとき、ローマの人民に許可を求める必要はなかった。ローマの自己修正メカニズムはどれも、とうの昔に無力化されていた。カラカラが国内外の政策で何か誤りを犯しても、元老院も、コンスルや護民官のような役人も、介入して正すことはできなかった。正すとするなら、叛乱を起こすか、カラカラを暗殺するかのどちらかしかなかった。そして、カラカラが二一七年に現に暗殺されると、新たな内戦が始まっては新しい独裁者が誕生することの繰り返しにつながるだけだった。三世紀のローマは、一八世紀のロシアと同じで、ジェルメーヌ・ド・スタール（スタール夫人）の言葉を借りれば、「絞殺によって加減された独裁制」だった。

三世紀には、ローマ帝国だけでなく地球上の他の主要な人間社会もすべて、強力な自己修正メカニズムを欠いた中央集中型の情報ネットワークになっていた。これは、イランのパルティア帝国とササン朝ペルシア帝国、インドのクシャーナ帝国とグプタ帝国、中国の漢帝国とそれに続く魏《ぎ》・蜀《しょく》・呉《ご》の三国にも当てはまる。(26) 三世紀以降も、何千もの小規模な社会が民主的に機能し続けはしたが、大規模な社会には分散型の民主的なネットワークはどうしてもそぐわないようだった。

カエサルを大統領に！

古代世界では、大規模な民主社会は本当に機能しえなかったのか？　それとも、アウグストゥスやカラカラのような独裁者は、民主社会の機能を故意に妨害したのか？　この疑問は、古代史についての私たちの理解にとってだけではなく、ＡＩ時代における民主主義の未来についての私たちの展望にとっても重要だ。民主社会がうまくいかないのは、強権的な指導者によって損なわれるからなのか、それとも、それよりはるかに根深い構造上の理由や技術上の理由があるからなのか？　どうすればわかるだろう？

この疑問に答えるために、ローマ帝国を詳しく見てみよう。ローマ人が民主主義の理想に馴染みがあったことは明らかであり、カエサル一族が権力の座に就いた後でさえ、その理想はローマ人にとって重要であり続けた。そうでなければ、アウグストゥスやその後継者たちは、元老院やコンスルなどの役人の毎年の選挙といった、見たところ民主的な機関や制度を、わざわざ維持しなかっただろう。では、なぜ権力は選挙では選ばれていない皇帝の手中に収まってしまったのか？

理論上は、ローマの市民権が地中海沿岸全域に拡がった後でさえ、皇帝の地位のために、帝国全土に及ぶ選挙を行なうことは可能だったのではないか？　たしかにひどく手の込んだ段取りが必要だっただろうし、選挙の結果がわかるまでには何か月もかかったことだろう。だが、それが本当に、実行不可能な理由だったのか？

ここでの重大な思い違いは、民主主義を選挙と同一視することだ。理論上は、何千万ものローマ帝国の市民が誰かしら皇帝の候補に票を投じることは可能だっただろう。だが、真の疑問は、何千万ものローマ人が帝国全土で政治上の話し合いを継続的に行なうことができたかどうかだ。今日の北朝鮮で民主的な話し合いがまったく行なわれないのは、人々が自由に口を利けないからだが、韓国の場合のように、発言の自由が保障されている状況を、私たちは簡単に想像できる。今日のアメリカでは、人々が政治上の競争相手に耳を傾けたり、敬意を払ったりすることができないために、民主的な話し合いが危機に瀕しているが、これはおそらく依然として修正可能だろう。それとは対照的に、ローマ帝国では民主的な話し合いを行なったり維持したりすることは、どうしてもできなかった。そのような話し合いを実施するための実際的な手段が存在しなかったからだ。

話し合いを行なうには、話をする自由と、相手の話に耳を傾ける能力だけでは不十分だ。他にも二つ、実際的な前提条件がある。第一に、人々は互いの声が聞こえる範囲にいる必要がある。つまり、アメリカやローマ帝国のような大きさの領土で政治的な話し合いを行なう唯一の方法は、人々の発言を遠方まで迅速に伝達できる、何らかの情報テクノロジーの助けを借りることだ。

第二に、人々は自分が語ることについて、少なくとも初歩的な理解を必要とする。そうでなければ、有意義な話し合いをしているのではなく、ただ雑音を発しているだけになってしまう。人々はたいてい、直接経験のある政治上の問題についてはよくわかっている。たとえば貧しい人は、経済学の教授が見落とすような、貧困についての見識を多く持っているし、少数民族は、人種差別を受けたことのない人よりもはるかに深くそうした差別を理解している。とはいえ、もし実体験が、きわめて重要な政治上の問題を理解する唯一の方法だとしたら、大規模な政治的話し合いは不可能になる。なぜならその場合、どの集団も自らの経験についてしか有意義な発言ができないからだ。しかも、他の人は誰も、その集団が語っていることが理解できないだろうから、なお悪い。実体験からしか知識が得られないのなら、他人が実体験を通して獲得した見識について耳を傾けるだけでは、その見識は自分のものになりえない。

多様な人の集団どうしで大規模な政治的話し合いを行なえるのは、人々が自ら経験したことのない問題を、多少なりとも理解できる場合に限られる。大きな政治組織の中では、人々に彼らが直面したことのない事柄について知らせるのが、教育制度とメディアの重要な役割だ。この役割を果たす教育制度もメディアプラットフォームもなければ、有意義な大規模の話し合いは行ないようがない。

数千の住民がいる新石器時代の小さな町では、人々は思っていることを口にするのを恐れる場合や、競争相手の話を聴くのを拒む場合があったかもしれないが、有意義な会話のための、より基本的で実際的な前提条件を満たすのは比較的易しかった。第一に、人々は互いの近くに住んでいたので、町の他の住民のほとんどに簡単に会って声を聞くことができた。第二に、誰もが町が直面する危険や機会をよく知っていた。もし敵の攻撃部隊が近づいてきたら、誰もがそれを目にすることができた。もし川が氾濫して畑が水浸しになれば、誰もがその経済的な影響を目の当たりにした。人々は、戦争や飢餓について語るときには、それについてよく知っていた。

紀元前四世紀に都市国家のローマはまだ小さかったので、非常時には市民の多くが広場《フォルム》に集まり、尊敬されている指導者たちの話に耳を傾け、検討中の問題について自分の意見を述べることができた。紀元前三九〇年にガリアからの侵入者がローマを襲ったときには、市民のほぼ全員がアッリアの戦いでの敗北で親族を亡くし、勝ったガリア軍がローマで略奪行為を働いたときに財産を失った。窮地に立たされたローマ人は、マルクス・フリウス・カミッルスを独裁官《ディクタトル》に任命した。ローマでは、独裁官は非常時に任命される役人で、無制限の権力を持つが、それはあらかじめ決められた短い期間に限られ、その後には自らの行動に対する責任を負わされる。カミッルスが率いるローマ人たちが勝利を収めた後、非常時が過ぎ去ったことは誰の目にも明らかだったので、カミッルスは退任した。(27)

これとは対照的に、三世紀にはローマ帝国は人口が六〇〇〇万〜七五〇〇万に達し、(28)領土は五〇〇万平方キロメートルに拡がっていた。(29)だが、ローマにはラジオや日刊紙のようなマスコミュニケーションテクノロジーがなかった。文字が読めるのは成人のわずか一〇〜二〇パーセントにとどまり、(30)人々に帝国の地理や歴史や経済について知らせることができる、組織化された教育制度もなかった。

たしかに帝国全土で大勢の人が、異邦人に対するローマ文明の優位性という固い信念のような、いくつかの文化的な考え方を共有してはいた。このように共有されている文化的信念は、秩序と帝国の一体性を保つ上できわめて重要だった。だが、それらが持つ政治的な意味合いは、およそ明白ではなかった。そして、危機に際しては、どうするべきかについて、公の場での話し合いを行なうことは完全に不可能だった。

シリアの商人たちや、イギリスのヒツジ飼いたちや、エジプトの村人たちが、中東で続いている戦争や、ドナウ川沿いで起こっている移民による危機について話し合うことなど、いったいどうしてできるだろうか？　公の場での有意義な話し合いがなかったのは、アウグストゥスやネロ、カラカラ、その他どんな皇帝のせいでもなかった。彼らはローマの民主主義を故意に妨害したりはしなかった。帝国の大きさと、利用できる情報テクノロジーを考えると、民主制はどうしても機能しえなかった。これはすでに、プラトンやアリストテレスらの古代の哲学者も認めており、彼らは民主主義は小規模な都市国家でしか成立しないと主張している[31]。

もしローマに民主制が存在しなかったのが、特定の独裁者のせいにすぎなかったのなら、私たちは少なくとも、ササン朝のペルシアやグプタ朝のインドや漢王朝の中国など、他の場所で大規模な民主社会が栄えているところを目にしていて当然だろう。だが、近代の情報テクノロジーが発展するまでは、大規模な民主社会の例はどこにも見られなかった。

これは強調しておくべきだが、多くの大規模な独裁国家では、地方の問題は民主的に管理されることが多かった。ローマ皇帝は、帝国中の何百もの都市を細かく管理するのに必要な情報を持っていなかったのに対して、それぞれの都市の人々は、市政について引き続き有意義な話し合いを行なうことができた。その結果、ローマ帝国が独裁国家になってからずっと後まで、帝国内の都市の多くは、地元の民会や選挙で選ばれた公職者によって統治されていた。ローマでコンスルを決める選挙が形式的な行事になっていたときにも、ポンペイのような小さな都市では、公の役職をめぐって激しい選挙戦が繰り広げられた。

ポンペイは、皇帝ティトゥスの治世下の西暦七九年にウェスウィウス山（ヴェスヴィオ山）の噴火で破壊された。発掘を行なった考古学者たちによって、同地のさまざまな選挙運動に関する落書きが一五〇〇ほど見つかっている。人気があった役職の一つが造営官《アエディリス》で、この都市のインフラと公共建築物の維持を担当する行政官だ。[32] ルクレティウス・フロントという人物の支持者は、「誠実な暮らしぶりが、推薦するのにふさわしい美点だと考えられるのなら、ルクレティウス・フロントは選出される価値がある」という落書きを残した。競争相手の一人であるガイウス・ユリウス・ポリュビウスは、「ガイウス・ユリウス・ポリュビウスを造営官に選ぼう。彼は美味しいパンを提供してくれる」というスローガンで立候補した。

「イシスの崇拝者はグナエウス・ヘルウィウス・サビヌスの選出を要求する」や「ラバの御者は全員、ガイウス・ユリウス・ポリュビウスを選ぶように求める」といった、宗教団体や職能団体による推薦もあった。卑劣な行為も見られた。明らかにマルクス・セリニウス・ウァティアではない人物が、「大酒飲みは揃ってマルクス・セリニウス・ウァティアを選出するように求める」や「こそ泥たちはウァティアを選ぶように求める」といった落書きをしている。[33] ポンペイでは造営官が権力のある役職だったことや、造営官がローマの独裁皇帝によって任命されるのではなく、比較的自由で公正な選挙で選ばれていたことが、そのような選挙運動から窺《うかが》える。

支配者がまったく民主主義を装わない帝国においてさえ、各地域では民主主義が依然として盛んであり続けることができた。たとえばロシア帝国では、何百万もの村人の日常生活は、地元の農村自治体が管理していた。少なくとも一一世紀までさかのぼると各自治体の人口は、たいてい一〇〇〇人を下回った。彼らは地主の支配下にあり、その地主や中央のロシア帝国に多くの義務を負っていたが、内部の問題の管理については、かなりの自律性があったし、税の支払いや兵の提供といった、外部への義務をどう履行するかの決定についても同じだった。自治体は、地元で揉《も》め事があれば取り成し、緊急時には援助を行ない、社会規範を守らせ、各世帯への土地の分配を監督し、森や牧草地などの共有資源の利用を規制した。重要な事柄に関する決定は、村の集会で行なった。集会では、世帯主たちが自分の意見を述べ、指導者となる長老を選んだ。決議では少なくとも、多数派の意思を反映させようとする努力がなされた(34)。

ロシア帝国の村やローマ帝国の都市でそれなりの民主制が可能だったのは、公の場での有意義な話し合いができたからだ。西暦七九年のポンペイは人口一万一〇〇〇ほどの都市だったので(35)、おそらく誰もが、ルクレティウス・フロントが誠実な人物だったかどうかや、マルクス・セリニウス・ウァティアが大酒飲みの泥棒だったかどうかを、自ら判断できただろう。だが、何百万という人口規模での民主制がようやく可能になったのは、近代に入ってからであり、マスメディアが大規模な情報ネットワークの性質を変えたときだった。

マスメディアがマスデモクラシーを可能にする

マスメディアは、厖大な数の人を、彼らが互いに遠く隔たり合っているときにさえ迅速につなぐことのできる情報テクノロジーだ。印刷機の登場は、そのような結びつきの実現に向かう上で、きわめて重要な一歩だった。印刷術のおかげで、書物やパンフレットを安価で素早く多数作ることが可能になった。そのおかげで、相変わらず時間はかかるものの、より多くの人が自分の意見を述べ、広大な範囲で聞いてもらえるようになった。これに支えられて、大規模な民主制の実験が始まった。一五六九年に成立したポーランド゠リトアニア共和国や、七九年に成立したオランダ共和国（ネーデルラント連邦共和国）がその例だ。

これらの政体を「民主制」と特徴づけることには異論があるかもしれない。比較的裕福な国民から成る少数派だけが、完全な政治的権利を享受していたからだ。ポーランド゠リトアニア共和国では、政治的権利は「シュラフタ（貴族）」の成人男性だけのものだった。その数は多くても三〇万ほどで、成人人口全体の約五パーセントだった[36]。シュラフタの特権の一つは国王の選出だったが、投票するためには全国大会まではるばる出掛けていかなければならなかったので、この権利を行使する人は少なかった。一六世紀と一七世紀に国王の選挙で投票する人は通常三〇〇〇～七〇〇〇人だったが、唯一の例外が一六六九年の選挙で、このときには一万一二七一人が参加した[37]。二一世紀の今、これはおよそ民主的には思えないが、二〇世紀までは大規模な民主社会はみな、政治的権利を少数の比較的裕福な男性にしか与えなかったことを忘れてはならない。民主主義はけっしてオール・オア・ナッシング（全か無か）という性質のものではない。それはスペクトラムであり、一六世紀後半のポーランド人とリトアニア人は、このスペクトラムの、従来は未知だった領域を探っていたのだ。
ポーランド＝リトアニア共和国では、国王を選出する以外に、セイム（議会）の議員も選んだ。セイムは、新たな法案を可決あるいは否決し、課税や外交問題についての国王の決定に拒否権を行使する力を持っていた。そのうえ国民は、集会の自由や信教の自由などの、さまざまな侵すことのできない権利を享受した。一六世紀後半から一七世紀前半にかけては、ヨーロッパの大半は激しい宗教的対立や迫害に苦しんでいたが、ポーランド＝リトアニア共和国は寛容な避難場所となり、カトリックやギリシア正教、ルター派、カルヴァン派、ユダヤ教の信徒や、イスラム教徒までもが、比較的仲良く共存していた。[38] 一六一六年には、国内には一〇〇か所以上のモスクが機能していた。[39]
それでもけっきょく、ポーランド＝リトアニア共和国での分権化の実験は実際的ではなかったことがはっきりした。同共和国は、ロシアに次いでヨーロッパ第二の大国で、面積はほぼ一〇〇万平方キロメートルに及び、今日のポーランドとリトアニア、ベラルーシ、ウクライナの領土の大半を占めていた。ところが、バルト海から黒海までの国土に散らばるポーランドの上流階級やリトアニアの貴族、ウクライナのコサック（軍事的共同体）、ユダヤ教のラビたちの間で、有意義な政治的話し合いを行なうのに必要な情報システムも通信システムも教育制度も欠いていた。国の自己修正メカニズムも代償が大き過ぎ、中央政府の力が無効になってしまった。特にセイムは、議員が一人残らずあらゆる法案に対する拒否権を与えられていたので、行き詰まり状態に陥ってしまった。大規模で多様な政治組織と弱い中央という組み合わせは、致命的だったのだ。共和国は遠心力で引きちぎられ、断片はみな、ロシアとオーストリアとプロイセンという中央集中型の独裁国家によって山分けにされた。
それに比べると、オランダの実験のほうがうまくいった。ある意味で、オランダ共和国はポーランド＝リトアニア共和国よりも中央集中化の度合いがなおさら低かった。君主がいなかったし、それぞれ主権を持つ七つの州からできており、各州も自治権を持つ町や都市から成り立っていたからだ[40]。この分権型の性質を反映して、同国は国外では今でも複数形で呼ばれている。英語では「Netherlands」、フランス語では「Les Pays-Bas」、スペイン語では「Los Países Bajos」という具合だ。

とはいえ、オランダ共和国は全州を合わせてもポーランド＝リトアニア共和国の国土の二五分の一でしかなく、しかも、はるかに優れた情報・通信システムや教育制度を持っており、それが各州や町や都市を緊密に結びつけていた[41]。オランダ共和国は、大きな将来性を持った新しい情報テクノロジーも開発した。一六一八年六月、アムステルダムで「イタリアやドイツなどの動向（*Courante uyt Italien, Duytslandt &c.*）」という印刷物が登場した。タイトルが示しているとおり、イタリア半島とドイツの各地、その他の場所からのニュースが載っていた。この印刷物には、これといって際立った点はなかった。ただし、その後も毎週新しい号が出た。「イタリアやドイツなどの動向」は以後も定期的に刊行され、七〇年には、やはり連続して発行されていた他の複数の印刷物と合併して「アムステルダムの動向（*Amsterdamsche Courant*）」となり、やがて一九〇三年にはさらに合併をして「ダ・テレグラフ（*De Telegraaf*）」となった。そして、「ダ・テレグラフ」は今日に至るまで、オランダ最大の新聞であり続けている[42]。

新聞は定期的に発行される印刷物で、それ以前の単発の小冊子とは違った。はるかに強力な自己修正メカニズムを持っていたからだ。週刊あるいは日刊の新聞は、単発の刊行物とは違い、自らの間違いを正す機会があるし、そうする動機もある。訂正をすれば、一般大衆の信頼を勝ち取れるからだ。「イタリアやドイツなどの動向」が登場してまもなく、「さまざまな方面からの便り（*Tijdinghen uyt*

Verscheyde Quarrtiern)」というタイトルのライバル紙がおめみえした。だが、「イタリアやドイツなどの動向」のほうが一般に信頼性が高いと考えられていた。なぜなら、記事を発表する前に真偽を確かめようとしたからであり、「さまざまな方面からの便り」は過度に愛国的で、オランダに都合の良いニュースしか報じないと批判されていたからだ。それでも、両紙はともに生き延びた。ある読者は、その理由をこう説明している。「いつでも、何か一方の新聞には載っていないことがもう一方の新聞で見つかるからだ」。その後の数十年間に、オランダでは何十もの新聞がそこに加わり、同国はヨーロッパのジャーナリズムの中枢となった。(43)

幅広い信頼を獲得するのに成功した新聞は、世論の生み出し手と伝え手の両方になった。一般大衆は、新聞のおかげで以前よりも格段に情報に通じ、物事に積極的に関与《エンゲージ》するようになり、そのせいで、まずオランダで、後には世界中で政治の性質が変わった。(44)新聞の政治的な影響はきわめて重要だったので、新聞の編集者は政治指導者になることがよくあった。ジャン゠ポール・マラーは革命期のフランスで「人民の友（*L'Ami du Peuple*）」紙を創刊し、編集することで権力の座に就いた。エドゥアルト・ベルンシュタインは「社会民主主義者（*Der Sozialdemokrat*）」紙を編集し、ドイツの社会民主党の設立を助けた。ウラジーミル・レーニンがソ連の独裁者になる前に就いていた最も重要な職は、「火花《イスクラ》（*Искра*）」紙の編集者だった。ベニート・ムッソリーニは、最初は「前へ！（*Avanti!*）」紙の社会主義のジャーナリストとして、後には煽動的な右翼紙「イタリアの人民（*Il Popolo d'Italia*）」の創刊者・編集者として名を揚げた。

新聞は、低地諸国のオランダ共和国やイギリス諸島のグレートブリテン連合王国、北アメリカのアメリカ合衆国のような、近世の民主社会の形成にきわめて重要な役割を果たした。名前自体が示しているように、これらの国は古代のアテナイやローマのような都市国家ではなく、部分的には新聞という新しい情報テクノロジーでさまざまな地域が合体したものだった。たとえば、一八二五年一二月六日にジョン・クインジー・アダムズ大統領が連邦議会に最初の年次教書演説を行なったとき、演説の文面や要約は、その後数週間のうちに、ボストンからニューオーリンズまで、各地で公表された（当時、アメリカでは何百もの新聞や雑誌が発行されていた）(45)。

アダムズは、道路の建設から天文台の設置（彼は、その天文台を詩的に「天空の灯台」と名づけた）まで、連邦政府による多数の公共事業に着手するという政権の意向を表明した。彼の演説は激しい議論を呼び起こした。その多くは、アダムズの「大きな政府」の計画を、アメリカの発展に欠かせないものとして支持する人々と、「小さな政府」のアプローチを好み、アダムズの計画は連邦政府による手の広げ過ぎで州の権利の侵害だと見る大勢の人との間で活字で行なわれた。「小さな政府」陣営の北部の支持者たちは、連邦政府が貧しい州に道路を建設するために豊かな州の人々に課税するのは違憲だと苦情を述べた。南部の人々は、自分たちの身近な場所に天空の灯台を設置する権限を主張する連邦政府は、いつの日か自分たちの奴隷を解放する権利も主張しかねないと恐れた。アダムズは、独裁者の野心を胸に抱いていると非難されるとともに、該博な知識にあふれ、洗練された彼の演説は、エリート意識に満ち、普通のアメリカ人から掛け離れていると批判された。一八二五年の連邦議会への教書演説をめぐるこの公開の討論は、アダムズ政権の評判には大打撃となり、その後、アダムズの選挙での敗北につながった。二八年の大統領選挙で、アダムズはアンドリュー・ジャクソンに敗れた。ジャクソンはテネシー州で奴隷を所有する裕福な農園主だったが、数多くの新聞コラムで「人民の代表」として首尾良く自分のイメージを刷新し、それまでの選挙はじつはアダムズと腐敗したワシントンのエリートたちによって不正に勝ち取られていたと主張したのだった[46]。

もちろん当時の新聞は、今日のマスメディアと比べれば相変わらず遅くて限られていた。新聞はウマや帆船で運ばれ、定期的に読む人も比較的少なかった。新聞の売店もなければ、街頭の新聞売りもいなかったから、定期購読するしかなく、高価だった。一年分の平均的な購読料金は、熟練職人の一週間分の賃金ほどもした。そのため、一八三〇年にはアメリカの全新聞の購読者は、合計でわずか七万八〇〇〇人と推定されている。購読者の一部は個人ではなく団体や企業であり、配達された新聞をおそらく数人が読んだだろうから、定期的に新聞を読む人は数十万人いたと考えてよさそうだ。だが、それ以外の何百万もの人は、仮に新聞を読むことがあったとしても、ごく稀だっただろう[47]。

その頃のアメリカの民主制が限られたものであり、裕福な白人男性の領域だったのも無理はない。アダムズが権力の座に就いた一八二四年の選挙では、約五〇〇万の成人人口のうちおよそ二五パーセントに当たる一三〇万のアメリカ人が、名目上は投票する資格があった。ところが、その権利を実際に行使した人は、三五万二七八〇人、つまり全成人人口の七パーセントにすぎなかった。しかも、アダムズの得票数はその半分にも達しなかった。アメリカの選挙制度は特殊なので、彼はたった一一万三一二二人の投票者、つまり成人の二パーセント強、全人口の一パーセントの支持のおかげで大統領になれた[48]。同じ頃、イギリスでは議会の選挙で投票する資格のある人は約四〇万人で、成人人口の六パーセント前後だけだった。そのうえ、議席の三〇パーセントは、選挙の対象にすらならなかった[49]。

これのどこが民主制なのかと、首を傾《かし》げる人がいるかもしれない。アメリカは有権者よりも奴隷のほうが多かったとき（一八二〇年代初めには、一五〇〇万以上のアメリカ人が奴隷だった[50]）、本当に民主社会だったのか？　これは定義の問題だ。一六世紀後半のポーランド＝リトアニア共和国の場合と同じで、一九世紀前半のアメリカの場合も、「民主制」というのは相対的な言葉だ。先ほど指摘したように、民主制と独裁制は絶対的なものではなく、スペクトラム上にある。一九世紀前半には、すべての大規模な人間社会のうち、アメリカはおそらくそのスペクトラムで民主制の端にいちばん近かっただろう。成人の二五パーセントに投票権を与えるというのは、今日たいして多くは思えないが、一八二四年には、ロシア帝国やオスマン帝国や清《しん》帝国よりもはるかにましだった。なにしろ、これらの帝国では誰一人投票権を持っていなかったのだから(51)。

それに、本章を通じて強調しているように、投票だけが大切なわけではない。一八二四年のアメリカを民主社会と考えるべきなのには、なおさら重要な理由がある。アメリカという新興国は、当時の他のほとんどの政治組織と比べて、段違いに強力な自己修正メカニズムを持っていた。建国の父たちは古代ローマに感銘を受けるとともに(上院という機関や連邦議会議事堂を見るといい〔訳註：英語では古代ローマの元老院もアメリカの連邦議会の上院も、「Senate」と呼ばれる。また、連邦議会議事堂を意味する「Capitol」は、古代ローマ神話の最高神ユピテルの神殿「カピトリウム」に由来する〕)、ローマ共和国が最終的には独裁的な帝国に変わってしまったことも十分承知していた。彼らは、いずれ自分たちの共和国にもアメリカ版のカエサルが同じようなことをするのを恐れ、「抑制と均衡」のシステムとして知られる、重複する複数の自己修正メカニズムを構築した。そのうちの一つが、政府の統制を受けない自由な報道機関だ。古代ローマでは、共和国が領土を拡げ、人口が増えると、自己修正メカニズムが機能しなくなった。アメリカでは、近代的な情報テクノロジーと報道の自由という組み合わせのおかげで、国土が大西洋岸から太平洋岸まで拡大してもなお、自己修正メカニズムが存続することができた。

アメリカが徐々に選挙権を拡張し、奴隷制を廃止し、より包摂的な民主社会に変わることを可能にしたのが、これらの自己修正メカニズムだった。第2章で指摘したように、建国の父たちは、奴隷制を是認したり、女性に選挙権を与えなかったりといった、大きな間違いを犯したが、子孫がそうした間違いを正すためのツールも提供した。それが彼らの最大の遺産だった。

二〇世紀──大衆民主主義のみならず大衆全体主義も

新聞は、マスメディア時代の最初の前触れにすぎなかった。一九世紀から二〇世紀にかけては、電信、電話、テレビ、ラジオ、列車、蒸気船、飛行機といった、数々の新しい通信技術や輸送技術のおかげで、マスメディアの力は途方もなく強化された。

紀元前三五〇年頃にアテナイでデモステネスが演説を行なったとき、それは主に、アテナイの広場《アゴラ》に実際に来ていた限られた数の聴衆に向けたものだった。一八二五年にジョン・クインジー・アダムズが最初の年次教書演説を行なったときには、彼の言葉はウマの移動速度で拡がった。一八六三年一一月一九日にエイブラハム・リンカーンがゲティスバーグ演説を行なったときには、彼の言葉は電信や蒸気機関車や蒸気船によって、はるかに迅速にアメリカ中や国外に伝わった。早くも翌日には「ニューヨーク・タイムズ」紙が全文を掲載し(52)、メイン州の「ポートランド・デイリープレス」からアイオワ州の「オタムワ・クーリエ」まで、他の多くの新聞も同様だった(53)。

強力な自己修正メカニズムが導入されている民主社会にふさわしく、リンカーン大統領の演説は、あらゆる場所で拍手喝采されたわけではなく、盛んな議論を巻き起こした。ほとんどの新聞はその演説を褒め称えたが、疑問を呈する新聞もあった。「シカゴ・タイムズ」紙は一一月二〇日に、リンカーン大統領の「この馬鹿らしく、退屈で、中身のない言葉を読んだら、どのアメリカ人の頬も恥ずかしさでピリピリするに違いない」と書いた[54]。ペンシルヴェニア州ハリスバークの地元紙「パトリオット&ユニオン」も、「大統領の馬鹿げた発言」と酷評し、「忘却の帳《とばり》が下りてそれらを覆い隠し、二度と繰り返されたり頭に浮かんだりしない」ことを願った[55]。アメリカは南北戦争の最中だったにもかかわらず、ジャーナリストは大統領を公然と非難することも、嘲ることさえも許されていた。

それから一世紀後、状況はいっそう加速した。歴史上初めて、広大な国土に散らばった大勢の人々が新しいテクノロジーのおかげでリアルタイムでつながることが可能になった。一九六〇年には、北アメリカ大陸とそれ以外に分散した約七〇〇〇万のアメリカ人（全人口の三九パーセント）が、ニクソンとケネディの大統領候補討論会をテレビの実況中継で見守り、さらに何百何千万もの人がラジオで聴いた[56]。視聴者や聴取者は、自宅で座ったまま、ボタンを押すだけでよかった。大規模な民主制が、とうとう実現可能になったのだ。何千キロメートルもの距離に隔てられた何百万もの人が、急速に展開していく最新の問題について、確かな情報に基づいた有意義な公開の討論を行なうことができた。この年までには、アメリカの全成人が名目上は投票することができ、七〇〇〇万人近く（有権者の約六四パーセント）が実際に投票した。ただし、投票抑制のさまざまな策謀のせいで、何百万もの黒人や権利を奪われたその他の人々の投票が妨害されはしたが[57]。

毎度のことだが、私たちは技術決定論には用心するべきであり、マスメディアの台頭が大規模な民主制の勃興につながったなどと結論してはならない。マスメディアは大規模な民主制を可能にはしたが、必然のものにはしなかった。そして、他の種類の政治体制も可能にした。特に、現代の新しい情報テクノロジーは大規模な全体主義体制への扉を開いた。ニクソンとケネディと同じで、スターリンとフルシチョフもラジオで言ったことを東はウラジオストクから西はカリーニングラードまでの何億もの人に即座に聞かせることができた。彼らは何百万もの秘密警察の諜報員や密告者からの電話や電信での日々の報告を受け取ることもできた。もしウラジオストクかカリーニングラードの新聞が、(リンカーンのゲティスバーグ演説のときにアメリカの一部の新聞がしたように)最高指導者の最新の演説は馬鹿げていると書いたら、編集長から植字工まで、かかわった人は全員、KGB(ソ連国家保安委員会)職員の訪問を受けただろう。

全体主義の概史

全体主義体制は自らが不可謬であると言い張り、国民生活全体を完全に支配しようとする。電信やラジオその他の近代的な情報テクノロジーが発明される前は、大規模な全体主義政権は存在しえなかった。ローマ帝国の皇帝やアッバース朝のカリフやモンゴルの君主《ハーン》は、自分が不可謬だと信じている冷酷な独裁者であることが多かったが、大きな社会に対して全体主義的な支配を行なうために必要な手段を持っていなかった。それを理解するには、まず、全体主義政権とそこまで極端ではない独裁政権との違いを明らかにしておくべきだろう。独裁的なネットワークの場合、支配者の意思決定に法的な限度はないが、それでも技術上の限度は多々ある。全体主義のネットワークには、そうした技術上の限度の多くがない[58]。

たとえば、ローマ帝国やアッバース帝国やモンゴル帝国のような独裁政権では、支配者はたいてい、気に障る人物は処刑することができたし、邪魔になる法律があれば無視したり変えたりすることができた。皇帝ネロは母親のアグリッピナと妻のオクタウィアの暗殺を差配し、師のセネカを自殺に追いやった。また、ローマのとりわけ評判が高くて有力な貴族の数人も、異議を口にした、あるいはネロについて冗談を言ったというだけで、処刑したり追放したりしている[59]。

ネロのような独裁的な支配者は、自分の気に食わないことを行なったり言ったりした人間は誰でも処刑することができたものの、帝国内のほとんどの人が何を行なったり言ったりしているかは、知りようがなかった。ローマ帝国の人間で皇帝を批判したり侮辱したりする者は誰でも厳しく罰するようにという命令を、ネロが出すことは理屈の上では可能だった。ところが、そのような命令を実行するための技術上の手段がなかった。タキトゥスらの古代ローマの歴史家はネロのことを、前代未聞の恐怖政治を始めた残虐な専制君主として描いている。だが、それは非常に限定された種類の恐怖政治だった。ネロは、自分の行動範囲内にいる親族や貴族や元老院議員を何人も処刑したり追放したりしたが、ローマの貧民街にいる一般庶民や、エルサレムやロンディニウム〔訳註：ロンドンの古代の名称〕といった彼方の町の属州人は、それよりもずっと自由に本音を言うことができた[60]。

一方、スターリンのソ連のような現代の全体主義政権は、それとはまったく違うスケールで恐怖を煽った。全体主義は、毎日いかなるときにも国内のあらゆる人間が行なったり言ったりすることを統制しようとする試みであり、統制の対象は潜在的には、考えたり感じたりすることにまで及びうる。ネロはそのような権力を夢見たかもしれないが、それを実現する方法を持たなかった。ローマの農業経済の限られた税基盤を考えると、ネロは大勢の人を雇って使うことはできなかっただろう。ローマの元老院議員たちの晩餐会に密告者を送り込むことはできたが、帝国の残りの部分を統制するのに、彼には約一万の行政官[61]と三五万の兵[62]しかいなかったし、彼らと迅速に連絡を取るテクノロジーもなかった。

　ネロや同時代の皇帝たちには、現に雇っている行政官や兵士の忠誠を維持するという、さらに厄介な問題があった。ルイ一六世やニコラエ・チャウシェスクやホスニ・ムバラクを失脚させたような民主的な革命によって倒されたローマ皇帝は一人もいない。その代わり、何十人もの皇帝が、配下の将軍や役人、護衛兵、親族に暗殺されたり退位させられたりしている。[63] ネロ自身は、ヒスパニア・タラコネンシス総督のガルバらの叛乱によって倒された。半年後、ガルバはルシタニア総督のオトに地位を奪われた。三か月もしないうちに、オトはゲルマニア軍司令官のウィテッリウスに皇帝の座を奪われた。ウィテッリウスは八か月ほどその座を守った後、ユダヤ属州の軍団司令官ウェスパシアヌスに敗れて殺された。叛乱を起こした部下に殺されるというのは、ローマ皇帝だけではなく、前近代の独裁者ほぼ全員にとって最大の労働災害だった。

　皇帝やカリフ、シャー〔訳註：「王」を意味するペルシア語で、もともとイランの支配者の称号〕、王は、部下を支配下に置き続けるのにおおいに苦労した。したがって、支配者たちは軍と税制度を統制することに注意を集中させた。ローマの皇帝は、どの属州や都市の現地の問題にも介入する権限を持っており、ときおりその権限を行使したが、それはたいてい、帝国全土に及ぶ全体主義の五か年計画の一環としてではなく、現地のコミュニティか役人から送られてきた特定の嘆願書に応じてのことだった。[64] もしあなたがポンペイのラバの御者か、ブリタニア属州のヒツジ飼いだったなら、ネロはあなたの日課を統制したいとも、あなたが口にする冗談を取り締まりたいとも思わなかっただろう。あなたが税を払い、ローマの軍団に抵抗しなければ、ネロにとってはそれで十分だった。

スパルタと秦

技術上の困難があったにもかかわらず、古代にも全体主義政権を確立しようという試みが行なわれたと主張する学者もいる。最もよく挙げられる例がスパルタだ。そのような学者たちの解釈では、スパルタ人は全体主義政権に支配され、誰と結婚するかから何を食べるかまで、生活のあらゆる面を細かく管理されていたという。とはいえ、スパルタの政権はたしかに厳格そのものだったものの、じつは権力が単一の人物あるいは派閥に独占されるのを防ぐ自己修正メカニズムをいくつか持っていた。政治上の権限は、二人の王と五人の監督官《エフォロイ》（上級の行政官）、二八人の長老会議員《ゲルーシア》、民会《アペラ》が分け合っていた。戦争を始めるかどうかといった重要な決定は、激しい公開の討論を伴うことが多かった。

そのうえ、私たちがスパルタの政権の本質をどう評価するかに関係なく、古代アテナイの民主制を単一の都市にとどめおいたのと同じテクノロジーの制約が、スパルタの政治実験の範囲も限定していたことは明らかだ。スパルタはペロポネソス戦争に勝った後、ギリシアのさまざまな都市に軍の駐屯地と親スパルタ政権を置き、外交でスパルタに倣うように命じ、ときには貢ぎ物を納めることも義務づけた。だがペロポネソス戦争後のスパルタは、第二次世界大戦後のソ連とは違い、自国の制度を拡張しようとも、他国に広めようともしなかった。スパルタは、ギリシアのすべての町や村に暮らす一般庶民の生活を統制できるほど大きくて濃密な情報ネットワークは構築できなかったからだ。(65)

それに比べてはるかに野心的な全体主義のプロジェクトに着手したと言えるかもしれないのが、古代中国の秦《しん》王朝（?～紀元前二〇六年）だ。秦の始皇帝は戦国時代に他国をすべて打ち破った後、何千万もの臣民のいる巨大な帝国を支配した。これらの臣民は多くの異なる民族集団に属し、さまざまな言語を話し、多様な地域の伝統やエリートたちに忠実だった。勝ちを収めた秦の政権は、自らの権力を揺るぎないものにするために、権威に楯突きかねない地方勢力はすべて解体しようとした。各地域の貴族の土地や財産を没収し、地方のエリートたちを都の咸陽《シエンヤン》に移り住ませ、彼らを権力基盤から切り離し、監視しやすくした。

　秦の政権は、中央集中化と同質化の情け容赦のない組織的活動にも乗り出した。帝国全土で使う単純化された新しい書体（小篆《しょうてん》）を考案し、通貨と度量衡を統一した。咸陽から放射状に延びる道路網を建設し、標準化された休憩所や中継施設、軍の検問所も整備した。人々は、首都圏や国境地帯に出入りするには許可書が必要となった。荷車や戦車が同じ轍《わだち》に沿って走れるように、車軸の幅（車軌《しやき》）さえも標準化した。

　耕作から結婚まで、あらゆる行為が何らかの軍事上の必要性を満たすことになっており、ローマが各軍団だけを対象にしておいた類いの軍隊の規律を、秦は国民全体に課した。この制度がどれほど広範に及ぶべく構想されていたかを示す、恰好《かっこう》の例がある。それは、役人が担当の穀倉の管理を怠ったら受ける罰を定めた法律だ。その法律は、罰金や戒告に相当する、穀倉のネズミの穴の数を記している。「大ネズミの穴が三つ以上あれば、罰金は［軍のための］楯一枚［の購入］、二つ以下であれば、［担当の役人の］戒告。小ネズミの穴三つが大ネズミの穴一つに相当する」[66]

　秦はこの全体主義体制を促進するために、軍隊のような社会秩序を生み出そうとした。男性臣民はみな、五人から成る組に所属しなければならなかった。これらの組がまとまって、地方の集落である「里」から、「郷」「県」「郡」という具合に、しだいに大きくなる単位を形成していた。臣民は許可なく居住地を変えることを禁じられ、適切な身分証明書と認可書がなければ友人の家に泊まることさえできなかった。

　秦の男性臣民はみな、位も与えられていた。軍の兵士がみな、位を持っているのと同じだ。国家に服従すれば昇進し、経済的特権や法律的特権が得られたが、服従しなければ降格や懲罰につながった。それぞれの組の臣民は、互いを監督することになっていて、誰かが悪事を働けば、全員が罰せられた。たとえ親族であっても、罪人を通報しなかった者は誰もが殺されることになっていた。犯罪を通報した者は、昇進やその他の特典で報われた。

　政権がこれらすべての全体主義的措置をどれだけ実施できたかは、おおいに疑問だ。役所で文書を書く官僚たちは、手の込んだ規則や規定を考え出すことが多い。そして、それらはけっきょく非現実的なものとなる。実直な政府の役人が、本当に秦帝国全土を回り、一つひとつの穀倉に空いたネズミの穴を数えただろうか？　辺鄙な山中の村落に暮らす農民が、本当に一人残らず五人組に編成されただろうか？　おそらく違う。それでも、秦帝国の全体主義的な野心は、古代の帝国のなかで群を抜いていた。

　秦の政権は、臣民が考えたり感じたりすることまで統制しようとした。戦国時代には、中国の思想家たちは比較的自由に、無数のイデオロギーや哲学を展開することができたが、秦は法家の説を公式の国家イデオロギーとして採用した。法家の説は、人間は生まれながらにして強欲で残虐で利己的だと断定していた。そして、厳格な統制の必要性を強調して、賞罰こそが最も効果的な統制手段だとし、国家の権力は道徳的な配慮によって削減されてはならないと言い切った。力は正義なりというわけで、国家のためになることが至高の善だった。[67]秦は、儒教や道教などの他の哲学を禁じた。それらの哲学は、人間はむしろ利他的であると考えており、暴力ではなく徳の重要性を強調したからだ。[68]そのような穏健な見方を支持する書物は禁じられ、秦が提示する公式版の歴史と相容れない書物も同様だった。

ある学者が、始皇帝はかつての周王朝の創始者に倣い、国家の権力を分散化するべきだと主張すると、秦の宰相の李斯《りし》は、学者は過去を理想化することで現在の制度を批判するのをやめるべきだと反論した。政権は、古い時代を理想化して描いたり、秦を批判したりする書物はすべて没収するよう命じた。そのような問題のある文書は帝国の書庫にしまい込まれ、公認の学者しか研究できなかった。[69]

秦帝国はおそらく、前近代の人類史上最も野心的な全体主義の実験だった。そして、その規模と激しさが、やがて帝国の破滅をもたらすこととなった。何千万もの人を軍隊のように厳格で画一的に扱い、あらゆる資源を軍事目的で独占しようとする試みは、深刻な経済問題や浪費や民衆の憤懣《ふんまん》を招いた。政権の過酷な法律と、地方のエリートに対して政権が抱いた敵意や、徴税と徴兵の果てしない要求とが相まって、その憤りをさらに煽り立てた。その一方で、古代の農業社会には限られた資源しかなく、臣民の怒りを抑え込むのに秦が必要とした官僚と兵士全員を支えることができなかったし、情報テクノロジーの効率が低いため、遠く離れた町や村をすべて咸陽から統制することは不可能だった。紀元前二〇九年に叛乱が続発した。地方のエリートたちや不満を抱いた庶民によるもの、さらには、帝国自体が新たに登用した役人の一部によるものさえあったが、驚くまでもないだろう。

ある記録によると、最初の本格的な叛乱は、国境地帯での労働に徴用された農民の一団が、雨と洪水で足止めされたときに始まったという。農民たちは、到着が遅れたことを職務怠慢として咎《とが》められて処刑されるのを恐れ、もう何も失うものはないと感じた。他の大勢の叛乱者がたちまち彼らに加わった。秦帝国は、権力の絶頂に達してからわずか一五年後、自らの全体主義の野望の重みに耐えかねて崩壊し、分裂した。

数年の戦乱が続いた後、新たな王朝である漢が帝国を再統一した。だが漢はその後、秦よりも現実的で、そこまで厳格ではない態度を取った。漢の皇帝たちはたしかに独裁的だったが、全体主義ではなかった。自分の権限にはどんな限界も認めなかったものの、すべての臣民の生活を細かく管理しようとはしなかった。漢は、監視と統制という法家の考え方に従う代わりに、内面の道徳的信念から忠誠心と責任感にあふれる行動を取るように人々を奨励するという、儒教の考え方を拠り所とした。漢の皇帝たちは、同時代のローマ帝国の皇帝たちと同じで、社会の一部の面だけを中央から統制しようとし、地方の貴族や各地のコミュニティに、かなりの自律性を残した。ローマ帝国や漢帝国のような前近代の大規模な政治組織は、利用可能な情報テクノロジーに課された制約が大きな原因となって、非全体主義的な独裁制へと引き寄せられた。(70) 秦のように、本格的な全体主義を夢見る帝国もあったかもしれないが、その実現は、近代的なテクノロジーの発展を待たなければならなかった。

全体主義の三つ組

近代的なテクノロジーのおかげで、大規模な民主制だけでなく大規模な全体主義も可能になった。一九世紀に工業経済が台頭し始めると、政府は以前よりはるかに多くの行政官を雇い、電信やラジオといった新しい情報テクノロジーによって、それらの行政官をみな、素早くつなげて監督できるようになった。これにより、情報と権力の前代未聞の集中が促された。それを夢見てきた人々の願いがかなったのだ。

ボリシェヴィキ〔訳註：ロシア社会民主労働党の左派。後のソ連共産党〕は一九一七年の革命の後、ロシアの支配権を奪ったとき、まさにそのような夢に突き動かされていた。ボリシェヴィキは無制限の権力を喉から手が出るほど欲しがっていた。それは、自分たちには世の中を救う使命があると信じていたからだ。すべての人間社会は何千年にもわたって、人民を虐げる腐敗したエリートたちに支配されてきたと、マルクスは説いた。ボリシェヴィキは、あらゆる迫害をついに終わらせ、完全に公正な社会を地上に誕生させる方法を知っていると主張した。だが、それを実行するには、無数の敵を打ち負かし、障害を克服しなければならず、そのためには、できるかぎり多くの権力を手にしなければならないのだった。彼らは、自分たちの構想や方法に疑問を投げ掛けかねないような自己修正メカニズムは何であろうと容認することを拒んだ。ボリシェヴィキ党はカトリック教会と同じで、個々の党員が誤りを犯すことはあるかもしれないが、党そのものはつねに正しいと確信していた。ボリシェヴィキは自らの不可謬性を信じていたので、選挙や独立した裁判所、政府の統制を受けない自由な報道機関、野党といった、ロシアの創世期の民主的な制度や機関を破壊し、全体主義の一党独裁政権を打ち立てた。ボリシェヴィキの全体主義は、スターリンから始まったわけではない。革命の初日から明白だった。この全体主義は、スターリンという人物ではなく、不可謬性という党の原理に由来するのだ。

スターリンは一九三〇年代から四〇年代にかけて、自分が引き継いだ全体主義体制に磨きをかけ、完成させた。スターリン時代のネットワークは、三つの主要な部門から成り立っていた。一つは、中央の省庁と地方の行政機関と正規の赤軍部隊という政府機関で、一九三九年には一六〇〇万人の文官[71]と一九〇〇万人の兵士[72]がいた。次が、ソ連共産党と至る所に設置された党細胞という機関で、同年には二四〇〇万の党員が所属していた。[73]最後が秘密警察で、最初は「チェーカー」(反革命とサボタージュとの闘争のための非常委員会)として知られ、スターリンの時代には「ＯＧＰＵ」(統合国家政治保安部）や「ＮＫＶＤ」（内務人民委員部）や「ＭＧＢ」（国家保安省）と呼ばれ、スターリンの死後には「ＫＧＢ」に姿を変えた。ソ連解体後の後継機関は、九五年以降は「ＦＳＢ」（連邦保安庁）として知られている。三七年、ＮＫＶＤには二七万人の諜報員と何百万もの密告者がいた。[74]

ソ連では、これら三部門が並行して機能していた。互いに抑制し合う、重複した自己修正メカニズムを持つことで民主制が維持されているのとちょうど同じで、現代の全体主義は、重複した監視メカニズムを置いて、互いに秩序を保たせた。ソ連の州の行政長官は地元の党役員に絶えず監視されており、そのどちらも、部下の職員のうち誰がＮＫＶＤの密告者かは知らなかった。このシステムがどれほど効果的かは、近代以降の全体主義が、前近代の独裁制をつねに悩ませていた問題、すなわち地方の従属者による叛乱の問題をおおむね解決したことが裏づけている。ソ連にも宮廷クーデターの類いはそれなりにあったが、地方の行政長官や赤軍の前線司令官が中央に叛旗を翻したことは一度としてなかった。[75]それは、秘密警察に負うところが大きかった。秘密警察は、大勢の国民や地方の行政官を厳重に見張り、党や赤軍にはそれに輪をかけて厳しい目を向け続けた。

歴史を通して、ほとんどの政治組織で軍は絶大な政治権力を振るってきたが、二〇世紀の全体主義政権では、正規軍はその影響力の多くを「情報軍」である秘密警察に譲った。ソ連では、チェーカーやＯＧＰＵ、ＮＫＶＤ、ＫＧＢは赤軍のように火力を備えていたわけではないが、政府内でより大きな影響力を持ち、軍の幹部さえ恐れさせたり粛清したりすることができた。旧東ドイツの「シュタージ」やルーマニアの「セクリターテ」といった秘密警察機関も、自国の正規軍よりも強力だった。[76]ナチスドイツでは、ＳＳ（親衛隊）はドイツ国防軍よりも力があり、親衛隊長官のハインリヒ・ヒムラーは国防軍最高司令部総長のヴィルヘルム・カイテルよりも序列が上だった。

以上のどの例でも、秘密警察は従来の戦いではもちろん正規軍を打ち負かすことはできなかった。秘密警察の強みは、情報を駆使する能力にあった。秘密警察は、軍事クーデターを未然に防ぎ、戦車旅団や戦闘機中隊の指揮官を抜き打ちで逮捕するのに必要な情報を持っていた。一九三〇年代後半のスターリンによる大粛清の間に、赤軍の一四万四〇〇〇人の将校のうち約一〇パーセントがＮＫＶＤによって射殺されたり投獄されたりした。そのなかには、一八六人の師団長のうち一五四人（八三パーセント）、九人の海軍大将のうち八人（八九パーセント）、一五人の陸軍大将のうち一三人（八七パーセント）、五人の元帥のうち三人（六〇パーセント）が含まれていた。[77]

党の指導部も散々な目に遭った。一九一七年の革命以前に党に加わり、崇敬されていた古参のボリシェヴィキのうち、三分の一ほどが大粛清を生き延びることができなかった。[78]一九一九〜三八年に政治局で勤務した三三人のうち、一四人（四二パーセント）が射殺された。三四年に党中央委員会の委員と委員候補だった一三九人のうち、九八人（七一パーセント）が銃殺された。同年の第一七回党大会に参加した代議員のうち、処刑や投獄、追放、降格を免れ、三九年の第一八回党大会に出席した人はわずか二パーセントだった。[79]

これらの粛清や殺害をすべて行なった秘密警察そのものも、いくつかの競合する部門に分かれており、互いに厳しく監視し合い、粛清し合った。大粛清の開始を画策し、何十万もの犠牲者の殺害を監督したＮＫＶＤ長官のゲンリフ・ヤゴーダは一九三八年に処刑され、ニコライ・エジョフがその後釜に座った。エジョフは何百万もの人を殺害したり投獄したりしたが、二年しかもたず、四〇年に処刑された。

こうした監視と粛清の厳しさが最もよく表れているのは、一九三五年にＮＫＶＤで幹部（ソ連の用語では「国家安全保障コミッサール」）の地位にあった三九人の運命かもしれない。そのうち三五人（九〇パーセント）が四一年までに逮捕・射殺され、一人は暗殺され、一人（NKVDの極東長官）は日本に逃亡して死を免れたが、四五年に日本側に殺害されたと言われている。もともと三九人いたNKVDの幹部のうち、第二次世界大戦の終わりまで生き延びたのは二人だけだった。だが、全体主義の無慈悲なロジックは、けっきょくこの二人も逃さなかった。五三年にスターリンが亡くなった後の権力闘争で、二人のうちの一人が撃たれ、もう一人は精神科病院に収容され、六〇年にそこで亡くなった[80]。スターリン時代のNKVDの幹部職は、世界でも有数の危険な仕事だった。アメリカの民主制が多くの自己修正メカニズムを改善していたときに、ソ連の全体主義は三つ組の自己監視・自己テロ機関をせっせと能率化していたわけだ。

完全なる統制

全体主義政権は情報の流れの統制に基づいており、独立した情報経路はすべて警戒する。軍の将校や国家公務員や一般市民は、情報を交換すると信頼を築くことができる。互いを信頼するようになれば、政権への抵抗運動を組織することができる。したがって全体主義政権にとっては、人々が出会って情報を交換するときには必ず、政権の人間もその場に居合わせて彼らに目を光らせているべきであるというのが重要な信条だった。一九三〇年代に、ヒトラーとスターリンが揃って採用していたのもこの原理だった。

ヒトラーが首相に就任してから二か月後の一九三三年三月三一日、ナチスは「均制化法」を成立させた。それには、同年四月三〇日までに、地方自治体からサッカークラブや地元の合唱団まで、ドイツ全土のあらゆる政治的・社会的・文化的組織は、ナチス国家の機関として、ナチスのイデオロギーに即して運営されなければならないと規定されていた。そのせいで、ドイツのあらゆる市町村の生活が大打撃を受けた。

たとえば、オーベルストドルフというアルプスの小さな村では、一九三三年四月二一日に、民主的に選出された村議会が最後の会合を開き、三日後には選挙で選ばれていないナチスの議会がそれに取って代わり、ナチスの村長を任命した。人民が本当に望んでいることを知っているのはナチスだけとされていたので、ナチス以外の誰に人民の意思を実行に移せるというのか？　オーベルストドルフには、簿記協会から登山クラブまで、約五〇の協会やクラブもあった。それらもみな均制化法に従い、役員会や会員資格や規則をナチスの要求に合わせ、鉤十字《かぎじゅうじ》をあしらった旗を揚げ、毎回会合をナチ党の党歌である「ホルスト・ヴェッセルの歌」で締めくくらなければならなかった。同年四月六日、オーベルストドルフの魚釣り協会はユダヤ人の所属を禁じた。三二人の会員は誰もユダヤ人ではなかったが、アーリア人でなければ入会資格がないことを新政権に証明する必要性を感じたのだった。[81]

スターリンのソ連では、なおさら極端だった。ナチスは依然として教会組織や民間企業に限定的ながら行動の自由を許していたのに対して、ソ連は何一つ例外を認めなかった。一九二八年に第一次五か年計画が始まった頃には、どの地区や村にも政府の役人や党役員や秘密警察の密告者が入り込んでおり、三者で生活のすべての面を統制していた。発電所からキャベツ農場までのあらゆる事業、あらゆる新聞社やラジオ局、あらゆる大学や学校や青少年団体、あらゆる病院や診療所、あらゆるボランティア組織や宗教組織、あらゆるスポーツ協会や科学協会、あらゆる公園や博物館や映画館が、彼らの統制下にあった。

一〇人ほどが集まってサッカーをしたり、森を散歩したり、慈善活動を行なったりするときには必ず、党と秘密警察を代表する地元の党細胞やNKVDの課報員も立ち会った。当時の情報テクノロジーの速度と効率を考えると、これらの党細胞やNKVDの課報員は、いつでもモスクワに電信や電話で通報できた。怪しい人物や活動についての情報は、全国的な相互参照カード目録システムに加えられた。「カルトテキ」と呼ばれるこの目録には、勤務記録や警察の捜査記録、住民登録カード、その他の社会的な登録証からの情報が含まれ、一九三〇年代にはソ連国民を監視・統制するための主要なメカニズムになっていた[82]。

そのおかげで、スターリンはソ連の国民生活全般の統制を目指すことが可能になった。きわめて重要な例が、ソ連の農業を集産化する組織的活動だ。広大なロシア帝国の何千もの村における経済生活と社会生活と個人生活は何世紀にもわたって、いくつかの伝統的な機関によって管理されていた。それらの機関とは、地元の農村自治体や教区教会、個人農場、地元の市場、そして何より家庭だ。一九二〇年代半ばのソ連は、相変わらず圧倒的に農業経済だった。全人口の約八二パーセントが村で暮らし、労働者の八三パーセントが農業に従事していた[83]。だが、もし個々の農民世帯が何を栽培し、何を買い、農産物にどれだけの値をつけるかを自分で決めていたら、モスクワの役人が自ら社会活動や経済活動を計画して統制する能力が著しく限られてしまう。役人が大掛かりな農業改革をすることに決めても、農民世帯がそれを拒んだらどうするのか？　というわけで、ソ連が国の発展のために最初の五か年計画を策定したときに、課題のうちの最重要項目は農業の集産化だった。

どの村でも全世帯がコルホーズ（集団農場）に加わるというのが、その集産化の要だった。彼らは、土地、家屋、牛馬、スコップ、ピッチフォークなど、所有物のいっさいをコルホーズに譲り渡す。そして、いっしょにコルホーズのために働き、その代わり、コルホーズは住宅や教育から食べ物や医療まで、彼らが必要とするものをすべて提供する。コルホーズはモスクワからの命令に基づいて、キャベツを栽培するべきかカブを栽培するべきかや、トラクターに投資するべきか学校に投資するべきか、誰が酪農場で働き、誰が皮なめし工場で働き、誰が診療所で働くかも決める。その結果、人類史上初の完全に公正で平等な社会が誕生するだろうと、モスクワの立案者たちは考えた。

立案者たちはまた、自分たちが提案したシステムが経済的な利点を持っていると確信していた。コルホーズは規模拡大による経済性向上の恩恵に浴することができるだろうと思っていたからだ。たとえば、それぞれの農民世帯が狭い土地しか持っていなかったら、耕すためにトラクターを買うのは割が合わない。それに、そもそもほとんどの世帯にはトラクターを買うだけの余裕がない。だが、すべての土地が共同所有になれば、近代的な機械を使ってはるかに効率的に耕すことができる。そのうえ、コルホーズは近代科学の叡智《えいち》の恩恵も得ることができるはずだった。古い伝統や根拠のない迷信に従って農民がそれぞれ生産方法を決める代わりに、レーニン記念全ソ連農業科学アカデミーのような教育機関で学位を取得した国の専門家たちが肝心の決定を下すことになるのだから。

これは、モスクワの立案者たちには素晴らしい計画に思えた。彼らは一九三一年までに農業生産が五〇パーセント増えることを見込んだ。(84) そして、その過程で村の古い階層制や不平等も一掃できれば、なお良かった。ところがほとんどの農民にとって、これはひどい話に思えた。彼らは、モスクワの立案者たちも、新しいコルホーズの制度も信用していなかった。昔ながらの暮らしも私有財産も手放したくなかった。村人たちは、ウシやウマをコルホーズに譲り渡す代わりに殺した。勤労意欲がしぼみ、全員共有の畑を耕すときには、家族で所有する畑を耕すときほど熱心に取り組まなかった。消極的抵抗が至る所で行なわれ、それが暴力的な衝突に発展することもあった。ソ連の立案者たちが一九三一年には九八〇〇万トンの穀物を収穫できると見込んでいたのに対して、公のデータによれば生産高は六九〇〇万トンにすぎず、実際には五七〇〇万トンでしかなかったかもしれない。翌三二年の収量は、さらに少なかった。[85]

国家は怒りに任せて反応した。一九二九～三六年に、食料の没収や政権の怠慢、人間が引き起こした飢饉《ききん》（自然災害ではなく政権の政策の結果）のせいで、四五〇〇万～八五〇〇万の人が命を落とした。[86]さらに何百万もの農民が国家の敵であると宣言され、追放されたり投獄されたりした。農民の最も基本的な機関である家庭と教会と地元のコミュニティは、大粛清で弾圧され、解体された。集産化という組織的活動は、正義と平等と人民の意思の名の下に、行く手に立ちはだかるものはすべて破壊し尽くした。一九三〇年の最初の二か月間だけでも、一〇〇万を超える村の約六〇〇〇万の農民が集団農場へと追い立てられた。[87]前年の六月には、ソ連の農民世帯で集団農場に所属している割合は四パーセントにすぎなかった。それが三〇年三月には、五七パーセントに増えていた。そして、三七年四月には地方の九七パーセントの世帯が二三万五〇〇〇か所の集団農場に押し込められていた。[88]というわけで、何世紀も続いてきた生活様式が、わずか七、八年のうちに、モスクワの一握りの官僚たちが考え出した全体主義の集団農場に取って代わられたのだった。

クラーク狩り

ソ連の農業集産化の歴史は、もう少し掘り下げる価値がある。なぜなら、ヨーロッパでの魔女狩りの狂乱など、人類史におけるそれ以前の大惨事と多少の共通点があると同時に、重大な危険の前兆となっているからだ。それは、二一世紀のテクノロジーがもたらす危険や、科学的データとされるものにそのテクノロジーが寄せる信頼がもたらす危険のうちでも、とりわけ大きいもののいくつかを予期させる。

モスクワの官僚や神話作者たちは、農業の集産化の努力が抵抗に遭い、経済的惨事につながると、クラーマーの『魔女への鉄槌』を参考にした。いや、ソ連の指導者が実際にその本を読んだということではない。彼らも世界的な陰謀を捏造し、まったく存在していない敵のカテゴリーをまるごと一つ創作したのだ。ソ連の当局は一九三〇年代に、ソ連経済が見舞われている惨事を反革命的な陰謀団のせいにし、その陰謀団の主な手先は「クラーク（資本主義者の農民）」だとした。クラーマーの想像の中では魔王に仕える魔女たちが雹を伴う嵐を引き起こして作物を台無しにしたのとちょうど同じで、スターリン主義者の想像の中では、グローバルな資本主義の恩恵を被っているクラークがソ連経済に対して妨害行為を行なっていたのだった。

理論的には、クラークは客観的な社会経済上のカテゴリーであり、財産や所得、資本、賃金のようなものについての経験的データを分析することで定義された。ソ連の役人たちは、数を数えればクラークを見定められるということになっていた。村人のほとんどがウシを一頭しか持っていなければ、三頭持っている数世帯はクラークと見なされた。村人のほとんどが労働者を雇っていないのに、収穫期に二人の労働者を雇う世帯はクラークだった。クラークであるとは、一定の財産を所有しているだけではなく、特定の性格特性も持っていることを意味した。不可謬とされるマルクス主義の原理によれば、人々の物質的状況によって、本人の社会的特性や精神的特性が決まるという。クラークは資本主義的な搾取を行なうとされていたので、彼らが強欲で利己的で信頼できず、彼らの子供たちも同様であることは、(マルクス主義の考え方に即せば)科学的事実だった。誰かがクラークであることが判明すれば、表向きは、その人の基本的性質について肝心のことがわかるはずだった。

スターリンは一九二九年一二月二七日、ソ連は「クラークという階級の根絶」を目指すべきだと宣言し[89]、ただちに党と秘密警察に発破を掛けて、その野心的で凶悪な目標の実現に当たらせた。近世ヨーロッパの魔女狩り人が活動したのは、近代的な情報テクノロジーを持たない独裁制社会だった。したがって、彼らが魔女とされる人を五万人殺すのには三世紀かかった。それに引き換え、ソ連のクラーク狩り人が活動したのは全体主義社会であり、そこでは電信や列車、電話、ラジオなどのテクノロジーを使うことができたし、広範に及ぶ官僚制も活用できた。彼らは、二年もあれば何百万ものクラークを「根絶」できるだろうと踏んだ[90]。

ソ連の役人たちは手始めに、国内にどれだけのクラークがいるはずか推定した。彼らは、納税記録や雇用記録、一九二六年の国勢調査といった既存のデータに基づき、クラークは地方人口の三~五パーセントを占めるだろうと判断した[91]。スターリンの宣言からわずか一か月後の一九三〇年一月三〇日、政治局令が出され、スターリンの曖昧なビジョンが詳細な行動計画にまとめられた。その命令には、それぞれの主要農業地域で根絶するべきクラークの目標数が記されていた[92]。その後、地方当局が管轄下の各郡に暮らすクラークの数を独自に推定した。最終的には、村ソヴィエト(地方の行政単位で、たいてい一握りの村から成る）に具体的なノルマが割り当てられた。多くの場合、地元の役人が熱意を証明するために、途中で数字を水増しした。それを受けて、村ソヴィエトのそれぞれが、担当する村々で、指定された数のクラークの世帯を見つけなければならなかった。それらの世帯の人々は自宅から追い出され、当てはまる行政上のカテゴリーに即して、別の場所に移らされたり、強制収容所に送られたり、死刑を宣告されたりした[93]。

ソ連の役人たちは、いったいどうやって誰がクラークかを見分けたのか？ 地元の党員たちが、所有する財産の量といった客観的な尺度でクラークを見分けようと、良心的に努力した村もある。汚名を着せられて追放されるのは、とりわけ勤勉で効率的な農民であることが多かった。一部の村では地元の共産主義者たちがこの機会を捉えて、個人的な敵を排除した。誰をクラークとするかを、籤《くじ》を引いて決める村もあった。コミュニティで集会を開いて投票を行なう村もあった。そのような投票では、孤立した農民や寡婦、高齢者、その他の「消耗可能人員」が選ばれることが多かった（それはまさに、近世ヨーロッパで魔女のレッテルを貼られる可能性が最も高かった類いの人々だ[94]）。

このクラーク狩りがいかに不条理なものだったかを物語っているのが、シベリアのクルガン地方出身のストレレツキー一家の事例だ。当時一〇代だったドミトリー・ストレレツキーは、彼の家族がクラークというレッテルを貼られ、根絶の対象に選ばれたときのことを、ずっと後年に語っている。「村ソヴィエトの議長で、私たちを追放したセルコフは、次のように説明しました。『私はクラークを一七世帯見つけて追放するようにという命令を［地区の党委員会から］受け取った。貧者の委員会を組織して、夜通しでその一七世帯を選んだ。村にはクラークに該当するほど裕福な人間は一人もいないし、老人もあまりいないから、ただ一七世帯選んだ。そして、君たちも選ばれた。どうか、悪く思わないでほしい。他にやりようがあるだろうか？』と」[95]。誰であれ、この方式が抱える狂気にあえて異議を唱えようものなら、たちまちクラークや反革命主義者として非難され、彼らもまた根絶される羽目になっただろう。

合計で五〇〇万ほどのクラークが一九三三年までに家を追われることになり、三万人もの世帯主が射殺された。犠牲者のうちでも幸運な人は、地元の別の場所に移されるか、大都市で住所の定まらない労働者になるかした。約二〇〇万人が、居住に適さないような辺境に追放されたり、強制労働収容所に国有の奴隷として閉じ込められたりした[96]。白海＝バルト海運河の建設や北極地方での鉱山開発のような、多数の重要で悪名高い国家プロジェクトは、多くのクラークを含む何百万もの囚人の労働で成し遂げられた。それは人類史上有数の、迅速で大規模な組織的奴隷化活動だった[97]。いったんクラークの烙印《らくいん》を押された人は、一生その汚名を雪《すす》ぐことができなかった。カルトテキや文書保管所や国内パスポートから成る迷宮のようなシステムの、政府の機関や党の機関や秘密警察の文書には、誰がクラークかが記録されていたからだ。

クラークの身分は、次の世代にも継承され、それが壊滅的な結果をもたらした。クラークの子供は、共産党青年団《コムソモール》や赤軍や大学に入る道も、名誉のある領域で職を得る道も閉ざされた[98]。アントニーナ・ゴロヴィーナは一九九七年の回想録で、一家がクラークとされてどのような目に遭ったかを語っている。一家は、先祖代々住んでいた村から追い出され、ペストヴォという町に送られて暮らすことになった。彼女は転入した学校の男の子たちにいつも嘲られた。あるときなど、ベテランの教師が一一歳のアントニーナをみんなの前に立たせ、大声で情け容赦なく罵り始めた。「お前のような奴らは人民の敵だ、この卑劣なクラークどもめ！　お前たちは追放されて当然だ。皆殺しになるといい！」アントニーナは、これが自分の人生で決定的な瞬間だったと書いている。「胸の奥深くで感じた。私たち「クラーク」は他の人とは違うのだ、犯罪者なのだ、と」。彼女はけっして立ち直れなかった[99]。一〇歳の「魔女」のヘンゼル・パッペンハイマーと同じで、一一歳の「クラーク」のアントニーナ・ゴロヴィーナは気がついたときには、人間の神話作者たちが創作し、至る所にいる官僚が押しつけた共同主観的なカテゴリーに放り込まれていた。ソ連の官僚たちがクラークについて集めた情報の山は、彼らについての客観的な真実ではなかったが、その情報はソ連の新しい共同主観的真実を押しつけた。誰かがクラークというレッテルを貼られていたなら、それはソ連の人間にとって知っておくべき非常に重要な事柄だった――クラークというレッテルは、完全なでっち上げだったのだが。

ソ連という一つの幸せな大家族

スターリン政権はその後、私有の家族農場の大規模な解体よりもいっそう野心的な試みに取り掛かることになる。家族自体の解体に乗り出したのだ。スターリンはローマの皇帝やロシアの皇帝とは違い、最も親密な人間関係の中にまで自らを割り込ませ、親子の間に入り込もうとした。家族のつながりは、腐敗と不平等、党に敵対する活動の基盤と見なされた。したがってソ連の子供たちは、スターリンを本当の父親として崇拝するように言われ、実の親がスターリンや共産党を批判したら密告するように教え込まれた。

ソ連のプロパガンダ機関は一九三二年以降、パヴリク・モロゾフという、シベリアのゲラシモフカ村出身の一三歳になる少年を軸とする紛れもないカルトを創出した。パヴリクは前年の三一年秋、村ソヴィエトの議長である父親のトロフィムが、流刑にされたクラークたちに偽造文書を売っていると、秘密警察に密告した。その後の裁判でトロフィムがパヴリクに向かって、「私だ、お前の父親だぞ」と叫ぶと、パヴリクは、「ええ、あの人はかつて私の父でしたが、もう自分の父親だとは思っていません」とやり返した。トロフィムは強制労働収容所に送られ、後に射殺された。三二年九月、パヴリクの遺体が発見された。他殺だった。ソ連の当局はパヴリクの親族五人を逮捕して処刑した。トロフィムを告発したことに対する復讐殺人の罪とのことだった。真相ははるかに複雑だったが、それはソ連の報道機関には関係なかった。パヴリクは主義に殉じた人間となり、ソ連の何千万もの子供たちが、彼を見習うように教えられた[100]。そして、多くがそうした。

たとえば一九三四年には、プローニャ・コリビンという一三歳の少年が、腹を空《す》かせた母親がコルホーズの畑から穀物を盗んだと当局に告げた。母親は逮捕され、おそらく射殺された。プローニャは賞金を与えられ、メディアから好意的な注意をたっぷり向けられた。共産党の機関紙「プラウダ」は、プローニャが書いた詩を掲載した。そのうちの二行には、こうあった。「母さん、あなたは略奪者だ／僕はもう母さんとは暮らしていられない[101]」

家族を統制しようというソ連の試みは、スターリン時代にささやかれたブラックジョークに反映されている。スターリンが正体を隠してある工場を訪れ、そこの労働者と言葉を交わしていたときに、こう尋ねる。「君のお父さんは誰だ？」

「スターリンだ」と労働者は答える。

「お母さんは誰だ？」

「ソ連だ」と労働者は応じる。

「それで、君は何になりたい？」

「孤児」(102)

当時、このジョークを口にしたら、自由あるいは命を簡単に失いかねなかった。たとえ、自宅で最も近しい家族が相手でも。ソ連の親たちが我が子に叩《たた》き込んだいちばん大切な教訓は、党やスターリンに忠実であることではなかった。それは、「口を閉ざし続けること」だ(103)。ソ連では、率直な会話ほど危険なものは、そうそうなかった。

党と教会

ナチ党やソ連共産党のような二〇世紀の全体主義機関は、キリスト教会のようなそれ以前の機関と本当に大きく違っていたのだろうかと思う人がいるかもしれない。なにしろ、教会も自らの不可謬性を信じていたし、聖職者という諜報員を至る所に配置していたし、食事や性的習慣に至るまで、人々の日常生活を統制しようとしていたのだから。それなら、カトリック教会や東方正教会も、全体主義の機関と見るべきではないのか？　そしてこれは、全体主義は近代の情報テクノロジーによってのみ可能になったという見方を打ち崩すのではないか？

ところが、近代以降の全体主義と前近代の教会の間には、大きな違いがいくつかある。第一に、すでに指摘したように、近代以降の全体主義は、互いに秩序を保たせるような重複する監視メカニズムをあれこれ導入することで機能してきた。党はけっして単独ではなく、一方ではさまざまな国家機関と、もう一方では秘密警察とともに機能する。それに引き換え、中世ヨーロッパのほとんどの王国では、カトリック教会は独立した機関であり、国家のさまざまな機関を強化するのではなく、それらとしばしば衝突した。その結果、教会はヨーロッパの独裁者の権力に対する最も重要な抑制装置であったかもしれない。

たとえば、一〇七〇年代の「聖職叙任権闘争」で、ドイツとイタリアの王であるハインリヒ四世が、司教や修道院長や教会の他の聖職者の任命に関する最終決定権は自分にあると主張したとき、教皇グレゴリウス七世はそれに反対する勢力をまとめ上げ、最終的に王を屈服に追い込んだ。一〇七七年一月二五日、ハインリヒ四世は教皇が滞在していたカノッサ城を訪ね、服従と謝罪の意を表した。教皇は開門を拒み、ハインリヒ四世は裸足でひもじい思いをしながら、外の雪の中で待った。三日後、教皇がようやく王のために門を開け、王は赦しを請うた(104)。

同じような衝突が現代の全体主義国家で起こることは考えられない。全体主義はそもそも、権力の分割を防ぐためにあるからだ。ソ連では、国家と党が互いに強化し合い、スターリンが両者の事実上の長だった。ソ連では、「聖職叙任権闘争」は起こりえなかった。なぜなら、党の役職と国家の役職のどちらの任命に関しても、スターリンが最終決定権を握っていたからだ。誰がグルジア（現ジョージア）の共産党書記長になるのかも、誰がソ連の外務大臣になるのかも、スターリンが決めた。

重要な違いは、まだある。中世の教会は変化に抵抗する伝統主義の組織である傾向が強かったのに対して、近代以降の全体主義政党は変化を要求する革命組織であることが多い。前近代の教会は、何世紀もかけて構造と伝統を発達させて徐々に権力を築いた。したがって、社会に急激な大変革をもたらそうとする王や教皇は、教会の部内者や一般信徒の強硬な抵抗に遭う可能性が高かった。

一例を挙げよう。八世紀から九世紀にかけて、ビザンツ帝国の皇帝たちが次々に聖像《イコン》の崇拝を禁止しようとした。彼らには、それが偶像崇拝のように思えたからだ。皇帝たちは、いかなる偶像も作ることを禁じる聖書の多くの節、特に十戒の二番目を挙げた。キリスト教会は伝統的に、聖像の崇拝を許すものとして十戒の二番目を解釈してきたが、コンスタンティヌス五世らの皇帝は、これは間違いであり、イスラムの軍にキリスト教徒が敗れるといった惨事は、聖像崇拝に対する神の怒りのせいだと主張した。七五四年には、三〇〇人を超える司教がヒエリア公会議に集まって、コンスタンティヌス五世の偶像破壊《イコノクラスム》の立場を支持した。

スターリンによる集産化の組織的活動と比べれば、これは小さな改革だ。世帯や村は聖像の所持を断念することを求められたが、私有財産や子供まで差し出すことを強いられたわけではない。それでもビザンツ帝国の偶像破壊運動は広範な抵抗に遭った。ヒエリア公会議の出席者とは違って、多くの一般の聖職者や修道士や信徒は、自分たちの聖像に強い愛着を持っていた。そのために起こった争いのせいで、ビザンツ帝国の社会は引き裂かれ、皇帝たちはついに敗北を認め、方針を逆転させた[105]。後にコンスタンティヌス五世は、ビザンツ帝国の歴史家たちに「コプロニュモス（糞《くそ》っ垂れ）コンスタンティヌス」と中傷され、彼は洗礼を受けているときに脱糞《だっぷん》したという噂を広められた[106]。

前近代の教会は、何世紀もかけてゆっくりと発展し、したがって保守的で、急速な変化に警戒心を抱く傾向にあったが、それとは違い、ナチ党やソ連共産党のような近代以降の全体主義政党は社会を急激に変えるという約束を軸にして、たった一世代の間に組織された。だから、守らなくてはならないような、何世紀もさかのぼる伝統も構造も持たなかった。指導者たちが、既存の伝統や構造を打ち砕く野心的な計画を構想したときには、党員はたいていそれに同調した。

そして、これがいちばん重要かもしれないが、前近代の教会は、全体主義的支配のツールにはなりえなかった。なぜなら教会自体が、前近代の他のあらゆる組織の場合と同じ制約を課されていたからだ。教会には、教区の聖職者、修道士、各地を巡回する説教師といった地域の「諜報員」が至る所にいたが、情報を伝達したり処理したりするのが難しかったので、教会の指導者たちは遠方のコミュニティで何が起こっているかについてほとんど知らず、各地の聖職者たちには自律性がたっぷりあった。その結果、教会は地域組織であることが多かった。どの地方や村の人も、地元の聖人を敬い、地元の伝統を守り、地元の儀式を行ない、公の方針とは異なる、教義についての地元独自の考え方さえありえた。[107] ローマの教皇が、ポーランドの辺鄙な場所にある教区の独立心旺盛な聖職者をどうにかしようと望んだら、まずグニェズノの大司教に手紙を送り、大司教がその教区担当の司教に指示を出し、その司教が誰かを教区に派遣して介入させなくてはならなかった。それには何か月もかかるかもしれず、大司教や司教やその他の仲介者が教皇の命令を解釈し直したり、書状を「紛失」したりさえする機会がいくらでもあった。[108]

ようやく教会組織が全体主義的な傾向を強めたのは、近代後期に入ってからであり、近代的な情報テクノロジーが利用できるようになったときだ。私たちは、教皇は中世の遺物だと考えがちだが、じつは彼らは近代的なテクノロジーを自由自在に操る。一八世紀には、教皇は全世界に広がるカトリック教会の支配権はほとんど持たず、イタリアの一地域の小君主に格下げされており、ボローニャやフェラーラの支配権をめぐって、イタリアの他の諸勢力と争っていた。ところが、ラジオが登場すると、教皇は地球上で有数の権力を持つまでになった。教皇ヨハネ・パウロ二世は、ヴァティカンに居ながらにして、ポーランドからフィリピンまでの何億ものカトリック信徒に直接語り掛けることが可能になり、大司教も司教も教区の聖職者も、もう誰一人として彼の言葉をねじ曲げたり隠したりすること

はできなかった。(109)

情報はどのように流れるか

というわけで、近代後期の新しい情報テクノロジーが大規模な民主主義体制と大規模な全体主義体制の両方の台頭につながったことがわかった。だが、これら二つの体制が情報テクノロジーをどのように使ったかには、きわめて重要な違いがあった。すでに指摘したように、民主制は中央を通ってだけではなく、多くの独立した経路を通って情報が流れるのも促し、多数の独立したノードが自ら情報を処理して決定を下すことを許す。情報は、大臣のオフィスをまったく経由することなく、民間の企業や報道機関、地方自治体、スポーツ協会、慈善団体、家庭、個人の間で自由に流れる。

一方、全体主義はすべての情報が中枢を通過することを望み、独立した機関が独自の決定を下すことを嫌う。たしかに全体主義には、政権と党と秘密警察という三つ組の機関がある。だが、これら三つを併存させるのは、中央に楯突きかねないような独立した権力が登場するのを防ぐためにほかならない。政権の役人と党員と秘密警察の諜報員が絶えず監視し合っていれば、中央に逆らうのははなはだしく危険になる。

対照的な種類の情報ネットワークである民主主義体制と全体主義体制には、それぞれ長所と短所がある。中央集中型の全体主義ネットワークにとって最大の強みは、極端なまでに秩序立っていることであり、そのおかげで素早く決定を下して情け容赦なくそれを実行に移せる。戦争や感染症の流行のような緊急事態のときには特に、中央集中型のネットワークは分散型のネットワークよりもはるかに迅速で踏み込んだ措置が取れる。

だが、極度に中央集中型の情報ネットワークは、いくつかの重大な短所も抱えている。公式の経路を通してしか情報がどこへも流れることを許さないので、その経路が遮断されたら、情報の代替の伝達手段がまったく見つからない。そして、公式の経路はしばしば遮断される。

公式の経路が遮断されかねないのには、ありふれた理由がある。一つには、恐れを抱いている部下が上司に悪い知らせを隠すからだ。第一次世界大戦中のオーストリア゠ハンガリー帝国についての風刺小説である『兵士シュヴェイクの冒険』で、著者のヤロスラフ・ハシェクは、オーストリアの当局が一般市民の間で士気が下がっていることを心配する様子を描いている。懸念した当局は、各地の警察署に次々に命令を送り、密告者を雇ったり、データを収集したり、国民の忠誠心について本部に報告させたりする。本部は可能なかぎり科学的に事を進めようとして、独創的な忠誠度の等級を考え出す。Ⅰa、Ⅰb、Ⅰc、Ⅱa、Ⅱb、Ⅱc、Ⅲa、Ⅲb、Ⅲc、Ⅳa、Ⅳb、Ⅳcの一二等級だ。当局は各地の警察署に、それぞれの等級についての詳細な説明と、毎日記入する公式書類を送り、国中の巡査部長が律儀にその書類に記入して本部に送り返す。ところが、彼ら全員がいつも判で押したように、士気が最高水準にあることを示すⅠaという報告をする。そうしなければ、懲戒されたり、降格させられたり、さらにひどい目に遭わされたりするからだ。(110)

公式の経路が情報を伝えそこねる、ありふれた理由は他にもある。秩序を保つため、というのもその一つだ。全体主義の情報ネットワークは、真実を発見することではなく秩序を生み出すことが主な目的なので、警戒するべき情報が社会秩序を損ないそうなときには、全体主義政権はしばしばその情報を伏せる。政権にとって、それは比較的易しい。あらゆる情報経路を統制しているからだ。

たとえば、一九八六年四月二六日にチェルノブイリ（現チョルノービリ）の原子炉が爆発したとき、ソ連の当局はこの惨事についてのニュースはすべて発表させなかった。ソ連国民も諸外国も危険を知らされなかったので、放射線から自らを守る措置はまったく取らなかった。チェルノブイリと近くのプリピャチ（現プルィーピャチ）という町の役人のうちには、近隣の人口集中地域の住民を即時避難させるように求める者もいたが、上司たちの最大の関心事は、警戒するべきニュースが拡がるのを避けることだったので、彼らは避難を禁じたばかりか、電話線を遮断し、原子力発電所の従業員を対象に箝口令《かんこうれい》を敷いた。

炉心溶融《メルトダウン》の二日後、チェルノブイリから一二〇〇キロメートル以上離れたスウェーデンの科学者たちが、国内の放射線レベルが異常に高いことに気づいた。西側諸国の政府と報道機関がそれを発表してからようやく、ソ連側も問題が起こったことを認めた。それでもなお、ソ連は自国民にこの大惨事の全容を明かさず、国外からの助言や支援を求めることをためらった。そのせいで、ソ連のウクライナ共和国と白《はく》ロシア共和国（現ベラルーシ共和国）とロシア共和国の何百万もの人々が健康を害した。後にソ連の当局がこの惨事の調査を行なったときにも、原因を解明して将来の事故を防ぐことよりも、非難を逸らすことが優先された。(三)

二〇一九年、私はチョルノービリの見学ツアーに参加した。何が原子力発電所の事故を招いたかを説明してくれたウクライナ人ガイドの言葉が、今も頭を離れない。「アメリカ人は、質問は答えにつながると教わりながら育ちます。ところがソ連国民は、質問はトラブルにつながると教わりながら育ったのです」

もちろん、民主的な国の指導者たちも、悪い知らせを好みはしない。だが、分散型の民主的なネットワークでは、公式のコミュニケーション経路が遮断されたときには、情報は代替の経路を通って流れる。たとえば、惨事が発生しているときに、アメリカの役人がそれを大統領に伝えないことにしても、惨事のニュースは「ワシントン・ポスト」紙に載るだろうし、もし「ワシントン・ポスト」紙までもがその情報の発表を意図的に控えたとしても、「ウォール・ストリート・ジャーナル」紙か「ニューヨーク・タイムズ」紙が公表するだろう。絶えず次のスクープを追い求めるという独立メディアのビジネスモデルのおかげで、その惨事がニュースになることは請け合いだ。

一九七九年三月二八日にペンシルヴェニア州にあるスリーマイル島の原子炉で深刻な事故が発生したときには、そのニュースはたちまち広まった。外国からの介入の必要など、まったくなかった。異常は午前四時頃に起こり始め、六時半には職員が気づいた。施設内で六時五六分に非常事態が宣言され、七時二分に事故はペンシルヴェニア州の緊急事態管理当局に報告された。その後の一時間のうちに、州知事と州副知事と民間防衛当局にも通知され、公式の記者会見が午前一〇時に予定されていた。それに先立ち、州都ハリスバーグにあるラジオ局の交通情報担当のレポーターが事件についての警察の通報を傍受し、同局が早くも八時二五分に短い報告を放送していた。ソ連では、独立したラジオ局がこのように自らの責任で行動することは考えられなかったが、アメリカではありきたりのことだった。午前九時までには、AP通信が速報ニュースを出していた。全容の詳細が明らかになるまでには何日もかかったが、事故の発生が最初に確認されてから二時間後には、アメリカ国民はそれについて知っていた。政府の諸機関やNGO、学者、報道機関によるその後の調査で、事故の直接の原因だけではなく、もっと根深い構造的な原因も明らかになり、そのおかげで世界中の原子力テクノロジーの安全性が向上した。実際、スリーマイル島の教訓の一部は、ソ連とさえ公然と共有され、チェルノブイリの惨事の被害を軽減するのに役立った[112]。

完璧な人はいない

全体主義や権威主義のネットワークが直面する問題は、情報経路の遮断だけではない。真っ先に挙げられるのは、すでに明らかにしたように、自己修正メカニズムが非常に脆弱《ぜいじゃく》であることだ。どちらのネットワークも自らが不可謬だと信じているので、そのようなメカニズムの必要性をほとんど感じていない。そして、独立した機関に正当性を問われることを恐れているので、自由な裁判所も報道機関も研究所も持たない。その結果、あらゆる政権の特徴である、日常的な権力の濫用を暴いたり正したりする人が誰もいない。指導者はときおり、汚職防止活動の実施を宣言するかもしれないが、非民主的な制度では、そうした活動は、政権の一派閥による別の派閥の粛清を偽装するものであることが多い[113]。

そして、指導者自身が公的資金を横領したり、惨憺たる政策の間違いを犯したりしたらどうなるのか？ 誰も指導者の正当性を問うことができないし、指導者も人間だから、自ら進んで間違いを認めることはないだろう。そして、問題はすべて「外国の敵」や「内部の裏切り者」や「腐敗した部下」のせいにし、こうした悪人とされる人々に対処するために、なおさら多くの権力を求める可能性が高い。

たとえば、前章で触れたように、スターリンはルイセンコ学説というでっち上げの説を、進化についての国家原理として採用した。その結果は壊滅的だった。ダーウィンのモデルを無視し、農学者がルイセンコ学説に従って驚異的な作物を生み出そうとしたせいで、ソ連の遺伝学研究は数十年も遅れ、同国の農業が衰退した。ルイセンコ学説を捨ててダーウィン学説を受け容れるように提案したソ連の専門家たちは、強制労働収容所に送られたり、頭に弾丸を撃ち込まれたりする危険を冒すこととなった。ルイセンコ学説の遺産は、何十年にもわたってソ連の科学と作物栽培技術に影を落とし、ソ連が広大な沃土を持ちながら、一九七〇年代前半に穀物の主要な輸出国から純輸入国に転落した一因もそこにあった[114]。

他の多くの活動分野でも、同じような傾向が見られた。たとえば、ソ連の工業は一九三〇年代に数多くの事故に見舞われた。大部分は、モスクワにいるソ連の幹部たちのせいだった。彼らは実現がほぼ不可能な工業化の目標を立て、その目標に到達できなければ叛逆と見なした。野心的な目標を達成しようと努めるために、安全対策や品質管理検査が行なわれなくなり、慎重に事を運ぶように助言した専門家は、懲戒されたり射殺されたりすることが多かった。その結果、次々に労働災害が起こり、不良品の山が築かれ、労力が浪費された。モスクワの政権は責任の転嫁を図り、これはソ連の事業を頓挫させようと意気込む妨害活動家やテロリストによる、トロツキー主義・帝国主義者の世界的な陰謀のせいだと決めつけた。幹部たちは、工業化のペースを落として、さまざまな安全基準を採用したりはせず、いっそう厳しい粛清を行ない、さらに多くの人を射殺した。

その犠牲者の好例がパーヴェル・ルィチャゴフだ。彼はソ連でも指折りの優秀で勇敢なパイロットであり、スペイン内戦で共和国側を支援したり、日中戦争で日本の侵攻に抵抗する中国を支援したりする任務を率いた。そして、目覚ましい昇進を遂げ、一九四〇年八月には二九歳の若さでソ連空軍の司令官に就任した。だが、スペインでナチスの飛行機を撃ち落とすのに役立ったルィチャゴフの勇敢さが、モスクワでは彼を窮地に陥れた。ソ連の空軍は事故の多さに苦しんでいた。それを政治局は規律の欠如と反ソ連の陰謀による意図的な妨害行為のせいにした。ところがルィチャゴフは、この公式の説明を受け容れなかった。前線でパイロットとして活躍した彼は、真実を知っていた。パイロットたちは、大慌てで設計された劣悪な仕上がりの飛行機を操縦することを強いられていると、ルィチャゴフはスターリンにきっぱりと告げ、そのような飛行機を空飛ぶ「棺桶《かんおけ》」になぞらえた。ヒトラーがソ連に侵攻してから二日後、赤軍が総崩れになるなかで、スターリンは必死にスケープゴートを探していた。そして、ルィチャゴフは「反ソ連の陰謀組織のメンバーで、赤軍の戦闘能力を弱めることを目的とする敵の工作を実行している」として逮捕された。彼の妻も逮捕された。彼と「軍の共謀者とのトロツキー主義によるつながり」について、彼女が知っているとされたからだ。二人は一九四一年一〇月二八日に処刑された。(115)

もちろん、ソ連の軍事努力を台無しにした真の妨害活動家はルィチャゴフではなくスターリンその人だった。スターリンは、ナチスドイツとの激突が起こる可能性が高いことを恐れ、世界最大の軍事力を築いてそれに備えた。だが、彼はその軍事力を、外交的にも心理的にも無力化した。

外交面では、スターリンは一九三九〜四一年に賭けに出た。「資本主義者たち」を煽り立て、相争わせて消耗させ、その間にソ連が力を蓄え、強大になることさえできると踏んだのだ。したがって、彼は三九年にヒトラーと不可侵条約を結び、ドイツがポーランドと西ヨーロッパの大半を征服するのを許す一方、ソ連は周辺国のほとんどを攻撃したり敵に回したりした。三九〜四〇年にはソ連はポーランド東部に侵入してそこを占領した。エストニアとラトヴィアとリトアニアを併合した。そして、フィンランドとルーマニアの一部を征服した。フィンランドとルーマニアは、ソ連側の中立緩衝帯として機能しえたのだが、この征服のせいで不倶戴天《ふぐたいてん》の敵となった。スターリンは四一年春になってもなお、先手を打ってイギリスと条約を結ぶことを拒み、ナチスがユーゴスラヴィアとギリシアを征服するのを黙認し、ヨーロッパ大陸に残っていた最後の潜在的同盟国まで失った。同年六月二二日にヒトラーが襲い掛かってきたとき、ソ連は孤立していた。

理論上は、スターリンが築いた軍事力は単独でもナチスの猛攻撃に対処できるはずだった。一九三九年以降に征服した領土のおかげで、ソ連の防衛体制は奥行きを増していたし、ソ連の軍事的優位性は圧倒的に見えた。ドイツによる侵攻が始まった日には、ソ連のヨーロッパ前線には一万五〇〇〇両の戦車と一万五〇〇〇機の軍用機と三万七〇〇〇門の大砲があり、ドイツの三三〇〇両の戦車と二二五〇機の軍用機と七一四六門の大砲と対峙《たいじ》していた[116]。だが、ソ連は歴史上最大級の惨敗を喫し、一か月のうちに一万一七〇〇両の戦車（七八パーセント）と一万機の軍用機（六七パーセント）と一万九〇〇〇門の大砲（五一パーセント）を失った[117]。スターリンは、三九～四〇年に征服した領土のすべてと、ソ連の中心部の大半も失った。七月一六日には、ドイツ軍はモスクワから三七〇キロメートルのスモレンスクに入っていた。

この完敗の原因は、一九四一年以来ずっと議論されてきたが、重大な要因はスターリン主義の心理的コストだったということで、ほとんどの学者の意見が一致している。政権は何年にもわたって国民を威嚇し、自発性や個性を罰し、従順さと服従を奨励した。そのせいで兵士たちのやる気が失われた。特に戦争の最初の数か月間、ナチスによる支配の恐ろしさがすっかり知れ渡る前は、赤軍兵士は大挙して降伏し、四一年末までには三〇〇万～四〇〇万人が捕虜になっていた[118]。赤軍の部隊は粘り強く戦ったときにさえ、自発性を欠いていた。粛清を免れてきた将校たちは独立した行動を取ることを恐れたし、若い将校は適切な訓練を受けていないことが多かった。司令官たちもしばしば情報が不足し、失敗の責任を押しつけられる上、彼らの決定に異論を唱えることのできる政治将校にも対処しなければならなかった。いちばん無難だったのは、上からの命令を待ち、それから、たとえその命令が軍事的にはほとんど意味を成さないときでさえ、奴隷のように従うことだった。[119]

ソ連は一九四一年と、翌四二年の春と夏に大失態を重ねたにもかかわらず、ヒトラーの望みに反して、崩壊しなかった。赤軍とソ連の指導陣は一年目の大苦戦から得た教訓を消化し、モスクワの政治中枢は手綱を緩めた。政治将校の力が制限される一方、職業軍人の将校は以前より大きな責任を引き受け、より自発的に行動するように促された。[120]スターリンは三九～四一年に犯した地政学的な間違いも改め、イギリスとアメリカの両国と同盟を結んだ。赤軍が自発性を発揮し、西側からの支援が得られたのに加えて、ナチスの支配がソ連国民にとって何を意味するかの認識が深まったこともあって、戦争の流れが変わった。

ところが、一九四五年に勝利が手に入ると、スターリンは新たな恐怖政治を開始し、主体性のある将校や役人を粛清し、再び無批判の服従を促した。[121]皮肉にも、八年後のスターリンの死の一因も、秩序を優先して真実を無視する情報ネットワークにあった。ソ連は一九五一～五三年に、またしても魔女狩りを経験した。ソ連の神話作者たちは、ユダヤ人医師たちが医療を施すと見せかけて、政権幹部を組織的に殺害しているという陰謀論を捏造した。この陰謀論によれば、医師たちはアメリカとシオニストの世界的陰謀の手先で、秘密警察内の裏切り者たちと共謀しているとのことだった。五三年の前半までに、秘密警察長官その人も含め、何百人もの医師と秘密警察の職員が逮捕され、拷問され、共犯者の名を挙げることを強いられた。『シオン賢者の議定書』〔訳註：ユダヤ人が世界征服を企図しているという陰謀論が綴られた書物〕にソ連流の捻りを加えたこの陰謀論は、昔ながらの「血の中傷」〔訳註：ユダヤ教徒がキリスト教徒の子供を誘拐して、その血を儀式に使ったという根拠のない非難〕と合わさり、ユダヤ人医師たちがソ連の指導者を殺害しているばかりでなく病院で赤ん坊たちも殺しているという噂が広まり始めた。ソ連の医師の大きな割合がユダヤ人で占められていたので、人々は医師一般を恐れ始めた[122]。「医師団の陰謀」にまつわるパニックが最高潮に達しようとしていた頃、スターリンは一九五三年三月一日に脳卒中を起こした。別荘で倒れ、失禁し、助けを呼ぶことができずに、汚れたパジャマを着たまま何時間も横たわっていた。午後一〇時半前後に一人の護衛が勇気を奮い起こして世界の共産主義の最も神聖な場所に入ると、指導者は床に倒れていた。三月二日の午前三時までに政治局のメンバーが別荘に到着し、善後策を話し合った。その後さらに数時間、誰もあえて医者を呼ばなかった。もしスターリンが意識を取り戻し、目を開けたときに医師が──そう、なんと医師が！──ベッドの上の自分を見下ろしていたら、どうなるのか？　これは自分を殺害する陰謀だと考えるに違いない。そして、医師を呼んだ者たちを射殺させるだろう。スターリンの主治医は居合わせなかった。彼はそのとき、ルビャンカ刑務所の地下の監房の中だった。スターリンにはもっと休養が必要だと言ったために、拷問されていたのだ。政治局のメンバーが医療の専門家を呼ぶことを決めたときには、危機は去っていた。スターリンは二度と目を覚まさなかった[123]。

この一連の惨事から、スターリン体制は完全に機能不全に陥っていたと結論する向きもあるかもしれない。たしかにこの体制は、真実を容赦なく無視したせいで、何億もの人々に恐ろしい苦しみをもたらしただけではなく、外交上や軍事上や経済上の途方もない誤りも犯し、自らの指導者たちを破滅させた。とはいえ、完全に機能不全だったという結論は誤解を招く。

第二次世界大戦初期におけるスターリン主義の救いようのない失態についての考察では、二つの点が話をややこしくさせている。第一に、フランスやノルウェーやオランダのような民主主義国も当時、ソ連の誤りに劣らぬほどの外交上の誤りを犯したし、各国の軍はソ連の軍隊よりもなお、戦いぶりがお粗末だった。第二に、赤軍やフランス軍、オランダ軍、その他多くの国の軍を粉砕した軍事力そのものを築き上げたのが、ナチスの全体主義政権だった。だから、一九三九〜四一年の三年間からどのような結論を引き出そうと、それは全体主義のネットワークが必ず民主主義のネットワークほどうまく機能しないということではありえない。スターリン主義の歴史からは、全体主義の情報ネットワークの潜在的な欠点がいくつも明らかになるが、そのせいで潜在的な利点を見失ってはならない。

第二次世界大戦とその結果の歴史をより幅広く考えると、じつはスターリン主義はこれまで考案されたうちでも指折りの成功を収めた政治制度であることがはっきりする。ただし、「成功」を純粋に秩序と力の観点から定義し、倫理や人間の健全性についての考察をすべて無視すれば、だが。スターリン主義は思いやりを完全に欠き、真実に対して冷淡であるのにもかかわらず、あるいはそうであるがゆえに、ずばぬけて効率的に巨大な規模で秩序を維持できた。フェイクニュースや陰謀論の執拗《しつよう》なつるべ打ちは、何億もの人に足並みを揃えさせるときに役に立った。ソ連の農業の集産化は、厖大な数の人の奴隷化と飢餓につながったが、同国の急速な工業化の土台も築いた。ソ連は品質管理を怠ったために空飛ぶ棺桶を生産したものの、その数は何万にも及び、質の不足を量で補った。恐怖政治の間に赤軍の将校が大勢殺されたことが、一九四一年の無様な戦いぶりの大きな原因だったが、恐ろしい敗北を重ねたのにもかかわらず、誰もスターリンに反抗しなかった重要な理由にもなっている。ソ連の軍隊は、敵だけではなく自軍の兵士までも押し潰す傾向にあったが、最終的には勝利に向けて地響きを立てながら進んでいった。

一九四〇年代から五〇年代前半にかけての時期には、世界中の多くの人が、スターリン主義こそが次代を担うと信じていた。なにしろ、スターリン主義は第二次世界大戦に勝ち、ドイツ帝国議会議事堂に赤旗を揚げ、中央ヨーロッパから太平洋まで広がる帝国を支配し、世界中で反植民地闘争を煽り、多くの模倣政権誕生のきっかけとなったのだから。西側民主社会の芸術家や思想家のうちにさえ、心をつかまれてスターリン主義を崇拝する者が出てきた。彼らは、強制労働収容所や粛清の模糊《もこ》とした噂が立っていたのにもかかわらず、資本主義による搾取を終わらせ、完全に公正な社会を創出する可能性が最も高そうなのがスターリン主義だと信じた。こうしてスターリン主義は、世界制覇に近づいた。スターリン主義は、真実を無視したせいで失敗を運命づけられたとか、その最終的な崩壊は、そのような体制が二度と台頭しえないことを保証しているとか決めてかかるのは浅はかだろう。情報システムは、真実はほんのわずかでも秩序がたっぷりあれば、多くを達成することができる。スターリン主義のような体制に伴う道徳的な代償を忌み嫌う人が、そのような体制は非効率だと決め込んで、そのせいで体制が崩れることを当てにするのは間違っている。

テクノロジーの振り子

民主主義と全体主義を異なる種類の情報ネットワークとして見られるようになると、両者が繁栄する時代もあれば、存在しない時代もある理由も理解することができる。両者の有無は、人々が特定の政治の理想に対する信頼を獲得したり失ったりするからだけではなく、情報テクノロジーの革命のせいでもある。当然ながら、印刷機が魔女狩りと科学革命のどちらの原因でもなかったのとちょうど同じで、ラジオもスターリンの全体主義体制とアメリカの民主主義体制のどちらの原因でもない。テクノロジーは、新しい機会を生み出すだけであり、どの機会を追い求めるかは、私たち次第なのだ。

全体主義政権は秩序を維持するために、現代の情報テクノロジーを使って情報の流れを中央集中化したり、真実を抑え込んだりする。その結果、硬直化の危険と闘う羽目になる。しだいに多くの情報が一か所だけに向かって流れるようになると、それは効率的な支配につながるのか、それとも動脈が詰まって、ついには心臓発作が起こるのか？ 民主主義政権は現代の情報テクノロジーを使って情報の流れをより多くの機関や個人の間で分散化し、真実の自由な追求を奨励する。その結果、砕け散る危険と闘う羽目になる。しだいに多くの惑星がしだいに速く公転していく惑星系のようなもので、中央は依然として体制を維持できるのか、それとも体制はばらばらになって無政府状態に陥るのか？

これら二つの異なる戦略の典型的な例は、一九六〇年代の西側の民主主義国とソヴィエト・ブロックで見つかる。この時代には、西側の民主主義国が情報の自由な拡散を妨げていた検閲とさまざまな差別的政策を緩めた。そのおかげで、以前は脇に追いやられていた集団が組織を作って、公の場での話し合いに加わり、政治的な要求をしやすくなった。それで生じた積極行動主義《アクティビズム》の波が、社会秩序を不安定にした。それまで、限られた数の裕福な白人男性がほぼすべての話し合いを行なっていたので、合意に至るのは比較的簡単だった。だが、貧しい人や女性、ＬＧＢＴＱの人、少数民族、障害者、歴史的に虐げられてきたその他の集団が発言権を獲得すると、彼らは新しい考え方や意見や利害関係を持ち込んだ。そのため、昔ながらの「紳士協定」の多くは擁護できなくなった。たとえば、アメリカの民主党政権と共和党政権の両方に何世代にもわたって支持、あるいは少なくとも許容されてきた黒人差別の隔離制度は崩れ去った。ジェンダーロール〔訳註：性別によって期待されている役割〕のように、不可侵で自明で普遍的に受け容れられていると考えられていたことも、おおいに物議を醸し、新しい合意に至るのが難しくなった。なぜなら、考慮に入れるべき団体や視点や利害関係が格段に増えたからだ。秩序ある話し合いを持つことだけでも難しくなった。討論の規則に関してさえ、人々は合意できなかったのだ。

このせいで、守旧派と新たに力を持った人々の双方に大きな失望が拡がった。後者は、手にしたばかりの表現の自由が空疎なもので、自分たちの政治的要求は満たされないのではないかと考えた。言葉が役に立たないことに落胆して、銃に乗り換える人も出てきた。西側の多くの民主主義国では、一九六〇年代は、空前の意見の相違に加えて暴力のうねりが特徴となった。政治絡みの暗殺や誘拐、暴動、テロ攻撃が急増した。ジョン・F・ケネディとマーティン・ルーサー・キングの暗殺に続く暴動、一九六八年に西側諸国で猛威を振るった相次ぐデモや暴動や武力衝突は、有名な例の一部にすぎない[124]。同年のシカゴやパリの写真や映像を見ると、世の中が崩れ去ろうとしているかのような印象を簡単に受けかねない。民主主義の理想に従って生き、より多くの人や集団を公の場での話し合いに含めるようにというプレッシャーによって、社会秩序が損なわれ、民主制が機能不全になりそうに見えた。

一方、けっして包摂性を約束しない、鉄のカーテンの向こう側の各政権は、公の場の話し合いを抑圧し、情報と権力を中央集中化し続けた。そして、それがうまくいっているように見えた。共産主義者たちはたしかに、周辺での抵抗――なかでも有名なのが一九五六年のハンガリー動乱と六八年のプラハの春――に直面しはしたものの、そうした脅威には迅速に断固として対処した。ソ連の中心部では、万事が秩序を保った。

そこから二〇年早送りすると、機能不全に陥っていたのはソ連の体制だった。赤の広場の壇上に並んだ、体の強張《こわば》った長老たちは、有意義な自己修正メカニズムがそっくり欠如した機能不全の情報ネットワークの完璧な象徴だった。脱植民地化やグローバル化、テクノロジーの発展、変わり続けるジェンダーロールが、経済や社会や地政学の急速な変化につながった。だが長老たちは、モスクワに流れ込んでくる大量の情報を処理し切れず、部下たちも自発性を発揮することがろくに許されなかったので、体制全体が硬直し、崩壊した。

機能不全が際立っていたのが経済の分野だ。過剰に中央集中化したソ連経済は、テクノロジーの急激な発展や消費者の要望の変化に素早く対応できなかった。ソ連経済は上層部からの命令に従い、大陸間弾道ミサイルやジェット戦闘機を生産したり、威信を示すためのインフラ事業を実行したりし続けた。だが、省エネの冷蔵庫からポップミュージックまで、ほとんどの人が実際にお金を出して手に入れたいと思うものは生み出しておらず、最先端の軍事テクノロジーの分野でも後れを取っていた。

この欠点がいちばん目立っていたのが半導体部門であり、そこではテクノロジーがとりわけ急速に発展していた。半導体は西側では、インテルや東芝など、数多くの民間企業の間で展開する開かれた競争で開発され、そうした企業の主な顧客は、アップルやソニーといった他の民間企業だった。顧客の企業はマイクロチップを使って、マッキントッシュのパソコンやウォークマンなどの一般向け製品を生産した。ソ連は、アメリカや日本のマイクロチップ生産にけっして追いつくことができなかった。それは、アメリカの経済史学者のクリス・ミラーが説明しているように、ソ連の半導体部門は「秘密主義で、トップダウンで、軍事システム向けであり、創造性はほとんど念頭にないまま、注文に応じていた」からだ。ソ連は西側のテクノロジーを盗んだり真似たりして差を縮めようとした。だがその結果、つねに数年遅れるのが確実になるだけだった[125]。だから、ソ連初のパソコンがようやく登場したのは一九八四年で、そのときにはアメリカ人はすでに一一〇〇万台のパソコンを持っていた[126]。

西側の民主主義国は、テクノロジーと経済の面で突き進んだだけでなく、政治的な話し合いの輪にしだいに多くの参加者を取り込んでいたにもかかわらず、あるいはひょっとするとそのおかげで、社会秩序を保つことにも成功した。何度も挫折はあったが、アメリカや日本やその他の民主主義国は、以前よりもはるかにダイナミックで包摂的な情報システムを創出した。おかげで、このシステムは崩壊せず、ずっと多くの視点を取り込む余地が生まれた。これは目覚ましい成功であり、全体主義に対する民主主義の勝利は決定的だと多くの人が感じた。この勝利はしばしば、情報処理における基本的な利点という見地から説明されてきた。全体主義がうまくいかなかったのは、あらゆるデータを中枢に集中させて処理する試みが、きわめて非効率的だったからというわけだ。したがって、二一世紀の初めには、未来は分散型の情報ネットワークと民主主義のもののように思えた。

ところが、そうはならなかった。じつは、新しい情報革命がすでに本格化し始めており、民主主義体制と全体主義体制の競争における新しいラウンドの舞台が整いつつあった。コンピューターやインターネット、スマートフォン、ソーシャルメディア、AIは、権利を奪われた集団にだけではなく、インターネットに接続できる人なら誰にも、さらには人間以外の行為主体にさえも声を与え、民主主義に新しい難題を突きつけてきた。二〇二〇年代の民主主義国は、社会秩序を損なうことなく公の場での話し合いに新しい声の洪水を取り込むという課題に、またしても直面している。状況は一九六〇年代を思い出させるほど厳しく、民主主義国が前回と同じようにうまくこの新しいテストに合格できる保証はない。同時に、さまざまな新しいテクノロジーのおかげで、すべての情報を一か所の拠点に集中することを依然として夢見ている全体主義政権は希望を新たにしている。たしかに、赤の広場の演壇に並んでいた長老たちには、単一の中枢から何億もの人の生活を統制する能力はなかった。だが、ひょっとしたらＡＩにならできるのではないか？

人類が二一世紀の第二の四半期に入るにあたっての中心的な疑問は、民主主義政権と全体主義政権が、現在進行中の情報革命から生じる脅威と機会の両方を、どれだけうまく扱えるかだ。新しいテクノロジーは一方の政権よりももう一方の政権にとって有利なのか？　それとも私たちは、世界が今度は鉄のカーテンではなくシリコンのカーテンによって再び分断されるのを目にするのか？

これまでのさまざまな時代にそうだったように、情報ネットワークは真実と秩序の適切なバランスを見つけるのに苦労することになる。真実を優先し、強力な自己修正メカニズムを維持することを選ぶネットワークもあるだろう。逆の選択をするネットワークもあるだろう。聖書の正典化や近世の魔女狩りやスターリンの組織的な集産化活動から得た教訓の多くは有用であり続け、私たちはそれを学び直す必要があるかもしれない。とはいえ、現在の情報革命には、これまでに私たちが目にしたものとはまったく異なる――そして、はるかに危険になりかねない――独特の特徴もある。

これまでは、歴史上のどの情報ネットワークも、人間の神話作者と官僚に頼って機能してきた。粘土板やパピルスの巻物、印刷機、ラジオは、広範に及ぶ影響を歴史に与えたが、あらゆる文書を作成し、それを解釈し、誰を魔女として火あぶりにしたり、誰をクラークとして奴隷にしたりするかを決めるのは、つねに人間の仕事だった。ところが今や、人間はデジタルの神話作者や官僚を相手に回さなければならなくなる。二一世紀の政治における最大の分断は、民主主義政権と全体主義政権との間ではなく、人間と人間以外の行為主体との間に生じるのかもしれない。新しいシリコンのカーテンは、民主主義政権と全体主義政権を隔てる代わりに、全人類を、人知を超えたアルゴリズムという支配者と隔てるかもしれない。独裁者たちさえ含め、あらゆる国のあらゆる分野の人が、気がついたときには人間のものとは異質の知能《エイリアン・インテリジェンス》の隷属者になってていかねない。エイリアン・インテリジェンスは私たちのやることなすことをすべて監視できるが、私たちのほうはエイリアン・インテリジェンスが何をしているのか、ほとんど何もわからない。というわけで、本書の後半では、そのようなシリコンのカーテンが本当にこの世界に下りてきているのかどうか、そして、コンピューターが官僚制を動かし、アルゴリズムが新しい神話を創作するときに、私たちの暮らしはどのような様相を呈する可能性があるかを探ることにする。

ユヴァル・ノア・ハラリの世界的ベストセラー!

好評発売中!

私たちはいったいどこから来たのか。
私たちは何者なのか。そして、どこへ行くのか。

サピエンス全史

文明の構造と
人類の幸福

ユヴァル・ノア・ハラリ
柴田裕之:訳

ISBN978-4-309-46788-7(上巻)

ISBN978-4-309-46789-4(下巻)
電子版あり(上巻、下巻、合本版)

ホモ・デウス

テクノロジーと
サピエンスの未来

ユヴァル・ノア・ハラリ
柴田裕之:訳

ISBN978-4-309-46758-0(上巻)

ISBN978-4-309-46759-7(下巻)
電子版あり(上巻、下巻、合本版)

21 Lessons《トゥエンティワン・レッスンズ》

21世紀の人類のための
21の思考

ユヴァル・ノア・ハラリ
柴田裕之:訳

ISBN978-4-309-46745-0
電子版あり

河出文庫

Yuval Noah Harari :
NEXUS : A Brief History of Information Networks from the Stone Age to AI
Copyright © 2024 by Yuval Noah Harari

Japanese translation copyright
© 2025 by KAWADE SHOBO SHINSHA Ltd. Publishers
ALL RIGHTS RESERVED.

NEXUS《ネクサス》 情報《じょうほう》の人類史《じんるいし》 上
――人間《にんげん》のネットワーク

2025 年 3 月 20 日　初版印刷
2025 年 3 月 30 日　初版発行

著　者　ユヴァル・ノア・ハラリ
訳　者　柴田裕之
装　幀　木庭貴信（オクターヴ）
発行者　小野寺優
発行所　株式会社河出書房新社
〒162-8544　東京都新宿区東五軒町 2-13
電話 03-3404-1201［営業］　03-3404-8611［編集］
https://www.kawade.co.jp/
印　刷　株式会社亨有堂印刷所
製　本　加藤製本株式会社
Printed in Japan
ISBN978-4-309-22943-0
落丁本・乱丁本はお取り替えいたします。
本書のコピー、スキャン、デジタル化等の無断複製は著作権法上での例外を除き禁じられています。本書を代行業者等の第三者に依頼してスキャンやデジタル化することは、いかなる場合も著作権法違反となります。

表紙・別丁扉画像
Passakorn Umpornmaha / Shutterstock.com

ユヴァル・ノア・ハラリ（Yuval Noah Harari）
歴史学者、哲学者。1976年生まれ。オックスフォード大学で中世史、軍事史を専攻して2002年に博士号を取得。現在、エルサレムのヘブライ大学で歴史学を教えるかたわら、ケンブリッジ大学生存リスク研究センターの特別研究員もつとめる。2020年のダボス会議での基調講演など、世界中の聴衆に向けて講義や講演も行なう。また、『ニューヨーク・タイムズ』紙、『フィナンシャル・タイムズ』紙、『ガーディアン』紙などの大手メディアに寄稿している。著書『サピエンス全史』『ホモ・デウス』『21 Lessons』、および児童書シリーズ『人類の物語 Unstoppable Us』（以上、河出書房新社）は世界的なベストセラーとなっている。社会的インパクトのある教育・ストーリーテリング分野の企業「サピエンシップ」を、夫のイツィク・ヤハヴと共同設立。

柴田裕之（しばた・やすし）
翻訳家。早稲田大学、Earlham College卒業。訳書に、ハラリ『サピエンス全史』『ホモ・デウス』『21 Lessons』のほか、バーツラフ・シュミル『世界の本当の仕組み』（草思社）、ジェレミー・リフキン『レジリエンスの時代』（集英社）、ニーアル・ファーガソン『大惨事《カタストロフィ》の人類史』（東洋経済新報社）など多数。

索引

さ行

た行

な行

は行

ま行

や行

ら行

わ行

アルファベット

原註

（邦訳のあるものについては書誌情報を示しましたが、
本文中での引用文は特に註記のないかぎり訳者による独自訳です）

プロローグ

（1） Sean McMeekin, *Stalin's War: A New History of World War II* (New York: Basic Books, 2021).

（2） "Reagan Urges 'Risk' on Gorbachev: Soviet Leader May Be Only Hope for Change, He Says," *Los Angeles Times*, June 13, 1989, www.latimes.com/archives/la-xpm-1989-06-13-mn-2300-story.html

（3） White House, "Remarks by President Barack Obama at Town Hall Meeting with Future Chinese Leaders," Office of the Press Secretary, Nov. 16, 2009, obamawhitehouse.archives.gov/the-press-office/remarks-president-barack-obama-town-hall-meeting-with-future-chinese-leaders

（4） 以下での引用。Evgeny Morozov, *The Net Delusion: The Dark Side of Internet Freedom* (New York: Public Affairs, 2012).

（5） 以下での引用。Christian Fuchs, "An Alternative View of Privacy on Facebook," *Information* 2, no. 1 (2011): 140–65.

（6） Ray Kurzweil, *The Singularity Is Nearer: When We Merge with AI* (London: The Bodley Head, 2024), 121–23（レイ・カーツワイル『シンギュラリティはより近く――人類がAIと融合するとき』、高橋則明訳、NHK出版、2024年）.

（7） Sigrid Damm, *Cornelia Goethe* (Berlin: Insel, 1988), 17–18（ジークリット・ダム『奪われた才能――コルネリア・ゲーテ』、西山力也訳、郁文堂、1999年）; Dagmar von Gersdorff, *Goethes Mutter* (Stuttgart: Hermann Bohlaus Nachfolger Weimar, 2004); Johann Wolfgang von Goethe, *Goethes Leben von Tag zu Tag: Eine dokumentarische Chronik* (Dusseldorf: Artemis, 1982), 1:1749–75.

（8） Stephan Oswald, *Im Schatten des Vaters. August von Goethe* (Munich: C. H. Beck, 2023); Rainer Holm-Hadulla, *Goethe's Path to Creativity: A Psycho-biography of the Eminent Politician, Scientist, and Poet* (New York: Routledge, 2018); Lisbet Koerner, "Goethe's Botany: Lessons of a Feminine Science," *History of Science Society* 84, no. 3 (1993): 470–95; Alvin Zipursky, Vinod K. Bhutani, and Isaac Odame, "Rhesus Disease: A Global Prevention Strategy," *Lancet Child and Adolescent Health* 2, no. 7 (2018): 536–42; John Queenan, "Overview: The Fetus as a Patient: The Origin of the Specialty," in *Fetal Research and Applications: A Conference Summary* (Washington, D.C.: National Academies Press, 1994), 2024年1月4日に以下で閲覧。www.ncbi.nlm.nih.gov/books/NBK231999/

（9） John Knodel, "Two and a Half Centuries of Demographic History in a Bavarian Village," *Population Studies* 24, no. 3 (1970): 353–76.

（10） Saloni Dattani et al., "Child and Infant Mortality," Our World in Data, 2023, 2024年1月3日に以下で閲覧。ourworldindata.org/child-mortality#mortality-in-the-past-around-half-died-as-children

（11） Ibid.

（12） "Most Recent Stillbirth, Child, and Adolescent Mortality Estimates," UN Inter-agency Group for Child Mortality Estimation, 2024年1月3日に以下で閲覧。childmortality.org/data/Germany

（13） ある推定によれば、アレクサンドリア図書館には約1000億ビット（12.5ギガバイト）相当の情報が収蔵されていたという。以下を参照のこと。Douglas S. Robertson, "The Information Revolution," *Communication Research* 17, no. 2 (1990): 235–54. 2020年には、Androidを搭載したスマ

ートフォンのストレージ容量は約96ギガバイトに達していた。以下を参照のこと。Brady Wang, "Average Smartphone NAND Flash Capacity Crossed 100GB in 2020," Counterpoint Research, March 30, 2021, www.counterpointresearch.com/average-smartphone-nand-flash-capacity-crossed-100gb-2020/

(14) Marc Andreessen, "Why AI Will Save the World," Andreessen Horowitz, June 6, 2023, a16z.com/ai-will-save-the-world/

(15) Ray Kurzweil, *The Singularity Is Nearer: When We Merge with AI* (London: The Bodley Head, 2024), 285（カーツワイル『シンギュラリティはより近く』）.

(16) Andy McKenzie, "Transcript of Sam Altman's Interview Touching on AI Safety," *LessWrong*, Jan. 21, 2023, www.lesswrong.com/posts/PTzsEQXkCfig9A6AS/transcript-of-sam-altman-s-interview-touching-on-ai-safety; Ian Hogarth, "We Must Slow Down the Race to God-Like AI," *Financial Times*, April 13, 2023, www.ft.com/content/03895dc4-a3b7-481e-95cc-336a524f2ac2; "Pause Giant AI Experiments: An Open Letter," Future of Life Institute, March 22, 2023, futureoflife.org/open-letter/pause-giant-ai-experiments/; Cade Metz, "'The Godfather of AI' Quits Google and Warns of Danger," *New York Times*, May 1, 2023, www.nytimes.com/2023/05/01/technology/ai-google-chatbot-engineer-quits-hinton.html; Mustafa Suleyman, *The Coming Wave: Technology, Power, and the Twenty-First Century's Greatest Dilemma*, with Michael Bhaskar (New York: Crown, 2023)（ムスタファ・スレイマン、マイケル・バスカー『THE COMING WAVE　AIを封じ込めよ——DeepMind創業者の警告』、上杉隼人訳、日経BP日本経済新聞出版、2024年）; Walter Isaacson, *Elon Musk* (London: Simon & Schuster, 2023)（ウォルター・アイザックソン『イーロン・マスク』（上・下）、井口耕二訳、文藝春秋、2023年）.

(17) Yoshua Bengio et al., "Managing Extreme AI Risks Amid Rapid Progress," *Science* (May 2024): Article eadn0117.

(18) Katja Grace et al., "Thousands of AI Authors on the Future of AI," (Preprint, submitted in 2024), https://arxiv.org/abs/2401.02843

(19) "The Bletchley Declaration by Countries Attending the AI Safety Summit, 1–2 November 2023," Gov. UK, Nov. 1 2023, www.gov.uk/government/publications/ai-safety-summit-2023-the-bletchley-declaration/the-bletchley-declaration-by-countries-attending-the-ai-safety-summit-1-2-november-2023

(20) Jan-Werner Müller, *What Is Populism?* (Philadelphia: University of Pennsylvania Press, 2016)（ヤン゠ヴェルナー・ミュラー『ポピュリズムとは何か』、板橋拓己訳、岩波書店、2017年）.

(21) プラトンの『国家』では、トラシュマコスとグラウコンとアデイマントスは、誰もが——とりわけ政治家や裁判官や官吏は——自らの個人的特権にしか関心がなく、その特権を守るために真意を隠したり嘘をついたりする、と言い張る。3人はソクラテスに、「見掛けは真実を屈服させる」「正義は強者の利益以外の何物でもない」という主張を論破するように迫る。同じような見方は、古代インドの書物『アルタシャーストラ』や、韓非（かんぴ）や商鞅（しょうおう）ら古代中国の法家の思想家による著述、マキアヴェリやホッブズらの近世ヨーロッパの思想家による著述でも論じられ、支持されることもあった。以下を参照のこと。Roger Boesche, *The First Great Political Realist: Kautilya and His "Arthashastra"* (Lanham, Md.: Lexington Books, 2002); Shang Yang, *The Book of Lord Shang: Apologetics of State Power in Early China*, trans. Yuri Pines (New York: Columbia University Press, 2017)（商鞅『商君書——中国流統治の学』、守屋洋編訳、徳間書店、1995年）; Zhengyuan Fu, *China's Legalists: The Earliest Totalitarians and Their Art of Ruling* (New York: Routledge, 2015).

(22) Ulises A. Mejias and Nick Couldry, *Data Grab: The New Colonialism of Big Tech and How to Fight Back*

(London: Ebury, 2024); Michel Foucault, *The Birth of the Clinic: An Archaeology of Medical Perception* (New York: Vintage Books, 1975)（ミシェル・フーコー『臨床医学の誕生』（新装版）、神谷美恵子訳、みすず書房、2020年）; Michel Foucault, *The History of Sexuality* (New York: Vintage Books, 1990)（ミシェル・フーコー『性の歴史　I　知への意志』、渡辺守章訳、新潮社、1986年；ミシェル・フーコー『性の歴史　II　快楽の活用』、田村俶訳、新潮社、1986年；ミシェル・フーコー『性の歴史　III　自己への配慮』、田村俶訳、新潮社、1987年）; Edward W. Said, *Orientalism* (New York: Vintage Books, 1994)（エドワード・E・サイード『オリエンタリズム』（上・下）、板垣雄三・杉田英明監修、今沢紀子訳、平凡社ライブラリー、1993年）; Aníbal Quijano, "Coloniality and Modernity/Rationality," *Cultural Studies* 21, no. 2–3 (2007): 168–78; Sylvia Wynter, "Unsettling the Coloniality of Being-Power-Truth-Freedom Toward the Human, After Man, Its Overrepresentation—an Argument," *New Centennial Review* 3, no. 3 (2003): 257–337. 詳細な考察については、以下を参照のこと。Francis Fukuyama, *Liberalism and Its Discontents* (London: Profile Books, 2022)（フランシス・フクヤマ『リベラリズムへの不満』、会田弘継訳、新潮社、2023年）.

(23)　Donald J. Trump, Inaugural Address, Jan. 20, 2017, American Presidency Project, www.presidency.ucsb.edu/node/320188

(24)　Cas Mudde, "The Populist Zeitgeist," *Government and Opposition* 39, no. 3 (2004): 541–63.

(25)　Sedona Chinn and Ariel Hasell, "Support for 'Doing Your Own Research' Is Associated with COVID-19 Misperceptions and Scientific Mistrust," *Misinformation Review*, June 12, 2023, misinforeview.hks.harvard.edu/article/support-for-doing-your-own-research-is-associated-with-covid-19-misperceptions-and-scientific-mistrust/

(26)　たとえば、以下を参照のこと。"God's Enclosed Flat Earth Investigation—Full Documentary [HD]," YouTube, www.youtube.com/watch?v=J6CPrGHpmMs, 以下での引用。"Disinformation and Echo Chambers: How Disinformation Circulates on Social Media Through Identity-Driven Controversies," *Journal of Public Policy and Marketing* 42, no. 1 (2023): 18–35.

(27)　たとえば、以下を参照のこと。David Klepper, "Trump Arrest Prompts Jesus Comparisons: 'Spiritual Warfare,'" Associated Press, April 6, 2023, apnews.com/article/donald-trump-arraignment-jesus-christ-conspiracy-theory-670c45bd71b3466dcd6e8e188badcd1d; Katy Watson, "Brazil Election: 'We'll Vote for Bolsonaro Because He Is God,'" BBC, Sept. 28, 2022, www.bbc.com/news/world-latin-america-62929581

(28)　Oliver Hahl, Minjae Kim, and Ezra W. Zuckerman Sivan, "The Authentic Appeal of the Lying Demagogue: Proclaiming the Deeper Truth About Political Illegitimacy," *American Sociological Review* 83, no. 1 (2018): 1–33.

第1章　情報とは何か？

(1)　たとえば、シミュレーション仮説についてのニック・ボストロムとデイヴィッド・J・チャーマーズの著述を参照のこと。もしシミュレーション仮説が正しければ、宇宙が最終的に何からできているのか私たちは見当もつかないが、シミュレーションされた世界で私たちが目にするものはすべて、情報のビットでできていることになる。Nick Bostrom, "Are We Living in a Computer Simulation?," *Philosophical Quarterly* 53, no. 211 (2003): 243–55, www.jstor.org/stable/3542867; David J. Chalmers, *Reality+: Virtual Worlds and the Problems of Philosophy* (New York: W. W. Norton, 2022)（デイヴィッド・J・チャーマーズ『リアリティ＋——バーチャル世界をめぐる哲学の挑戦』（上・下）、高橋則明訳、NHK出版、2023年）. ジョン・アーチボルト・ホイーラー

の「ビットからイット」（情報からすべての存在が生じる）という影響力の大きい概念も参照のこと。John Archibald Wheeler, "Information, Physics, Quantum: The Search for Links," *Proceedings III International Symposium on Foundations of Quantum Mechanics* (Tokyo, 1989), 354–68; Paul Davies and Niels Henrik Gregersen, eds., *Information and the Nature of Reality: From Physics to Metaphysics* (Cambridge, U.K.: Cambridge University Press, 2014); Erik Verlinde, "On the Origin of Gravity and the Laws of Newton," *Journal of High Energy Physics* 4 (2011): 1–27. これは強調しておくべきだが、「ビットからイット」の立場は物理学で以前よりは受け容れられるようになってきているものの、ほとんどの物理学者は依然としてそれを疑うか、あるいは拒絶しており、物質とエネルギーが自然界の基本的な構成要素である一方、情報は派生現象だと考えている。

(2) 情報に関する私の理解は、以下に大きな影響を受けた。Cesar Hidalgo, *Why Information Grows* (New York: Basic Books, 2015)（セザー・ヒダルゴ『情報と秩序――原子から経済までを動かす根本原理を求めて』、千葉敏生訳、早川書房、2017年）. 別の見方や考察については、以下を参照のこと。Artemy Kolchinsky and David H. Wolpert, "Semantic Information, Autonomous Agency, and Non-equilibrium Statistical Physics," *Interface Focus* 8, no. 6 (2018), article 20180041; Peter Godfrey-Smith and Kim Sterelny, "Biological Information," in *The Stanford Encyclopedia of Philosophy*, ed. Edward N. Zalta, Summer 2016 (Palo Alto, Calif.: Metaphysics Research Lab, Stanford University, 2016), plato.stanford.edu/archives/sum2016/entries/information-biological/; Luciano Floridi, *The Philosophy of Information* (Oxford: Oxford University Press, 2011).

(3) Don Vaughan, "Cher Ami," in *Encyclopedia Britannica*, 2024年2月14日に以下で閲覧。www.britannica.com/animal/Cher-Ami; Charles White Whittlesey Collection, Williams College Library, 2024年2月14日に以下で閲覧。archivesspace.williams.edu/repositories/2/resources/101; John W. Nell, *The Lost Battalion: A Private's Story*, ed. Ron Lammert (San Antonio: Historical Publishing Network, 2001); Frank A. Blazich Jr., "Feathers of Honor: U.S. Signal Corps Pigeon Service in World War I, 1917–1918," *Army History* 117 (2020): 32–51. 取り残された大隊のもともとの規模と死傷者数については、以下を参照のこと。Robert Laplander, *Finding the Lost Battalion: Beyond the Rumors, Myths, and Legends of America's Famous WWI Epic*, 3rd ed. (Waterford, Wis.: Lulu Press, 2017), 13. シェール・アミの物語の批判的再評価については、以下を参照のこと。Frank A. Blazich, "Notre Cher Ami: The Enduring Myth and Memory of a Humble Pigeon," *Journal of Military History* 85, no. 3 (July 2021): 646–77.

(4) Eliezer Livneh, Yosef Nedava, and Yoram Efrati, *Nili: Toldoteha shel he'azah medinit*［NILI――政治的勇気の物語］(Tel Aviv: Schocken, 1980), 143; Yigal Sheffy, *British Military Intelligence in the Palestine Campaign, 1914–1918* (London: Routledge, 1998); Gregory J. Wallance, *The Woman Who Fought an Empire: Sarah Aaronsohn and Her Nili Spy Ring* (Lincoln: University of Nebraska Press, 2018), 155–72.

(5) オスマン帝国側には、ユダヤ人のスパイネットワークが存在しているのではないかと考える理由が他にもいくつかあったが、ほとんどの記録がハトの重要性に言及している。詳細な説明については、以下を参照のこと。Livneh, Nedava, and Efrati, *Nili*, 281–84; Wallance, *Woman Who Fought an Empire*, 180–81, 202–32; Sheffy, *British Military Intelligence in the Palestine Campaign*, 159; Eliezer Tauber, "The Capture of the NILI Spies: The Turkish Version," *Intelligence and National Security* 6, no. 4 (1991): 701–10.

(6) これらの点に関する見識に満ちた考察については、以下を参照のこと。Catherine D'Ignazio and Lauren F. Klein, *Data Feminism* (Cambridge, Mass.: MIT Press, 2020), 73–91.

(7) Jorge Luis Borges and Adolfo Bioy Casares, "On Exactitude in Science," in *A Universal History of Infamy*, trans. Norman Thomas Di Giovanni (London: Penguin Books, 1975), 131（J・L・ボルヘス『汚辱の世

界史』、中村健二訳、岩波文庫、2012 年).

(8) Samriddhi Chauhan and Roshan Deshmukh, "Astrology Market Research, 2031," Allied Market Research, Jan. 2023, www.alliedmarketresearch.com/astrology-market-A31779; Temcharoenkit Sasiwimon and Donald A. Johnson, "Factors Influencing Attitudes Toward Astrology and Making Relationship Decisions Among Thai Adults," *Scholar: Human Sciences* 13, no. 1 (2021): 15–27.

(9) Frederick Henry Cramer, *Astrology in Roman Law and Politics* (Philadelphia: American Philosophical Society, 1954); Tamsyn Barton, *Power and Knowledge: Astrology, Physiognomics, and Medicine Under the Roman Empire* (Ann Arbor: University of Michigan Press, 2002), 57; Raffaela Garosi, "Indagine sulla formazione di concetto di magia nella cultura Romana," in *Magia: Studi di storia delle religioni in memoria di Raffaela Garosi*, ed. Paolo Xella (Rome: Bulzoni, 1976), 13–97.

(10) Lindsay Murdoch, "Myanmar Elections: Astrologers' Influential Role in National Decisions," *Sydney Morning Herald*, Nov. 12, 2015, www.smh.com.au/world/myanmar-elections-astrologers-influential-role-in-national-decisions-20151112-gkxc3j.html

(11) Barbara Ehrenreich, *Dancing in the Streets: A History of Collective Joy* (New York: Metropolitan Books, 2006); Wray Herbert, "All Together Now: The Universal Appeal of Moving in Unison," *Scientific American*, April 1, 2009, www.scientificamerican.com/article/were-only-human-all-together-now/; Idil Kokal et al., "Synchronized Drumming Enhances Activity in the Caudate and Facilitates Prosocial Commitment—if the Rhythm Comes Easily," *PLOS ONE* 6, no. 11 (2011); Martin Lang et al., "Lost in the Rhythm: Effects of Rhythm on Subsequent Interpersonal Coordination," *Cognitive Science* 40, no. 7 (2016): 1797–815.

(12) 生物学における情報の役割、特に情報としての DNA の性質に関する議論については、以下を参照のこと。Godfrey-Smith and Sterelny, "Biological Information"; John Maynard Smith, "The Concept of Information in Biology," in *Information and the Nature of Reality: From Physics to Metaphysics* (Cambridge, U.K.: Cambridge University Press, 2014); Sahotra Sarkar, "Biological Information: A Skeptical Look at Some Central Dogmas of Molecular Biology," in *The Philosophy and History of Molecular Biology*, ed. Sahotra Sarkar (Norwell: Kluwer Academic Publishers, 1996), 187–231; Terrence W. Deacon, "How Molecules Became Signs," *Biosemiotics* 14, no. 3 (2021): 537–59.

(13) Sven R. Kjellberg et al., "The Effect of Adrenaline on the Contraction of the Human Heart Under Normal Circulatory Conditions," *Acta Physiologica Scandinavica* 24, no. 4 (1952): 333–49.

(14) Bruce I. Bustard, "20 July 1969," *Prologue Magazine* 35, no. 2 (Summer 2003), National Archives, www.archives.gov/publications/prologue/2003/summer/20-july-1969.html

(15) ユダヤ教徒とキリスト教徒は、関連する「創世記」の諸節を多くの異なる形で解釈してきたが、彼らのほとんどが、ノアの洪水は天地創造の 1656 年後、つまり今から約 4000 年前に起こり、バベルの塔は洪水から 1 世紀あるいは数世紀後に破壊されたという解釈を受け容れている。

(16) Michael I. Bird et al., "Early Human Settlement of Sahul Was Not an Accident," *Scientific Reports* 9, no. 1 (2019): 8220; Chris Clarkson et al., "Human Occupation of Northern Australia by 65,000 Years Ago," *Nature* 547, no. 7663 (2017): 306–10.

(17) たとえば、以下を参照のこと。Leviticus 26:16 and 26:25; Deuteronomy 28:22, 28:58–63, 32:24, 32:35–36, and 32:39; Jeremiah 14:12, 21:6–9, and 24:10.

(18) たとえば、以下を参照のこと。Deuteronomy 28, 2 Chronicles 20:9, and Psalms 91:3.

(19) Pope Francis, "Homily of His Holiness Pope Francis 'Return to God and Return to the Embrace of the Father,'" March 20, 2020, www.vatican.va/content/francesco/en/cotidie/2020/documents/papa-francesco-

cotidie_20200320_peri-medici-ele-autorita.html; Philip Pullella, "Rome Catholic Churches Ordered Closed due to Coronavirus, Unprecedented in Modern Times," Reuters, March 13, 2020, www.reuters.com/article/us-health-coronavirus-italy-rome-churche-idUSKBN20Z3BU

第２章　物語――無限のつながり

(1)　Thomas A. DiPrete et al., "Segregation in Social Networks Based on Acquaintanceship and Trust," *American Journal of Sociology* 116, no. 4 (2011): 1234-83; R. Jenkins, A. J. Dowsett, and A. M. Burton, "How Many Faces Do People Know?," *Proceedings of the Royal Society B: Biological Sciences* 285, no. 1888 (2018), article 20181319; Robin Dunbar, "Dunbar's Number: Why My Theory That Humans Can Only Maintain 150 Friendships Has Withstood 30 Years of Scrutiny," The Conversation, May 12, 2021, theconversation.com/dunbars-number-why-my-theory-that-humans-can-only-maintain-150-friendships-has-withstood-30-years-of-scrutiny-160676

(2)　Melissa E. Thompson et al., "The Kibale Chimpanzee Project: Over Thirty Years of Research, Conservation, and Change," *Biological Conservation* 252 (2020), article 108857; Jill D. Pruetz and Nicole M. Herzog, "Savanna Chimpanzees at Fongoli, Senegal, Navigate a Fire Landscape," *Current Anthropology* 58, no. S16 (2017): S337-S350; Budongo Conservation Field Station, 2024 年 1 月 4 日に以下で閲覧。www.budongo.org; Yukimaru Sugiyama, "Demographic Parameters and Life History of Chimpanzees at Bossou, Guinea," *American Journal of Physical Anthropology* 124, no. 2 (2004): 154-65.

(3)　Rebecca Wragg Sykes, *Kindred: Neanderthal Life, Love, Death, and Art* (London: Bloomsbury Sigma, 2020), chap. 10（レベッカ・ウラッグ・サイクス『ネアンデルタール』、野中香方子訳、筑摩書房、2022 年）; Brian Hayden, "Neandertal Social Structure?," *Oxford Journal of Archeology* 31 (2012): 1-26 ; Jeremy Duveau et al., "The Composition of a Neandertal Social Group Revealed by the Hominin Footprints at Le Rozel (Normandy, France)," *Proceedings of the National Academy of Sciences* 116, no. 39 (2019): 19409-14.

(4)　Simon Sebag Montefiore, *Stalin: The Court of the Red Tsar* (London: Weidenfeld & Nicolson, 2003)（サイモン・セバーグ・モンテフィオーリ『スターリン――赤い皇帝と廷臣たち』（上・下）、染谷徹訳、白水社、2010 年）.

(5)　Brent Barnhart, "How to Build a Brand with Celebrity Social Media Management," Sprout Social, April 1, 2020, sproutsocial.com/insights/celebrity-social-media-management/ ; K. C. Morgan, "15 Celebs Who Don't Actually Run Their Own Social Media Accounts," TheClever, April 20, 2017, www.theclever.com/15-celebs-who-dont-actually-run-their-own-social-media-accounts/ ; Josh Duboff, "Who's Really Pulling the Strings on Stars' Social-Media Accounts," *Vanity Fair*, Sept. 8, 2016, www.vanityfair.com/style/2016/09/celebrity-social-media-accounts

(6)　Coca-Cola Company, Annual Report 2022, 47, 2024 年 1 月 3 日に以下で閲覧。investors.coca-colacompany.com/filings-reports/annual-filings-10-k/content/0000021344-23-000011/0000021344-23-000011.pdf

(7)　David Gertner and Laura Rifkin, "Coca-Cola and the Fight Against the Global Obesity Epidemic," *Thunderbird International Business Review* 60 (2018): 161-73; Jennifer Clinehens, "How Coca-Cola Built the World's Most Memorable Brand," Medium, Nov. 17, 2022, medium.com/choice-hacking/how-coca-cola-built-the-worlds-most-memorable-brand-c9e8b8ac44c5; Clare McDermott, "Go Behind the Scenes of Coca-Cola's Storytelling," Content Marketing Institute, Feb. 9, 2018, contentmarketinginstitute.com/articles/coca-cola-storytelling/ ; Maureen Taylor, "Cultural Variance as a Challenge to Global Public

Relations: A Case Study of the Coca-Cola Scare in Europe," *Public Relations Review* 26, no. 3 (2000): 277–93; Kathryn LaTour, Michael S. LaTour, and George M. Zinkhan, "Coke Is It: How Stories in Childhood Memories Illuminate an Icon," *Journal of Business Research* 63, no. 3 (2010): 328–36; Bodi Chu, "Analysis on the Success of Coca-Cola Marketing Strategy," in Proceedings of 2020 2nd International Conference on Economic Management and Cultural Industry (ICEMCI 2020), *Advances in Economics, Business, and Management Research* 155 (2020): 96–100.

(8) Blazich, "Notre Cher Ami."

(9) Bart D. Ehrman. *How Jesus Became God: The Exaltation of a Preacher from Galilee* (San Francisco: HarperOne, 2014).

(10) Lauren Tuchman, "We All Were at Sinai: The Transformative Power of Inclusive Torah," Sefaria, 2024年1月3日に以下で閲覧。www.sefaria.org.il/sheets/236454.2?lang=he

(11) Reuven Hammer, "Tradition Today: Standing at Sinai," *Jerusalem Post*, May 17, 2012, www.jpost.com/Jewish-World/Judaism/Tradition-Today-Standing-at-Sinai; Rabbi Joel Mosbacher, "Each Person Must See Themselves as if They Went out of Egypt," RavBlog, April 9, 2017, ravblog.ccarnet.org/2017/04/each-person-must-see-themselves-as-if-they-went-out-of-egypt/; Rabbi Sari Laufer, "TABLE FOR FIVE: Five Takes on a Passage from the Haggadah," *Jewish Journal*, April 5, 2018, jewishjournal.com/judaism/torah/232778/table-five-five-takes-passage-haggadah-2/

(12) Elizabeth F. Loftus, "Creating False Memories," *Scientific American* 277, no. 3 (1997): 70–75; Beate Muschalla and Fabian Schönborn, "Induction of False Beliefs and False Memories in Laboratory Studies—a Systematic Review," *Clinical Psychology and Psychotherapy* 28, no. 5 (2021): 1194–209; Christian Unkelbach et al., "Truth by Repetition: Explanations and Implications," *Current Directions in Psychological Science* 28, no. 3 (2019): 247–53; Doris Lacassagne, Jérémy Béna, and Olivier Corneille, "Is Earth a Perfect Square? Repetition Increases the Perceived Truth of Highly Implausible Statements," *Cognition* 223 (2022), article 105052.

(13) "FoodData Central," U.S. Department of Agriculture, 2024年1月4日に以下で閲覧。fdc.nal.usda.gov/fdc-app.html#/?query=pizza

(14) William Magnuson, *Blockchain Democracy: Technology, Law, and the Rule of the Crowd* (Cambridge, U.K.: Cambridge University Press, 2020), 69; Scott Chipolina, "Bitcoin's Unlikely Resurgence: Bulls Bet on Wall Street Adoption," *Financial Times*, Dec. 8, 2023, www.ft.com/content/77aa2fbc-5c27-4edf-afa6-2a3a9d23092f

(15) "BBC 'Proves' Nessie Does Not Exist," BBC News, July 27, 2003, news.bbc.co.uk/1/hi/sci/tech/3096839.stm; Matthew Weaver, "Loch Ness Monster Could Be a Giant Eel, Say Scientists," *Guardian*, Sept. 5, 2019, www.theguardian.com/science/2019/sep/05/loch-ness-monster-could-be-a-giant-eel-say-scientists; Henry H. Bauer, *The Enigma of Loch Ness: Making Sense of a Mystery* (Champaign: University of Illinois Press, 1986), 165–66; Harold E. Edgerton and Charles W. Wyckoff, "Loch Ness Revisited: Fact or Fantasy? Science Uses Sonar and Camera to Probe the Depths of Loch Ness in Search of Its Resident Monster," *IEEE Spectrum* 15, no. 2 (1978): 26–29; University of Otago, "First eDNA Study of Loch Ness Points to Something Fishy," Sept. 5, 2019, www.otago.ac.nz/anatomy/news/news-archive/first-edna-study-of-loch-ness-points-to-something-fishy

(16) Katharina Buchholz, "Kosovo & Beyond: Where the UN Disagrees on Recognition," *Forbes*, Feb. 17, 2023, www.forbes.com/sites/katharinabuchholz/2023/02/17/kosovo--beyond-where-the-un-disagrees-on-recognition-infographic/?sh=d8490b2448c3; United Nations, "Agreement on Normalizing Relations

Between Serbia, Kosovo 'Historic Milestone,' Delegate Tells Security Council," April 27, 2023, press.un.org/en/2023/sc15268.doc.htm

(17) Guy Faulconbridge, "Russia Plans Naval Base in Abkhazia, Triggering Criticism from Georgia," Reuters, Oct. 5, 2023, www.reuters.com/world/europe/russia-plans-naval-base-black-sea-coast-breakaway-georgian-region-izvestiya-2023-10-05/

(18) Wragg Sykes, *Kindred*（ウラッグ・サイクス『ネアンデルタール』）; Hayden, "Neandertal Social Structure?"; Duveau et al., "Composition of a Neandertal Social Group Revealed by the Hominin Footprints at Le Rozel."

(19) より詳細な考察については、以下を参照のこと。Yuval Noah Harari, *Sapiens: A Brief History of Humankind* (New York: HarperCollins, 2015), chap. 2（ユヴァル・ノア・ハラリ『サピエンス全史――文明の構造と人類の幸福』（上・下）、柴田裕之訳、河出文庫、2023 年）; David Graeber and David Wengrow, *The Dawn of Everything: A New History of Humanity* (New York: Farrar, Straus and Giroux, 2021), chap. 3（デヴィッド・グレーバー、デヴィッド・ウェングロウ『万物の黎明――人類史を根本からくつがえす』、酒井隆史訳、光文社、2023 年）; Joseph Henrich, *The Weirdest People in the World* (New York: Farrar, Straus and Giroux, 2020), chap. 3（ジョセフ・ヘンリック『WEIRD 「現代人」の奇妙な心理――経済的繁栄、民主制、個人主義の起源』（上・下）、今西康子訳、白揚社、2023 年）. 宗教的な物語と儀式がどのようにして大規模な協力を生むかについての典型的な研究が、ドナルド・テューージンのイラヒタ研究だ。ニューギニアの近隣コミュニティの大半が数百人規模であるのに対して、イラヒタの複雑な宗教的信念と慣行は、39 氏族の合計 2500 人ほどを首尾良く束ねることができた。以下を参照のこと。Donald Tuzin, *Social Complexity in the Making: A Case Study Among the Arapesh of New Guinea* (London: Routledge, 2001); Donald Tuzin, *The Ilahita Arapesh: Dimensions of Unity* (Oakland: University of California Press, 2022). 大規模な協力にとって物語を語ることの重要性については、以下を参照のこと。Daniel Smith et al., "Camp Stability Predicts Patterns of Hunter-Gatherer Cooperation," *Royal Society Open Science* 3 (2016), article 160131; Daniel Smith et al., "Cooperation and the Evolution of Hunter-Gatherer Storytelling," *Nature Communications* 8 (2017), article 1853; Benjamin G. Purzycki et al., "Moralistic Gods, Supernatural Punishment, and the Expansion of Human Sociality," *Nature* 530 (2016): 327–30; Polly W. Wiessner, "Embers of Society: Firelight Talk Among the Ju/'hoansi Bushmen," *Proceedings of the National Academy of Sciences* 111, no.39 (2014): 14027–35; Daniele M. Klapproth, *Narrative as Social Practice: Anglo-Western and Australian Aboriginal Oral Traditions* (Berlin: De Gruyter Mouton, 2004); Robert M. Ross and Quentin D. Atkinson, "Folktale Transmission in the Arctic Provides Evidence for High Bandwidth Social Learning Among Hunter-Gatherer Groups," *Evolution and Human Behavior* 37, no.1 (2016): 47–53; Jerome Lewis, "Where Goods Are Free but Knowledge Costs: Hunter-Gatherer Ritual Economics in Western Central Africa," *Hunter Gatherer Research* 1, no.1 (2015): 1–27; Bill Gammage, *The Biggest Estate on Earth: How Aborigines Made Australia* (Crows Nest, N.S.W.: Allen Unwin, 2011).

(20) Azar Gat, *War in Human Civilization* (Oxford: Oxford University Press, 2008), 114–32（アザー・ガット『文明と戦争――人類二百万年の興亡』（上・下）、歴史と戦争研究会訳、中公文庫、2022 年）; Luke Glowacki et al., "Formation of Raiding Parties for Intergroup Violence Is Mediated by Social Network Structure," *Proceedings of the National Academy of Sciences* 113, no.43 (2016): 12114–19; Richard W. Wrangham and Luke Glowacki, "Intergroup Aggression in Chimpanzees and War in Nomadic Hunter-Gatherers," *Human Nature* 23 (2012): 5–29; R. Brian Ferguson, *Yanomami Warfare: A Political History* (Santa Fe, N.Mex.: School of American Research Press, 1995), 346–47.

(21) Pierre Lienard, "Beyond Kin: Cooperation in a Tribal Society," in *Reward and Punishment in Social Dilemmas*, ed. Paul A. M. Van Lange, Bettina Rockenbach, and Toshio Yamagishi (Oxford: Oxford University Press, 2014), 214–34; Peter J. Richerson et al., "Cultural Evolution of Human Cooperation," in *Genetic and Cultural Evolution of Cooperation*, ed. Peter Hammerstein (Cambridge, Mass.: MIT Press, 2003), 357–88; Brian A. Stewart et al., "Ostrich Eggshell Bead Strontium Isotopes Reveal Persistent Macroscale Social Networking Across Late Quaternary Southern Africa," *PNAS* 117, no. 12 (2020): 6453–62; "Ages Ago, Beads Made from Ostrich Eggshells Cemented Friendships Across Vast Distances," *Weekend Edition Saturday*, NPR, March 14, 2020, www.npr.org/2020/03/14/815778427/ages-ago-beads-made-from-ostrich-eggshells-cemented-friendships-across-vast-dist

(22) テクノロジーにまつわる技能を交換する石器時代のサピエンスのネットワークについては、以下を参照のこと。Jennifer M. Miller and Yiming V. Wang, "Ostrich Eggshell Beads Reveal 50,000-Year-Old Social Network in Africa," *Nature* 601, no. 7892 (2022): 234–39; Stewart et al., "Ostrich Eggshell Bead Strontium Isotopes Reveal Persistent Macroscale Social Networking Across Late Quaternary Southern Africa."

(23) Terrence R. Fehner and F. G. Gosling, "The Manhattan Project," U.S. Department of Energy, April 2021, www.energy.gov/sites/default/files/The%20Manhattan%20Project.pdf; F. G. Gosling, "The Manhattan Project: Making the Atomic Bomb," U.S. Department of Energy, Jan. 2010, www.energy.gov/management/articles/gosling-manhattan-project-making-atomic-bomb

(24) "Uranium Mines," U.S. Department of Energy, www.osti.gov/opennet/manhattan-project-history/Places/Other/uranium-mines.html

(25) Jerome Lewis, "Bayaka Elephant Hunting in Congo: The Importance of Ritual and Technique," in *Human-Elephant Interactions: From Past to Present*, vol. 1, ed. George E. Konidaris et al. (Tübingen: Tübingen University Press, 2021).

(26) Sushmitha Ramakrishnan, "India Cuts the Periodic Table and Evolution from Schoolbooks," *DW*, June 2, 2023, www.dw.com/en/indiadropsevolution/a-65804720

(27) Annie Jacobsen, *Operation Paperclip: The Secret Intelligence Program That Brought Nazi Scientists to America* (Boston: Little, Brown, 2014); Brian E. Crim, *Our Germans: Project Paperclip and the National Security State* (Baltimore: Johns Hopkins University Press, 2018).

第３章　文書——紙というトラの一噛み

(1) Monty Noam Penkower, "The Kishinev Pogrom of 1903: A Turning Point in Jewish History," *Modern Judaism* 24, no. 3 (2004): 187–225.

(2) Hayyim Nahman Bialik, "Be'ir Hahareigah / The City of Slaughter," trans. A. M. Klein, *Prooftexts* 25, no. 1–2 (2005): 8–29 ; Iris Milner, "'In the City of Slaughter' : The Hidden Voice of the Pogrom Victims," *Prooftexts* 25, no. 1–2 (2005): 60–72; Steven Zipperstein, *Pogrom: Kishinev and the Tilt of History* (New York: Liveright, 2018); David Fishelov, "Bialik the Prophet and the Modern Hebrew Canon," in *Great Immortality*, ed. Jón Karl Helgason and Marijan Dović (Leiden: Brill, 2019), 151–70.

(3) パレスティナ人難民の数は、70万〜75万と推定されており、大多数は1948年に追い出された。以下を参照のこと。Benny Morris, *Righteous Victims: A History of the Zionist-Arab Conflict, 1881–1998* (New York: Vintage, 2001), 252; UNRWA, "Palestinian Refugees," 2024年2月13日に以下で閲覧。www.unrwa.org/palestine-refugees　1948年には、85万6000人のユダヤ人がイラクやエジプトなどのアラブ諸国に暮らしていた。だがその後20年間に、48年と56年と67年の戦争でアラブ側が敗北したことに対する報復として、それらのユダヤ人の大多数が居住地を追われたの

で、68 年にはわずか 7 万 6000 人しか残っていなかった。以下を参照のこと。Maurice M. Roumani, *The Case of the Jews from Arab Countries: A Neglected Issue* (Tel Aviv: World Organization of Jews from Arab Countries, 1983); Aryeh L. Avneri, *The Claim of Dispossession: Jewish Land-Settlement and the Arabs, 1878–1948* (New Brunswick, N.J.: Transaction Books, 1984), 276; JIMENA, "The Forgotten Refugees," July 7, 2023, www.jimena.org/the-forgotten-refugees/; Barry Mowell, "Changing Paradigms in Public Opinion Perspectives and Governmental Policy Concerning the Jewish Refugees of North Africa and Southwest Asia," Jewish Virtual Library, 2024 年 1 月 31 日に以下で閲覧。www.jewishvirtuallibrary.org/changing-paradigms-in-public-opinion-perspectives-and-governmental-policy-concerning-the-jewish-refugees-of-north-africa-and-southwest-asia

(4) 特にオスマン帝国の人口記録が不完全なため、ユダヤ人と全人口の推定値はともにまちまちだ。以下を参照のこと。Alan Dowty, *Arabs and Jews in Ottoman Palestine: Two Worlds Collide* (Bloomington: Indiana University Press, 2021); Justin McCarthy, *The Population of Palestine: Population History and Statistics of the Late Ottoman Period and the Mandate* (New York: Columbia University Press, 1990); Itamar Rabinovich and Jehuda Reinharz, eds., *Israel in the Middle East: Documents and Readings on Society, Politics, and Foreign Relations, Pre-1948 to the Present* (Hanover, N.H.: University Press of New England, 2008), 571; Yehoshua Ben-Arieh, *Jerusalem in the 19th Century: Emergence of the New City* (Jerusalem: Yad Izhak Ben-Zvi Institute, 1986), 466.

(5) George G. Grabowicz, "Taras Shevchenko: The Making of the National Poet," *Revue des Études Slaves* 85, no. 3 (2014): 421–39; Ostap Sereda, "'As a Father Among Little Children': The Emerging Cult of Taras Shevchenko as a Factor of the Ukrainian Nation Building in Austrian Eastern Galicia in the 1860s," *Kyiv-Mohyla Humanities Journal* 1 (2014): 159–88.

(6) Sándor Hites, "Rocking the Cradle: Making Petőfi a National Poet," *Arcadia* 52, no. 1 (2017): 29–50; Ivan Halász et al., "The Rule of Sándor Petőfi in the Memory Policy of Hungarians, Slovaks, and the Members of the Hungarian Minority Group in Slovakia in the Last 150 Years," *Historia@Teoria* 1, no. 1 (2016): 121–43.

(7) Timothy Snyder, *The Reconstruction of Nations: Poland, Ukraine, Lithuania, Belarus, 1569–1999* (New Haven, Conn.: Yale University Press, 2003); Roman Koropeckyj, *Adam Mickiewicz: The Life of a Romantic* (Ithaca, N.Y.: Cornell University Press, 2008); Helen N. Fagin, "Adam Mickiewicz: Poland's National Romantic Poet," *South Atlantic Bulletin* 42, no. 4 (1977): 103–13.

(8) Jonathan Glover, *Israelis and Palestinians: From the Cycle of Violence to the Conversation of Mankind* (Cambridge, U.K.: Polity Press, 2024), 10.

(9) William L. Smith, "Rāmāyaṇa Textual Traditions in Eastern India," in *The "Ramayana" Revisited*, ed. Mandakranta Bose (New York: Oxford University Press, 2004), 91–92; Frank E. Reynolds, "Ramayana, Rama Jataka, and Ramakien: A Comparative Study of Hindu and Buddhist Traditions," in *Many Ramayanas: The Diversity of a Narrative Tradition in South Asia*, ed. Paula Richman (Berkeley: University of California Press, 1991), 50–66; Aswathi M. P., "The Cultural Trajectories of *Ramayana*, a Text Beyond the Grand Narrative," *Singularities* 8, no. 1 (2021): 28–32; A. K. Ramanujan, "Three Hundred Ramayanas: Five Examples and Three Thoughts on Translation," in Richman, *Many Ramayanas*, 22–49; James Fisher, "Education and Social Change in Nepal: An Anthropologist's Assessment," *Himalaya: The Journal of the Association for Nepal and Himalayan* 10, no. 2 (1990): 30–31.

(10) "The Ramayan: Why Indians Are Turning to Nostalgic TV," BBC, May 5, 2020, www.bbc.com/culture/article/20200504-the-ramayan-why-indians-are-turning-to-nostalgic-tv; "'Ramayan' Sets World

Record, Becomes Most Viewed Entertainment Program Globally," *Hindu*, May 2, 2020, www.thehindu.com/entertainment/movies/ramayan-sets-world-record-becomes-most-viewed-entertainment-program-globally/article61662060.ece ; Soutik Biswas, "Ramayana : An 'Epic' Controversy," BBC, Oct. 19, 2011, www.bbc.com/news/world-south-asia-15363181 ; "'Ramayana' Beats 'Game of Thrones' to Become the World's Most Watched Show," WION, Feb. 15, 2018, www.wionews.com/entertainment/ramayana-beats-game-of-thrones-to-become-the-worlds-most-watched-show-296162

(11) Kendall Haven, *Story Proof: The Science Behind the Startling Power of Story* (Westport, Conn. : Libraries Unlimited, 2007), vii, 122. より新しい研究については、以下を参照のこと。Brendan I. Cohn-Sheehy et al., "Narratives Bridge the Divide Between Distant Events in Episodic Memory," *Memory and Cognition* 50 (2022) : 478–94.

(12) Frances A. Yates, *The Art of Memory* (London : Random House, 2011) ; Joshua Foer, *Moonwalking with Einstein : The Art and Science of Remembering Everything* (New York : Penguin, 2011) (ジョシュア・フォア『ごく平凡な記憶力の私が 1 年で全米記憶力チャンピオンになれた理由(わけ)』、梶浦真美訳、エクスナレッジ、2011 年) ; Nils C. J. Müller et al., "Hippocampal–Caudate Nucleus Interactions Support Exceptional Memory Performance," *Brain Structure and Function* 223 (2018) : 1379–89 ; Yvette Tan, "This Woman Only Needed a Week to Memorize All 328 Pages of Ikea's Catalogue," Mashable, Sept. 5, 2017, mashable.com/article/yanjaa-wintersoul-ikea ; Jan-Paul Huttner, Ziwei Qian, and Susanne Robra-Bissantz, "A Virtual Memory Palace and the User's Awareness of the Method of Loci," European Conference on Information Systems, May 2019, aisel.aisnet.org/ecis2019_rp/7

(13) Ira Spar, ed., *Cuneiform Texts in the Metropolitan Museum of Art*, vol. 1, *Tablets, Cones, and Bricks of the Third and Second Millennia B.C.* (New York : Museum, 1988), 10–11 ; "CTMMA 1, 008 (P108692)," Cuneiform Digital Library Initiative, 2024 年 1 月 12 日に以下で閲覧。cdli.mpiwg-berlin.mpg.de/artifacts/108692 ; Tonia Sharlach, "Princely Employments in the Reign of Shulgi," *Journal of Ancient Near Eastern History* 9, no. 1 (2022) : 1–68.

(14) Andrew D. Madden, Jared Bryson, and Joe Palimi, "Information Behavior in Pre-literate Societies," in *New Directions in Human Information Behavior*, ed. Amanda Spink and Charles Cole (Dordrecht : Springer, 2006) ; Michael J. Trebilcock, "Communal Property Rights : The Papua New Guinean Experience," *University of Toronto Law Journal* 34, no. 4 (1984), 377–420 ; Richard B. Lee, "!Kung Spatial Organization : An Ecological and Historical Perspective," *Human Ecology* 1, no. 2 (1972) : 125–47 ; Warren O. Ault, "Open-Field Husbandry and the Village Community : A Study of Agrarian By-Laws in Medieval England," *Transactions of the American Philosophical Society* 55, no. 7 (1965) : 1–102 ; Henry E. Smith, "Semicommon Property Rights and Scattering in the Open Fields," *Journal of Legal Studies* 29, no. 1 (2000) : 131–69 ; Richard Posner, *The Economics of Justice* (Cambridge, Mass. : Harvard University Press, 1981).

(15) Klaas R. Veenhof, "'Dying Tablets' and 'Hungry Silver' : Elements of Figurative Language in Akkadian Commercial Terminology," in *Figurative Language in the Ancient Near East*, ed. M. Mindlin, M. J. Geller, and J. E. Wansbrough (London : School of Oriental and African Studies, University of London, 1987), 41–75 ; Cécile Michel, "Constitution, Contents, Filing, and Use of Private Archives : The Case of Old Assyrian Archives (Nineteenth Century BCE)," in *Manuscripts and Archives*, ed. Alessandro Bausi et al. (Berlin : De Gruyter, 2018), 43–70.

(16) Sophie Démare-Lafont and Daniel E. Fleming, eds., *Judicial Decisions in the Ancient Near East* (Atlanta : Society of Biblical Literature, 2023), 108–10 ; D. Charpin, "Lettres et procès paléo-babyloniens," in *Rendre la justice en Mésopotamie : Archives judiciaires du Proche-Orient ancien (IIIe-Ier millénaires avant J.-C.)*, ed.

Francis Joannès (Saint-Denis: Presses Universitaires de Vincennes, 2000), 73–74; Antoine Jacquet, "Family Archives in Mesopotamia During the Old Babylonian Period," in *Archives and Archival Documents in Ancient Societies: Trieste 30 September–1 October 2011*, ed. Michele Faraguna (Trieste: EUT, Edizioni Università di Trieste, 2013), 76–77; F. F. Kraus, *Altbabylonische Briefe in Umschrift und Übersetzung* (Leiden: R. J. Brill, 1986), vol. 11, n. 55; Frans van Koppen and Denis Lacambre, "Sippar and the Frontier Between Ešnunna and Babylon: New Sources for the History of Ešnunna in the Old Babylonian Period," *Jaarbericht van het Vooraziatisch Egyptisch Genootschap Ex Oriente Lux* 41 (2009): 151–77.

(17) 文書の検索が困難だったことを示す古代エジプトとメソポタミアの例については、以下を参照のこと。Geoffrey Yeo, *Record-Making and Record-Keeping in Early Societies* (London: Routledge, 2021), 132; Jacquet, "Family Archives in Mesopotamia During the Old Babylonian Period," 76–77.

(18) Mu-ming Poo et al., "What Is Memory? The Present State of the Engram," *C Biology* 14, no. 1 (2016): 40; C. Abraham Wickliffe, Owen D. Jones, and David L. Glanzman, "Is Plasticity of Synapses the Mechanism of Long-Term Memory Storage?," *Npj Science of Learning* 4, no. 1 (2019): 9; Bradley R. Postle, "How Does the Brain Keep Information 'in Mind'?," *Current Directions in Psychological Science* 25, no. 3 (2016): 151–56.

(19) *Britannica*, s.v. "Bureaucracy and the State," 2024 年 1 月 4 日に以下で閲覧。www.britannica.com/topic/bureaucracy/Bureaucracy-and-the-state

(20) 現にこの相互作用に的を絞った研究については、たとえば、以下を参照のこと。Michele J. Gelfand et al., "The Relationship Between Cultural Tightness–Looseness and COVID-19 Cases and Deaths: A Global Analysis," *Lancet Planetary Health* 5, no. 3 (2021): 135–44; Julian W. Tang et al., "An Exploration of the Political, Social, Economic, and Cultural Factors Affecting How Different Global Regions Initially Reacted to the COVID-19 Pandemic," *Interface Focus* 12, no. 2 (2022), article 20210079.

(21) Jason Roberts, *Every Living Thing: The Great and Deadly Race to Know All Life* (New York: Random House, 2024); Paul Lawrence Farber, *Finding Order in Nature* (Baltimore: Johns Hopkins University Press, 2000); James L. Larson, "The Species Concept of Linnaeus," *Isis* 59, no. 3 (1968): 291–99; Peter Raven, Brent Berlin, and Dennis Breedlove, "The Origins of Taxonomy," *Science* 174, no. 4015 (1971): 1210–13; Robert C. Stauffer, "'On the Origin of Species': An Unpublished Version," *Science* 130, no. 3387 (1959): 1449–52.

(22) *Britannica*, s.v. "*Homo erectus*—Ancestor, Evolution, Migration," 2024 年 1 月 4 日に以下で閲覧。www.britannica.com/topic/Homo-erectus/Relationship-to-Homo-sapiens

(23) Michael Dannemann and Janet Kelso, "The Contribution of Neanderthals to Phenotypic Variation in Modern Humans," *American Journal of Human Genetics* 101, no. 4 (2017): 578–89.

(24) Ernst Mayr, "What Is a Species, and What Is Not?," *Philosophy of Science* 63, no. 2 (1996): 262–77.

(25) Darren E. Irwin et al., "Speciation by Distance in a Ring Species," *Science* 307, no. 5708 (2005): 414–16; James Mallet, Nora Besansky, and Matthew W. Hahn, "How Reticulated Are Species?," *BioEssays* 38, no. 2 (2016): 140–49; Simon H. Martin and Chris D. Jiggins, "Interpreting the Genomic Landscape of Introgression," *Current Opinion in Genetics and Development* 47 (2017): 69–74; Jenny Tung and Luis B. Barreiro, "The Contribution of Admixture to Primate Evolution," *Current Opinion in Genetics and Development* 47 (2017): 61–68.

(26) James Mallet, "Hybridization, Ecological Races, and the Nature of Species: Empirical Evidence for the Ease of Speciation," *Philosophical Transactions of the Royal Society B: Biological Sciences* 363, no. 1506 (2008): 2971–86.

(27) Brian Thomas, "Lions, Tigers, and Tigons," Institute for Creation Research, Sept. 12, 2012, www.icr.org/article/7051/

(28) Shannon M. Soucy, Jinling Huang, and Johann Peter Gogarten, "Horizontal Gene Transfer: Building the Web of Life," *Nature Reviews Genetics* 16, no. 8 (2015): 472–82; Michael Hensel and Herbert Schmidt, eds., *Horizontal Gene Transfer in the Evolution of Pathogenesis* (Cambridge, U.K.: Cambridge University Press, 2008); James A. Raymond and Hak Jun Kim, "Possible Role of Horizontal Gene Transfer in the Colonization of Sea Ice by Algae," *PLOS ONE* 7, no. 5 (2012), article e35968; Katrin Bartke et al., "Evolution of Bacterial Interspecies Hybrids with Enlarged Chromosomes," *Genome Biology and Evolution* 14, no. 10 (2022), article evac135.

(29) Eugene V. Koonin and Petro Starokadomskyy, "Are Viruses Alive? The Replicator Paradigm Sheds Decisive Light on an Old but Misguided Question," *Studies in History and Philosophy of Science Part C: Studies in History and Philosophy of Biological and Biomedical Sciences* 59 (2016): 125–34; Dominic D. P. Johnson, "What Viruses Want: Evolutionary Insights for the Covid-19 Pandemic and Lessons for the Next One," in *A Multidisciplinary Approach to Pandemics*, ed. Philippe Bourbeau, Jean-Michel Marcoux, and Brooke A. Ackerly (Oxford: Oxford University Press, 2022), 38–69; Deepak Sumbria et al., "Virus Infections and Host Metabolism—Can We Manage the Interactions?," *Frontiers in Immunology* 11 (2020), article 594963; Microbiology Society, "Are Viruses Alive?" May 10, 2016, microbiologysociety.org/publication/past-issues/what-is-life/article/are-viruses-alive-what-is-life.html; Erica L. Sanchez and Michael Lagunoff, "Viral Activation of Cellular Metabolism," *Virology* 479–80 (May 2015): 609–18; "Virus," National Human Genome Research Institute, 2024年1月12日に以下で閲覧。www.genome.gov/genetics-glossary/Virus

(30) Ashworth E. Underwood, "The History of Cholera in Great Britain," *Proceedings of the Royal Society of Medicine* 41, no. 3 (1948): 165–73; Nottidge Charles Macnamara, *Asiatic Cholera: History up to July 15, 1892, Causes and Treatment* (London: Macmillan, 1892).

(31) John Snow, "Dr. Snow's Report," in Cholera Inquiry Committee, *The Report on the Cholera Outbreak in the Parish of St. James, Westminster, During the Autumn of 1854* (London: J. Churchill, 1855), 97–120; S. W. B. Newsom, "Pioneers in Infection Control: John Snow, Henry Whitehead, the Broad Street Pump, and the Beginnings of Geographical Epidemiology," *Journal of Hospital Infection* 64, no. 3 (2006): 210–16; Peter Vinten-Johansen et al., *Cholera, Chloroform, and the Science of Medicine: A Life of John Snow* (Oxford: Oxford University Press, 2003); Theodore H. Tulchinsky, "John Snow, Cholera, the Broad Street Pump; Waterborne Diseases Then and Now," *Case Studies in Public Health* (2018): 77–99.

(32) Gov.UK, "Check If You Need a License to Abstract Water," July 3, 2023, www.gov.uk/guidance/check-if-you-need-a-license-to-abstract-water

(33) Mohnish Kedia, "Sanitation Policy in India—Designed to Fail?," *Policy Design and Practice* 5, no. 3 (2022): 307–25.

(34) たとえば、以下を参照のこと。Madden, Bryson, and Palimi, "Information Behavior in Pre-literate Societies," 33–53.

(35) Catherine Salmon and Jessica Hehman, "The Evolutionary Psychology of Sibling Conflict and Siblicide," in *The Evolution of Violence*, ed. Todd K. Shackelford and Ronald D. Hansen (New York: Springer, 2014), 137–57.

(36) Ibid.; Laurence G. Frank, Stephen E. Glickman, and Paul Licht, "Fatal Sibling Aggression, Precocial Development, and Androgens in Neonatal Spotted Hyenas," *Science* 252, no. 5006 (1991): 702–4; Frank J.

Sulloway, "Birth Order, Sibling Competition, and Human Behavior," in *Conceptual Challenges in Evolutionary Psychology: Innovative Research Strategies*, ed. Harmon R. Holcomb (Dordrecht: Springer Netherlands, 2001), 39–83; Heribert Hofer and Marion L. East, "Siblicide in Serengeti Spotted Hyenas: A Long-Term Study of Maternal Input and Cub Survival," *Behavioral Ecology and Sociobiology* 62, no. 3 (2008): 341–51.

(37) R. Grant Gilmore Jr., Oliver Putz, and Jon W. Dodrill, "Oophagy, Intrauterine Cannibalism, and Reproductive Strategy in Lamnoid Sharks," in *Reproductive Biology and Phylogeny of Chondrichthyes*, ed. W. M. Hamlett (Boca Raton, Fla.: CRC Press, 2005), 435–63 ; Demian D. Chapman et al., "The Behavioral and Genetic Mating System of the Sand Tiger Shark, *Carcharias taurus*, an Intrauterine Cannibal," *Biology Letters* 9, no. 3 (2013), article 20130003.

(38) Martin Kavaliers, Klaus-Peter Ossenkopp, and Elena Choleris, "Pathogens, Odors, and Disgust in Rodents," *Neuroscience and Biobehavioral Reviews* 119 (2020): 281–93; Valerie A. Curtis, "Infection-Avoidance Behavior in Humans and Other Animals," *Trends in Immunology* 35, no. 10 (2014): 457–64.

(39) Harvey Whitehouse, *Inheritance: The Evolutionary Origins of the Modern World* (London: Hutchinson, 2024), 56 ; Marvin Perry and Frederick M. Schweitzer, eds., *Antisemitic Myths: A Historical and Contemporary Anthology* (Bloomington: Indiana University Press, 2008), 6, 26; Roderick McGrew, "Bubonic Plague," in *Encyclopedia of Medical History* (New York: McGraw-Hill, 1985), 45; David Nirenberg, *Communities of Violence: Persecution of Minorities in the Middle Ages* (Princeton, N.J.: Princeton University Press, 1996) ; Martina Baradel and Emanuele Costa, "Discrimination, Othering, and the Political Instrumentalizing of Pandemic Disease," *Journal of Interdisciplinary History of Ideas* 18, no. 18 (2020); Alan M. Kraut. *Silent Travelers: Germs, Genes, and the "Immigrant Menace"* (New York: Basic Books, 1994)（アラン・M・クラウト『沈黙の旅人たち』、中島健訳、青土社、1997年）; Samuel K. Cohn Jr., *Epidemics: Hate and Compassion from the Plague of Athens to AIDS* (Oxford: Oxford University Press, 2018).

(40) Wayne R. Dynes, ed., *Encyclopedia of Homosexuality*, vol. 1 (New York: Garland, 1990), 324.

(41) John Bowker, ed., *The Oxford Dictionary of World Religions* (Oxford: Oxford University Press, 1997), 1041–44; Mary Douglas, *Purity and Danger* (London: Routledge, 2003), chap. 9（メアリ・ダグラス『汚穢と禁忌』、塚本利明訳、ちくま学芸文庫、2009年）; Laura Kipnis, *The Female Thing: Dirt, Sex, Envy, Vulnerability* (London: Vintage, 2007), chap. 3.

(42) Robert M. Sapolsky, *Behave: The Biology of Humans at Our Best and Worst* (New York: Penguin Press, 2017), 388–89, 560–65（ロバート・M・サポルスキー『善と悪の生物学――何がヒトを動かしているのか』（上・下）、大田直子訳、NHK出版、2023年）.

(43) Vinod Kumar Mishra, "Caste and Religion Matters in Access to Housing, Drinking Water, and Toilets: Empirical Evidence from National Sample Surveys, India," *CASTE: A Global Journal on Social Exclusion* 4, no. 1 (2023): 24–45, www.jstor.org/stable/48728103; Ananya Sharma, "Here's Why India Is Struggling to Be Truly Open Defecation Free," *Wire India*, Oct. 28, 2021, thewire.in/government/heres-why-india-is-struggling-to-be-truly-open-defecation-free

(44) Samyak Pandey, "Roshni, the Shivpuri Dalit Girl Killed for 'Open Defecation,' Wanted to Become a Doctor," *Print*, Sept. 30, 2019, theprint.in/india/roshni-the-shivpuri-dalit-girl-killed-for-open-defecation-wanted-to-become-a-doctor/298925/

(45) Nick Perry, "Catch, Class, and Bureaucracy: The Meaning of Joseph Heller's *Catch 22,*" *Sociological Review* 32, no. 4 (1984): 719–41, doi.org/10.1111/j.1467-954X.1984.tb00832.x

(46) Ludovico Ariosto, *Orlando Furioso* (1516), canto 14, lines 83–84（ルドヴィコ・アリオスト『狂え

るオルランド』（新装版、上・下）、脇功訳、名古屋大学出版会、2022 年）.

（47） William Shakespeare, *Henry VI, Part 2*, in *First Folio* (London, 1623), act 4, scene 2（シェイクスピア『ヘンリー六世　全三部』（シェイクスピア全集 19）、松岡和子訳、ちくま文庫、2009 年）.

（48） Juliet Barker, *1381 : The Year of the Peasants' Revolt* (Cambridge, Mass. : Belknap Press of Harvard University Press, 2014) ; W. M. Ormrod, "The Peasants' Revolt and the Government of England," *Journal of British Studies* 29, no. 1 (1990) : 1–30, doi.org/10.1086/385947 ; Jonathan Burgess, "The Learning of the Clerks : Writing and Authority During the Peasants' Revolt of 1381" (master's thesis, McGill University, 2022), escholarship.mcgill.ca/concern/theses/6682x911r

（49） Josephus, *The Jewish War*, 2:427（フラウィウス・ヨセフス『ユダヤ戦記』（1–3）、秦剛平訳、ちくま学芸文庫、2002 年）.

（50） Rodolphe Reuss, *Le sac de l'Hôtel de Ville de Strasbourg (juillet 1789), épisode de l'histoire de la Révolution en Alsace* (Paris, 1915).

（51） Jean Ancel, *The History of the Holocaust : Romania* (Jerusalem : Yad Vashem, 2003), 1:63.

（52） ホロコーストの期間におけるルーマニアのユダヤ人の運命は、非常に多くの要因によって決まったが、いくつかの込み入った理由から、1938 年に市民権を失った人と後に殺害された人との間には緊密な相関関係があった。以下を参照のこと。"Murder of the Jews of Romania," Yad Vashem, 2024, www.yadvashem.org/holocaust/about/final-solution-beginning/romania.html#narrative_info ; Christopher J. Kshyk, "The Holocaust in Romania : The Extermination and Protection of the Jews Under Antonescu's Regime," *Inquiries Journal* 6, no. 12 (2014), www.inquiriesjournal.com/a?id=947

第４章　誤り——不可謬という幻想

（1） "Humanum fuit errare, diabolicum est per animositatem in errore manere." 以下を参照のこと。Armand Benjamin Caillau, ed., *Sermones de scripturis*, in *Sancti Aurelii Augustini Opera* (Paris : Parent-Desbarres, 1838), 4:412.

（2） Ivan Mehta, "Elon Musk Wants to Develop TruthGPT, 'a Maximum Truth-Seeking AI,'" *Tech Crunch*, April 18, 2023, techcrunch.com/2023/04/18/elon-musk-wants-to-develop-truthgpt-a-maximum-truth-seeking-ai/

（3） Harvey Whitehouse, "A Cyclical Model of Structural Transformation Among the Mali Baining," *The Cambridge Journal of Anthropology* 14, no. 3 (1990), 34–53 ; Harvey Whitehouse, "From Possession to Apotheosis : Transformation and Disguise in the Leadership of a Cargo Movement," in *Leadership and Change in the Western Pacific*, eds. Richard Feinberg and Karen Ann Watson-Gageo (London : Athlone Press, 1996), 376–95 ; Harvey Whitehouse, *Inheritance : The Evolutionary Origins of the Modern World* (London : Hutchinson, 2024), 149–51.

（4） Harvey Whitehouse, *Inheritance : The Evolutionary Origins of the Modern World* (London : Hutchinson, 2024), 45.

（5） Robert Bellah, *Religion in Human Evolution : From the Paleolithic to the Axial Age* (Cambridge, Mass. : Belknap Press of Harvard University Press, 2011), 181.

（6） Ibid., chaps. 4–9.

（7） Herodotus, *The Histories*, book 5, 63 ; Mogens Herman Hansen, "Democracy, Athenian," in *The Oxford Classical Dictionary*, ed. Simon Hornblower and Antony Spawforth (Oxford : Oxford University Press, 2005), www.oxfordreference.com/display/10.1093/acref/9780198606413.001.0001/acref-9780198606413-e-2112（ヘロドトス『歴史』（改版、上・中・下）、松平千秋訳、岩波文庫、

2007 年）

(8) John Collins, *The Dead Sea Scrolls: A Biography* (Princeton, N.J.: Princeton University Press, 2013), vii, 185（J・J・コリンズ『『死海文書』物語——どのように発見され、読まれてきたか』、山吉智久訳、教文館、2020 年）.

(9) Jodi Magness, *The Archeology of Qumran and the Dead Sea Scrolls*, 2nd ed. (Grand Rapids: Eerdmans, 2021), chap. 3.

(10) Sidnie White Crawford, "Genesis in the Dead Sea Scrolls," in *The Book of Genesis*, ed. Craig A. Evans, Joel N. Lohr, and David L. Petersen (Boston: Brill, 2012), 353–73, doi.org/10.1163/9789004226579_016; James C. VanderKam, "Texts, Titles, and Translations," in *The Cambridge Companion to the Hebrew Bible/Old Testament*, ed. Stephen B. Chapman and Marvin A. Sweeney (Cambridge, U.K.: Cambridge University Press, 2016), 9–27, doi.org/10.1017/CBO9780511843365.002

(11) 以下の死海文書データベースでの、「エノク書」の検索結果を参照のこと。www.deadseascrolls.org.il/explore-the-archive/search#q="Enoch."

(12) 以下を参照のこと。Collins, *Dead Sea Scrolls*（コリンズ『『死海文書』物語』）.

(13) Daniel Assefa, "The Biblical Canon of the Ethiopian Orthodox Tawahedo Church," in *The Oxford Handbook of the Bible in Orthodox Christianity*, ed. Eugen J. Pentiuc (New York: Oxford University Press, 2022), 211–26; David Kessler, *The Falashas: A Short History of the Ethiopian Jews*, 3rd ed. (New York: Frank Cass, 1996), 67.

(14) Emanuel Tov, *Textual Criticism of the Hebrew Bible* (Minneapolis: Fortress Press, 2001), 269; Sven Fockner, "Reopening the Discussion: Another Contextual Look at the Sons of God," *Journal for the Study of the Old Testament* 32, no. 4 (2008): 435–56, doi.org/10.1177/0309089208092140; Michael S. Heiser, "Deuteronomy 32:8 and the Sons of God," *Bibliotheca Sacra* 158 (2001): 71–72.

(15) Martin G. Abegg Jr., Peter Flint, and Eugene Ulrich, *The Dead Sea Scrolls Bible: The Oldest Known Bible Translated for the First Time into English* (San Francisco: Harper, 1999), 159; Jewish Publication Society of America, *The Holy Scriptures According to the Masoretic Text* (Philadelphia, 1917), jps.org/wp-content/uploads/2015/10/Tanakh1917.pdf

(16) Abegg, Flint, and Ulrich, *Dead Sea Scrolls Bible*, 506; Peter W. Flint, "Unrolling the Dead Sea Psalms Scrolls," in *The Oxford Handbook of the Psalms*, ed. William P. Brown (Oxford: Oxford University Press, 2014), 243, doi.org/10.1093/oxfordhb/9780199783335.013.015

(17) Timothy Michael Law, *When God Spoke Greek: The Septuagint and the Making of the Christian Bible* (Oxford: Oxford University Press, 2013), 49.

(18) Ibid., 62; Albert Pietersma and Benjamin G. Wright, eds., *A New English Translation of the Septuagint* (Oxford: Oxford University Press, 2007), vii; William P. Brown. "The Psalms: An Overview," in Brown, *Oxford Handbook of the Psalms*, 3, doi.org/10.1093/oxfordhb/9780199783335.013.001

(19) Law, *When God Spoke Greek*, 63, 72.

(20) Karen H. Jobes and Moisés Silva, *Invitation to the Septuagint* (Grand Rapids: Baker Academic, 2015), 161–62.

(21) Michael Heiser, "Deuteronomy 32:8 and the Sons of God," LBTS Faculty Publications and Presentations (2001), 279. 以下も参照のこと。Alexandria Frisch, *The Danielic Discourse on Empire in Second Temple Literature* (Boston: Brill, 2016), 140; "Deuteronomion," in Pietersma and Wright, *New English Translation of the Septuagint*, ccat.sas.upenn.edu/nets/edition/05-deut-nets.pdf

(22) Chanoch Albeck, ed., *Mishnah: Six Orders* (Jerusalem: Bialik, 1955–59).

(23) Maxine Grossman, "Lost Books of the Bible," in *The Oxford Dictionary of the Jewish Religion*, ed. Adele Berlin, 2nd ed. (Oxford : Oxford University Press, 2011) ; Geoffrey Khan, *A Short Introduction to the Tiberian Masoretic Bible and Its Reading Tradition* (Piscataway, N.J. : Gorgias Press, 2013).

(24) Bart D. Ehrman, *Forged : Writing in the Name of God : Why the Bible's Authors Are Not Who We Think They Are* (New York : HarperOne, 2011), 300 ; Annette Y. Reed. "Pseudepigraphy, Authorship, and the Reception of 'the Bible' in Late Antiquity," in *The Reception and Interpretation of the Bible in Late Antiquity : Proceedings of the Montréal Colloquium in Honor of Charles Kannengiesser*, ed. Lorenzo DiTommaso and Lucian Turcescu (Leiden : Brill, 2008), 467–90 ; Stephen Greenblatt, *The Rise and Fall of Adam and Eve* (New York : W. W. Norton, 2017), 68 ; Dale C. Allison Jr., *Testament of Abraham* (Berlin : Walter De Gruyter, 2013), vii.

(25) Grossman, "Lost Books of the Bible."

(26) たとえば、以下を参照のこと。Tzvi Freeman, "How Did the Torah Exist Before It Happened?," Chabad.org, www.chabad.org/library/article_cdo/aid/110124/jewish/How-Did-the-Torah-Exist-Before-it-Happened.htm

(27) Seth Schwartz, *Imperialism and Jewish Society, 200 B.C.E. to 640 C.E.* (Princeton, N.J. : Princeton University Press, 2001) ; Gottfried Reeg and Dagmar Börner-Klein, "Synagogue," in *Religion Past and Present*, ed. Hans Dieter Betz et al. (Leiden : Brill, 2006–12), dx.doi.org/10.1163/1877-5888_rpp_COM_025027 ; Kimmy Caplan, "Bet Midrash," in Betz et al., *Religion Past and Present*, dx.doi.org/10.1163/1877-5888_rpp_SIM_01883

(28) "Tractate Soferim," in *The William Davidson Talmud* (Jerusalem : Koren, 2017), www.sefaria.org/Tractate_Soferim?tab=contents

(29) "Tractate Eiruvin," in *Babylonian Talmud*, chap. 13a, halakhah.com/pdf/moed/Eiruvin.pdf

(30) B. Barry Levy, *Fixing God's Torah : The Accuracy of the Hebrew Bible Text in Jewish Law* (Oxford : Oxford University Press, 2001) ; Alfred J. Kolatch, *This Is the Torah* (New York : Jonathan David, 1988) ; "Tractate Soferim."

(31) Raphael Patai, *The Children of Noah : Jewish Seafaring in Ancient Times* (Princeton : N.J. : Princeton University Press, 1998), benyehuda.org/read/30739

(32) Shaye Cohen, Robert Goldenberg, and Hayim Lapin, eds., *The Oxford Annotated Mishnah* (Oxford : Oxford University Press, 2022), 1.

(33) Mayer I. Gruber, "The Mishnah as Oral Torah : A Reconsideration," *Journal for the Study of Judaism in the Persian, Hellenistic, and Roman Period* 15 (1984) : 112–22.

(34) Adin Steinsaltz, *The Essential Talmud* (New York : Basic Books, 2006), 3.

(35) Ibid.

(36) Elizabeth A. Harris, "For Jewish Sabbath, Elevators Do All the Work," *New York Times*, March 5, 2012, www.nytimes.com/2012/03/06/nyregion/on-jewish-sabbath-elevators-that-do-all-the-work.html

(37) Jon Clarine, "Digitalization Is Revolutionizing Elevator Services," *TKE blog*, June 2022, blog.tkelevator.com/digitalization-is-revolutionizing-elevator-services-jon-clarine-shares-how-and-why/

(38) たとえば、以下を参照のこと。"Tractate Megillah," in *Babylonian Talmud*, chap. 16b ; "Rashi on Genesis 45:14," in *Pentateuch with Targum Onkelos, Haphtaroth, and Prayers for Sabbath and Rashi's Commentary*, ed. and trans. M. Rosenbaum and A. M. Silbermann in collaboration with A. Blashki and L. Joseph (London : Shapiro, Vallentine, 1933), www.sefaria.org/Rashi_on_Genesis.45.14?lang=bi&with=Talmud&lang2=en

(39)　そのような信念が「タルムード」に由来することについては、以下を参照のこと。“Tractate Shabbat,” in *Babylonian Talmud*, chap. 119b. このテーマに関する今日のさまざまなバージョンについては、たとえば、以下を参照のこと。midrasha.biu.ac.il/node/2192

(40)　Bart D. Ehrman, *Lost Christianities: The Battles for Scripture and the Faiths We Never Knew* (Oxford: Oxford University Press, 2003); Frederik Bird. “Early Christianity as an Unorganized Ecumenical Religious Movement,” in *Handbook of Early Christianity: Social Science Approaches*, ed. Anthony J. Blasi, Jean Duhaime, and Paul-André Turcotte (Walnut Creek, Calif.: AltaMira Press, 2002), 225–46.

(41)　Konrad Schmid, “Immanuel,” in Betz et al., *Religion Past and Present.*

(42)　Ehrman, *Lost Christianities*, xiv; Sarah Parkhouse, “Identity, Death, and Ascension in the First Apocalypse of James and the Gospel of John,” *Harvard Theological Review* 114, no. 1 (2021): 51–71; Gregory T. Armstrong, “Abraham,” in *Encyclopedia of Early Christianity*, ed. Everett Ferguson (New York: Routledge, 1999), 7–8; John J. Collins, “Apocalyptic Literature,” in ibid., 73–74.

(43)　Ehrman, *Lost Christianities*, xi–xii.

(44)　Ibid., xii; J. K. Elliott, ed., *The Apocryphal New Testament: A Collection of Apocryphal Christian Literature in an English Translation* (Oxford: Oxford University Press, 1993), 231–302.

(45)　Ibid., 543–46; Ehrman, *Lost Christianities*; Andrew Louth, ed., *Early Christian Writings: The Apostolic Fathers* (New York: Penguin Classics, 1987).

(46)　*The Festal Epistles of St. Athanasius, Bishop of Alexandria* (Oxford: John Henry Parker, 1854), 137–39.

(47)　Ehrman, *Lost Christianities*, 231.

(48)　Daria Pezzoli-Olgiati et al., “Canon,” in Betz et al., *Religion Past and Present*; David Salter Williams, “Reconsidering Marcion's Gospel,” *Journal of Biblical Literature* 108, no. 3 (1989): 477–96.

(49)　Ashish J. Naidu, *Transformed in Christ: Christology and the Christian Life in John Chrysostom* (Eugene, Ore.: Pickwick Publications, 2012), 77.

(50)　Bruce M. Metzger, *The Canon of the New Testament: Its Origin, Development, and Significance* (Oxford: Clarendon Press, 1987), 219–20.

(51)　Metzger, *Canon of the New Testament*, 176, 223–24; Christopher Sheklian, “Venerating the Saints, Remembering the City: Armenian Memorial Practices and Community Formation in Contemporary Istanbul,” in *Armenian Christianity Today: Identity Politics and Popular Practice*, ed. Alexander Agadjanian (Surrey, U.K.: Ashgate, 2014), 157; Bart Ehrman, *Forgery and Counter-forgery: The Use of Literary Deceit in Early Christian Polemics* (Oxford: Oxford University Press, 2013), 32. 以下も参照のこと。Ehrman, *Lost Christianities*, 210–11.

(52)　Ehrman, *Lost Christianities*, 231.

(53)　Ibid., 236–38.

(54)　Ibid., 38; Ehrman, *Forgery and Counter-forgery*, 203; Raymond F. Collins, “Pastoral Epistles,” in Betz et al., *Religion Past and Present.*

(55)　Ariel Sabar, “The Inside Story of a Controversial New Text About Jesus,” *Smithsonian Magazine*, Sept. 17, 2012, www.smithsonianmag.com/history/the-inside-story-of-a-controversial-new-text-about-jesus-41078791/

(56)　Dennis MacDonald, *The Legend of the Apostle: The Battle for Paul in Story and Canon* (Philadelphia: Westminster Press, 1983), 17; Stephen J. Davis, *The Cult of Saint Thecla: A Tradition of Women's Piety in Late Antiquity* (Oxford: Oxford University Press, 2001), 6.

(57)　Davis, *Cult of Saint Thecla.*

(58) Knut Willem Ruyter, "Pacifism and Military Service in the Early Church," *CrossCurrents* 32, no. 1 (1982) : 54–70 ; Harold S. Bender, "The Pacifism of the Sixteenth Century Anabaptists," *Church History* 24, no. 2 (1955) : 119–31.

(59) Michael J. Lewis, *City of Refuge : Separatists and Utopian Town Planning* (Princeton, N.J. : Princeton University Press, 2016), 97.

(60) Irene Bueno, "False Prophets and Ravening Wolves : Biblical Exegesis as a Tool Against Heretics in Jacques Fournier's Postilla on Matthew," *Speculum* 89, no. 1 (2014) : 35–65.

(61) Peter K. Yu, "Of Monks, Medieval Scribes, and Middlemen," *Michigan State Law Review* 2006, no. 1 (2006) : 7.

(62) Marc Drogin, *Anathema! Medieval Scribes and the History of Book Curses* (Totowa, N.J. : Allanheld, Osmun, 1983), 37.

(63) Nicholas Watson, "Censorship and Cultural Change in Late-Medieval England : Vernacular Theology, the Oxford Translation Debate, and Arundel's Constitutions of 1409," *Speculum* 70, no. 4 (1995) : 827.

(64) David B. Barrett, George Thomas Kurian, and Todd M. Johnson, *World Christian Encyclopedia : A Comparative Survey of Churches and Religions in the Modern World* (Oxford : Oxford University Press, 2001), 12.

(65) Eltjo Buringh and Jan Luiten Van Zanden, "Charting the 'Rise of the West' : Manuscripts and Printed Books in Europe, a Long-Term Perspective from the Sixth Through Eighteenth Centuries," *Journal of Economic History* 69 (2009) : 409–45.

(66) ヨーロッパの魔女狩りに関するこの後の考察は、主に以下に依拠した。Ronald Hutton, *The Witch : A History of Fear, from Ancient Times to the Present* (New Haven, Conn. : Yale University Press, 2017).

(67) Hutton, *Witch*.

(68) Ibid. 10世紀の初め（あるいは、ことによると9世紀の終わり）にまとめられた『司教法令集』は、教会法に取り込まれた。『司教法令集』によれば、魔王は人々をたぶらかし、たとえば、彼らは空を飛ぶことができるなどといった、ありとあらゆる種類の空想的な事柄を信じ込ませるのであり、そうした事柄が本当だと信じるのは罪であるとのことだった。これは、近世の魔女狩り人たちが取った立場と正反対だ。魔女狩り人たちは、そのような事柄は実際に起こっており、それが本当であることを疑うのは罪であると断言した。以下も参照のこと。Julian Goodare, "Witches' Flight in Scottish Demonology," in *Demonology and Witch-Hunting in Early Modern Europe*, ed. Julian Goodare, Rita Voltmer, and Liv Helene Willumsen (London : Routledge, 2020), 147–67.

(69) Hutton, *Witch* ; Richard Kieckhefer, "The First Wave of Trials for Diabolical Witchcraft," in *The Oxford Handbook of Witchcraft in Early Modern Europe and Colonial America*, ed. Brian P. Levack (Oxford : Oxford University Press, 2013), 158–78 ; Fabrizio Conti, "Notes on the Nature of Beliefs in Witchcraft : Folklore and Classical Culture in Fifteenth Century Mendicant Traditions," *Religions* 10, no. 10 (2019) : 576 ; Chantal Ammann-Doubliez, "La première chasse aux sorciers en Valais (1428–1436?)," in *L'imaginaire du sabbat : Édition critique des textes les plus anciens (1430 c.–1440 c.)*, ed. Martine Ostorero et al. (Lausanne : Université de Lausanne, Section d'Histoire, Faculté des Lettres, 1999), 63–98 ; Nachman Ben-Yehuda, "The European Witch Craze : Still a Sociologist's Perspective," *American Journal of Sociology* 88, no. 6 (1983) : 1275–79 ; Hans Peter Broedel, "Fifteenth-Century Witch Beliefs," in Levack, *Oxford Handbook of Witchcraft*.

(70) Hans Broedel, *The "Malleus Maleficarum" and the Construction of Witchcraft : Theology and Popular Belief* (Manchester : Manchester University Press, 2003) ; Martine Ostorero, "Un lecteur attentif du *Speculum*

historiale de Vincent de Beauvais au XVe siècle : L'inquisiteur bourguignon Nicolas Jacquier et la réalité des apparitions démoniaques," *Spicae : Cahiers de l'Atelier Vincent de Beauvais* 3 (2013).

(71) クラーマーと彼の著述に関するこの箇所と以後の考察は、主に以下に基づいている。Broedel, *"Malleus Maleficarum" and the Construction of Witchcraft.* 以下も参照のこと。Tamar Herzig, "The Bestselling Demonologist : Heinrich Institoris's *Malleus Maleficarum,*" in *The Science of Demons : Early Modern Authors Facing Witchcraft and the Devil,* ed. Jan Machielsen (New York : Routledge, 2020), 53–67.

(72) Broedel, *"Malleus Maleficarum" and the Construction of Witchcraft,* 178.

(73) Jakob Sprenger, *Malleus Maleficarum,* trans. Montague Summers (London : J. Rodker, 1928), 121.

(74) Tamar Herzig, "Witches, Saints, and Heretics : Heinrich Kramer's Ties with Italian Women Mystics," *Magic, Ritual, and Witchcraft* 1, no. 1 (2006) : 26 ; André Schnyder, *"Malleus maleficarum" von Heinrich Institoris (alias Kramer) unter Mithilfe Jakob Sprengers aufgrund der dämonologischen Tradition zusammengestellt : Kommentar zur Wiedergabe des Erstdrucks von 1487 (Hain 9238)* (Göppingen : Kümmerle, 1993), 62.

(75) Broedel, *"Malleus Maleficarum" and the Construction of Witchcraft,* 7–8.

(76) 印刷革命とヨーロッパにおける魔女狩りの熱狂とのつながりについては、以下を参照のこと。Charles Zika, *The Appearance of Witchcraft : Print and Visual Culture in Sixteenth-Century Europe* (London : Routledge, 2007) ; Robert Walinski-Kiehl, "Pamphlets, Propaganda, and Witch-Hunting in Germany, c. 1560–c. 1630," *Reformation* 6, no. 1 (2002) : 49–74 ; Alison Rowlands, *Witchcraft Narratives in Germany : Rothenburg, 1561–1652* (Manchester : Manchester University Press, 2003) ; Walter Stephens, *Demon Lovers : Witchcraft, Sex, and the Crisis of Belief* (Chicago : University of Chicago Press, 2002) ; Brian P. Levack, *The Witch-Hunt in Early Modern Europe* (London : Longman, 1987). 印刷術と魔女狩りとのつながりに重点を置かない研究については、以下を参照のこと。Stuart Clark, *Thinking with Demons : The Idea of Witchcraft in Early Modern Europe* (Oxford : Clarendon Press, 1997).

(77) Brian P. Levack による以下への序文。*Oxford Handbook of Witchcraft,* 1–10n13 ; Henry Boguet, *An Examen of Witches Drawn from Various Trials of Many of This Sect in the District of Saint Oyan de Joux, Commonly Known as Saint Claude, in the County of Burgundy, Including the Procedure Necessary to a Judge in Trials for Witchcraft,* trans. Montague Summers and E. Allen Ashwin (London : J. Rodker, 1929), xxxii.

(78) James Sharpe, *Witchcraft in Early Modern England,* 2nd ed. (New York : Routledge, 2019), 5.

(79) Robert S. Walinski-Kiehl, "The Devil's Children : Child Witch-Trials in Early Modern Germany," *Continuity and Change* 11, no. 2 (1996) : 171–89 ; William Monter, "Witchcraft in Iberia," in Levack, *Oxford Handbook of Witchcraft,* 268–82.

(80) Sprenger, *Malleus Maleficarum,* 223–24.

(81) Michael Kunze, *Highroad to the Stake : A Tale of Witchcraft* (Chicago : University of Chicago Press, 1989), 87.

(82) この事例の詳細については、同書を参照のこと。処刑については、以下も参照のこと。Robert E. Butts, "De Praestigiis Daemonum : Early Modern Witchcraft : Some Philosophical Reflections," in *Witches, Scientists, Philosophers : Essays and Lectures,* ed. Graham Solomon (Dordrecht : Springer Netherlands, 2000), 14–15.

(83) Gareth Medway, *Lure of the Sinister : The Unnatural History of Satanism* (New York : New York University Press, 2001) ; Broedel, *"Malleus Maleficarum" and the Construction of Witchcraft* ; David Pickering, *Cassell's Dictionary of Witchcraft* (London : Cassell, 2003).

(84) Gary K. Waite, "Sixteenth-Century Religious Reform and the Witch-Hunts," in Levack, *Oxford*

Handbook of Witchcraft, 499.

(85) Mark Häberlein and Johannes Staudenmaier, "Bamberg," in *Handbuch kultureller Zentren der Frühen Neuzeit: Städte und Residenzen im alten deutschen Sprachraum*, ed. Wolfgang Adam and Siegrid Westphal (Berlin: De Gruyter, 2013), 57.

(86) Birke Griesshammer, *Angeklagt—gemartet—verbrannt: Die Opfer der Hexenverfolgung in Franken*［告発され――迫害され――火あぶりにされる：フランケン地方の魔女狩りの犠牲者たち］(Erfurt, Germany: Sutton, 2013), 43.

(87) Wolfgang Behringer, *Witches and Witch-Hunts: A Global History* (Cambridge, U.K.: Polity Press, 2004), 150（ヴォルフガング・ベーリンガー『魔女と魔女狩り』、長谷川直子訳、刀水書房、2014 年）; Griesshammer, *Angeklagt—gemartet—verbrannt*, 43; Arnold Scheuerbrandt, *Südwestdeutsche Stadttypen und Städtegruppen bis zum frühen 19. Jahrhundert: Ein Beitrag zur Kulturlandschaftsgeschichte und zur kulturräumlichen Gliederung des nördlichen Baden-Württemberg und seiner Nachbargebiete* (Heidelberg, Germany: Selbstverlag des Geographischen Instituts der Universität, 1972), 383.

(88) Robert Rapley, *Witch Hunts: From Salem to Guantanamo Bay* (Montreal: McGill-Queen's University Press, 2007), 22–23.

(89) Gustav Henningsen, *The Witches' Advocate: Basque Witchcraft and the Spanish Inquisition, 1609–1614* (Reno: University of Nevada Press, 1980), 304, ix.

(90) Arthur Koestler, *The Sleepwalkers: A History of Man's Changing Vision of the Universe* (London: Penguin Books, 2014), 168.

(91) Yuval Noah Harari, *Sapiens: A Brief History of Humankind* (New York: Harper, 2015), chap. 14（ハラリ『サピエンス全史』）.

(92) たとえば、以下を参照のこと。Dan Ariely, *Misbelief: What Makes Rational People Believe Irrational Things* (New York: Harper, 2023), 145.

(93) Rebecca J. St. George and Richard C. Fitzpatrick, "The Sense of Self-Motion, Orientation, and Balance Explored by Vestibular Stimulation," *Journal of Physiology* 589, no. 4 (2011): 807–13; Jarett Casale et al., "Physiology, Vestibular System," in *StatPearls* (Treasure Island, Fla.: StatPearls Publishing, 2023).

(94) Younghoon Kwon et al., "Blood Pressure Monitoring in Sleep: Time to Wake Up," *Blood Pressure Monitoring* 25, no. 2 (2020): 61–68; Darae Kim and Jong-Won Ha, "Hypertensive Response to Exercise: Mechanisms and Clinical Implication," *Clinical Hypertension* 22, no. 1 (2016): 17.

(95) Gianfranco Parati et al., "Blood Pressure Variability: Its Relevance for Cardiovascular Homeostasis and Cardiovascular Diseases," *Hypertension Research* 43, no. 7 (2020): 609–20.

(96) "Unitatis redintegratio" (Decree on Ecumenism), Second Vatican Council, Nov. 21, 1964, www.vatican.va/archive/hist_councils/ii_vatican_council/documents/vat-ii_decree_19641121_unitatis-redintegratio_en.html

(97) Rabbi Moses ben Nahman (ca. 1194–1270), Commentary on Deuteronomy 17:11.

(98) Ṣaḥīḥ al-Tirmidhī, 2167; Mairaj Syed, "Ijmāʿ," in *The Oxford Handbook of Islamic Law*, ed. Anver M. Emon and Rumee Ahmed (Oxford: Oxford University Press, 2018), 271–98; Iysa A. Bello, "The Development of Ijmāʿ in Islamic Jurisprudence During the Classical Period," in *The Medieval Islamic Controversy Between Philosophy and Orthodoxy: Ijmāʿ and Taʾwīl in the Conflict Between al-Ghazālī and Ibn Rushd* (Leiden: Brill, 1989), 17–28.

(99) "Pastor aeternus," First Vatican Council, July 18, 1870, www.vatican.va/content/pius-ix/en/documents/constitutio-dogmatica-pastor-aeternus-18-iulii-1870.html; "The Pope Is Never Wrong: A History of Papal

Infallibility in the Catholic Church," University of Reading, Jan. 10, 2019, research.reading.ac.uk/research-blog/pope-never-wrong-history-papal-infallibility-catholic-church/; Hermann J. Pottmeyer, "Infallibility," in *Encyclopedia of Christianity Online* (Leiden: Brill, 2011).

（100） Rory Carroll, "Pope Says Sorry for Sins of Church," *Guardian*, March 13, 2000, www.theguardian.com/world/2000/mar/13/catholicism.religion

（101） Leyland Cecco, "Pope Francis 'Begs Forgiveness' over Abuse at Church Schools in Canada," *Guardian*, July 26, 2022, www.theguardian.com/world/2022/jul/25/pope-francis-apologizes-for-abuse-at-church-schools-on-visit-to-canada

（102） 教会の制度的な性差別については、以下を参照のこと。April D. DeConick, *Holy Misogyny: Why the Sex and Gender Conflicts in the Early Church Still Matter* (New York: Continuum, 2011); Jack Holland, *A Brief History of Misogyny: The World's Oldest Prejudice* (London: Robinson, 2006), chaps. 3, 4, and 8; Elisabeth Schüssler Fiorenza, *In Memory of Her: A Feminist Theological Reconstruction of Christian Origins* (New York: Crossroad, 1994)（E・S・フィオレンツァ『彼女を記念して――フェミニスト神学によるキリスト教起源の再構築』（オンデマンド版）、山口里子訳、日本キリスト教団出版局、2003 年）. 反ユダヤ主義については、以下を参照のこと。Robert Michael, *Holy Hatred: Christianity, Antisemitism, and the Holocaust* (New York: Palgrave Macmillan, 2006), 17–19; Robert Michael, *A History of Catholic Antisemitism: The Dark Side of the Church* (New York: Palgrave Macmillan, 2008); James Carroll, *Constantine's Sword: The Church and the Jews* (Boston: Houghton Mifflin, 2002), 91–93. 福音書における不寛容については、以下を参照のこと。Gerd Lüdemann, *Intolerance and the Gospel: Selected Texts from the New Testament* (Amherst, N.Y.: Prometheus Books, 2007); Graham Stanton and Guy G. Stroumsa, eds., *Tolerance and Intolerance in Early Judaism and Christianity* (Cambridge, U.K.: Cambridge University Press, 1998), esp. 124–31.

（103） Edward Peters, ed., *Heresy and Authority in Medieval Europe* (Philadelphia: University of Pennsylvania Press, 2011), chap. 6.

（104） Diana Hayes, "Reflections on Slavery," in *Change in Official Catholic Moral Teaching*, ed. Charles E. Curran (New York: Paulist Press, 1998), 67.

（105） Associated Press, "Pope Francis Suggests Gay Couples Could Be Blessed in Vatican Reversal," *Guardian*, Oct. 3, 2023, www.theguardian.com/world/2023/oct/03/pope-francis-suggests-gay-couples-could-be-blessed-in-vatican-reversal

（106） Robert Rynasiewicz, "Newton's Views on Space, Time, and Motion," in *Stanford Encyclopedia of Philosophy*, ed. Edward N. Zalta, Spring 2022 (Palo Alto, Calif.: Metaphysics Research Lab, Stanford University, 2022).

（107） たとえば、以下を参照のこと。Sandra Harding, ed., *The Postcolonial Science and Technology Studies Reader* (Durham, N.C.: Duke University Press, 2011); Agustín Fuentes et al., "AAPA Statement on Race and Racism," *American Journal of Physical Anthropology* 169, no. 3 (2019): 400–2; Michael L. Blakey, "Understanding Racism in Physical (Biological) Anthropology," *American Journal of Physical Anthropology* 175, no. 2 (2021): 316–25; Allan M. Brandt, "Racism and Research: The Case of the Tuskegee Syphilis Study," *Hastings Center Report* 8, no. 6 (1978): 21–29; Alison Bashford, "'Is White Australia Possible?': Race, Colonialism, and Tropical Medicine," *Ethnic and Racial Studies* 23, no. 2 (2000): 248–71; Eric Ehrenreich, *The Nazi Ancestral Proof: Genealogy, Racial Science, and the Final Solution* (Bloomington: Indiana University Press, 2007).

（108） Jack Drescher, "Out of DSM: Depathologizing Homosexuality," *Behavioral Sciences* 5, no. 4 (2015):

565–75 ; Sarah Baughey-Gill, "When Gay Was Not Okay with the APA : A Historical Overview of Homosexuality and Its Status as Mental Disorder," *Occam's Razor* 1 (2011) : 13.

(109) Shaena Montanari, "Debate Remains over Changes in DSM-5 a Decade On," *Spectrum*, May 31, 2023.

(110) Ian Fisher and Rachel Donadio, "Benedict XVI, First Modern Pope to Resign, Dies at 95," *New York Times*, Dec. 31, 2022, www.nytimes.com/2022/12/31/world/europe/benedict-xvi-dead.html ; "Chief Rabbinate Rejects Mixed Male-Female Prayer at Western Wall," *Israel Hayom*, June 19, 2017, www.israelhayom.co.il/article/484687 ; Saeid Golkar, "Iran After Khamenei : Prospects for Political Change," *Middle East Policy* 26, no. 1 (2019) : 75–88.

(111) たとえば、以下を参照のこと。Kathleen Stock, *Material Girls: Why Reality Matters for Feminism* (London : Fleet, 2021). 同書には、ジェンダー研究で現在主流の意見を批判したことでもたらされた彼女の経験が綴られている。Klaus Taschwer, *The Case of Paul Kammerer : The Most Controversial Biologist of His Time*, trans. Michal Schwartz (Montreal : Bunim & Bannigan, 2019). 同書には、遺伝に関する同時代の通説に反するように見えたパウル・カンメラーの実験をめぐって、彼に向けられた批判が取り上げられている。

(112) D. Shechtman et al., "Metallic Phase with Long-Range Orientational Order and No Translational Symmetry," *Physical Review Letters* 53 (1984) : 1951–54.

(113) 準結晶の発見とそれに伴う論争の説明については、以下を参照のこと。Alok Jha, "Dan Shechtman : 'Linus Pauling Said I Was Talking Nonsense,'" *Guardian*, Jan. 6, 2013, www.theguardian.com/science/2013/jan/06/dan-shechtman-nobel-prize-chemistry-interview ; Nobel Prize, "A Remarkable Mosaic of Atoms," Oct. 5, 2011, www.nobelprize.org/prizes/chemistry/2011/press-release/ ; Denis Gratias and Marianne Quiquandon, "Discovery of Quasicrystals : The Early Days," *Comptes Rendus Physique* 20, no. 7–8 (2019) : 803–16 ; Dan Shechtman, "The Discovery of Quasi-Periodic Materials," Lindau Nobel Laureate Meetings, July 5, 2012, mediatheque.lindau-nobel.org/recordings/31562/the-discovery-of-quasi-periodic-materials-2012

(114) Patrick Lannin and Veronica Ek, "Ridiculed Crystal Work Wins Nobel for Israeli," Reuters, Oct. 6, 2011, www.reuters.com/article/idUSTRE7941EP/

(115) Vadim Birstein, *The Perversion of Knowledge : The True Story of Soviet Science* (Boulder, Colo. : Westview Press, 2001).

(116) Ibid., 209–41, 394, 401–2, 428.

(117) Ibid., 247–55, 270–76 ; Nikolai Krementsov, "A 'Second Front' in Soviet Genetics : The International Dimension of the Lysenko Controversy, 1944–1947," *Journal of the History of Biology* 29, no. 2 (1996) : 229–50.

第５章　決定——民主主義と全体主義の概史

(1) 権威主義のネットワークにおける情報の流れに関する詳細な考察については、以下を参照のこと。Jeremy L. Wallace, *Seeking Truth and Hiding Facts : Information, Ideology, and Authoritarianism in China* (Oxford : Oxford University Press, 2022).

(2) Fergus Millar, *The Emperor in the Roman World, 31 BC–AD 337* (Ithaca, N.Y. : Cornell University Press, 1977) ; Richard J. A. Talbert, *The Senate of Imperial Rome* (Princeton, N.J. : Princeton University Press, 2022) ; J. A. Crook, "Augustus : Power, Authority, Achievement," in *The Cambridge Ancient History*, vol. 10, *The Augustan Empire, 43 BC–AD 69*, ed. Alan K. Bowman, Andrew Lintott, and Edward Champlin

(Cambridge, U.K.: Cambridge University Press, 1996), 113–46.

(3) Peter H. Solomon, *Soviet Criminal Justice Under Stalin* (Cambridge, U.K.: Cambridge University Press, 1996); Stephen Kotkin, *Stalin: Waiting for Hitler, 1929–1941* (New York: Penguin Press, 2017), 330–33, 371–73, 477–80.

(4) Jenny White, "Democracy Is Like a Tram," Turkey Institute, July 14, 2016, www.turkeyinstitute.org.uk/commentary/democracy-like-tram/

(5) Müller, *What Is Populism?*（ミュラー『ポピュリズムとは何か』）; Masha Gessen, *The Future Is History: How Totalitarianism Reclaimed Russia* (New York: Riverhead Books, 2017)（マーシャ・ゲッセン『ロシア　奪われた未来――ソ連崩壊後の四半世紀を生きる』、三浦元博・飯島一孝訳、白水社、2023年）; Steven Levitsky and Daniel Ziblatt, *How Democracies Die* (New York: Crown, 2018)（スティーブン・レビツキー、ダニエル・ジブラット『民主主義の死に方――二極化する政治が招く独裁への道』、濱野大道訳、新潮社、2018年）; Timothy Snyder, *The Road to Unfreedom: Russia, Europe, America* (New York: Crown, 2018)（ティモシー・スナイダー『自由なき世界――フェイクデモクラシーと新たなファシズム』（上・下）、池田年穂訳、慶應義塾大学出版会、2020年）; Gideon Rachman, *The Age of the Strongman: How the Cult of the Leader Threatens Democracy Around the World* (New York: Other Press, 2022)（ギデオン・ラックマン『強権的指導者の時代――民主主義を脅かす世界の新潮流』、村井浩紀監訳、日経BP日本経済新聞出版、2022年）.

(6) H.J.Res.114–107th Congress (2001–2002): Authorization for Use of Military Force Against Iraq Resolution of 2002, Congress.gov, Oct. 16, 2002, www.congress.gov/bill/107th-congress/house-joint-resolution/114

(7) Frank Newport, "Seventy-Two Percent of Americans Support War Against Iraq," Gallup, March 24, 2003, news.gallup.com/poll/8038/SeventyTwo-Percent-Americans-Support-War-Against-Iraq.aspx

(8) "Poll: Iraq War Based on Falsehoods," UPI, Aug. 20, 2004, www.upi.com/Top_News/2004/08/20/Poll-Iraq-war-based-on-falsehoods/75591093019554/

(9) James Eaden and David Renton, *The Communist Party of Great Britain Since 1920* (London: Palgrave, 2002), 96; Ian Beesley, *The Official History of the Cabinet Secretaries* (London: Routledge, 2017), 47.

(10) Müller, *What Is Populism?*, 34（ミュラー『ポピュリズムとは何か』）.

(11) Ibid., 3.

(12) Ibid., 3–4, 20–22.

(13) Ralph Hassig and Kongdan Oh, *The Hidden People of North Korea: Everyday Life in the Hermit Kingdom* (Lanham, Md.: Rowman & Littlefield, 2015); Seol Song Ah, "Inside North Korea's Supreme People's Assembly," *Guardian*, April 22, 2014, www.theguardian.com/world/2014/apr/22/inside-north-koreas-supreme-peoples-assembly

(14) Andrei Lankov, *The Real North Korea: Life and Politics in the Failed Stalinist Utopia* (Oxford: Oxford University Press, 2013)（アンドレイ・ランコフ『北朝鮮の核心――そのロジックと国際社会の課題』、山岡由美訳、みすず書房、2015年）.

(15) Graeber and Wengrow, *Dawn of Everything*, chaps. 2–5（グレーバー、ウェングロウ『万物の黎明』）.

(16) Ibid., chaps. 3–5; Bellah, *Religion in Human Evolution*, 117–209; Pierre Clastres, *Society Against the State: Essays in Political Anthropology* (New York: Zone Books, 1988).

(17) Michael L. Ross, *The Oil Curse: How Petroleum Wealth Shapes the Development of Nations* (Princeton, N.J.: Princeton University Press, 2013)（マイケル・L・ロス『石油の呪い――国家の発展経路はい

かに決定されるか』、松尾昌樹・浜中新吾訳、吉田書店、2017年）; Leif Wenar, *Blood Oil: Tyrants, Violence, and the Rules That Run the World* (Oxford: Oxford University Press, 2015); Karen Dawisha, *Putin's Kleptocracy: Who Owns Russia?* (New York: Simon & Schuster, 2014).

(18) Graeber and Wengrow, *Dawn of Everything*, chaps. 3-5（グレーバー、ウェングロウ『万物の黎明』）; Eric Alden Smith and Brian F. Codding, "Ecological Variation and Institutionalized Inequality in Hunter-Gatherer Societies," *Proceedings of the National Academy of Sciences* 118, no. 13 (2021).

(19) James Woodburn, "Egalitarian Societies," *Man* 17, no. 3 (1982): 431-51.

(20) Graeber and Wengrow, *Dawn of Everything*, chaps. 3-5（グレーバー、ウェングロウ『万物の黎明』）; Bellah, *Religion in Human Evolution*, chaps. 3-5. 約5000人から成り、狩猟採集と農耕で暮らしているパプアニューギニアのコピ人の間での情報の流れに関する考察については、以下を参照のこと。Madden, Bryson, and Palimi, "Information Behavior in Pre-literate Societies."

(21) ウルクのような古代メソポタミアの都市国家はときおり民主制だったこともあるという主張については、以下を参照のこと。Graeber and Wengrow, *Dawn of Everything*（グレーバー、ウェングロウ『万物の黎明』）.

(22) John Thorley, *Athenian Democracy* (London: Routledge, 2005), 74; Nancy Evans, *Civic Rites: Democracy and Religion in Ancient Athens* (Berkeley: University of California Press, 2010), 16.

(23) Thorley, *Athenian Democracy*; Evans, *Civic Rites*, 79.

(24) Millar, *Emperor in the Roman World*; Talbert, *Senate of Imperial Rome*.

(25) Kyle Harper, *The Fate of Rome: Climate, Disease, and the End of an Empire* (Princeton, N.J.: Princeton University Press, 2017), 30-31; Walter Scheidel, "Demography," in *The Cambridge Economic History of the Greco-Roman World*, ed. Ian Morris, Richard P. Saller, and Walter Scheidel (Cambridge, U.K.: Cambridge University Press, 2007), 38-86.

(26) Vladimir G. Lukonin, "Political, Social, and Administrative Institutions, Taxes, and Trade," in *The Cambridge History of Iran: Seleucid Parthian*, vol. 3, *The Seleucid, Parthian, and Sasanid Periods*, ed. Ehsan Yarshater (Cambridge, U.K.: Cambridge University Press, 1983), 681-746; Gene R. Garthwaite, *The Persians* (Malden, Mass.: Wiley-Blackwell, 2005).

(27) ウァロによる従来の年表は紀元前390年のこととしているが、紀元前387年か386年だった可能性のほうが高い。以下を参照のこと。Tim Cornell, *The Beginnings of Rome: Italy and Rome from the Bronze Age to the Punic Wars (c. 1000-264 B.C.)* (London: Routledge, 1995), 313-14. この出来事の詳細は、以下に記述されている。Livy, *History of Rome*, 5:34-6:1（リウィウス『ローマ建国以来の歴史　2』、岩谷智訳、京都大学学術出版会、2016年；リウィウス『ローマ建国以来の歴史3』、毛利晶訳、京都大学学術出版会、2008年）、および Plutarch, *Camillus*, 17-31（プルタルコス『英雄伝　1』、柳沼重剛訳、京都大学学術出版会、2007年）. 独裁官の役割に関する考察については、以下を参照のこと。Andrew Lintott, *The Constitution of the Roman Republic* (Oxford: Oxford University Press, 2003), and Hannah J. Swithinbank, "Dictator," in *The Encyclopedia of Ancient History*, ed. Roger S. Bagnall et al. (Malden, Mass.: John Wiley & Sons, 2012).

(28) Harper, *Fate of Rome*, 30-31; Scheidel, "Demography."

(29) Rein Taagepera, "Size and Duration of Empires: Growth-Decline Curves, 600 B.C. to 600 A.D.," *Social Science History* 3, no. 3/4 (1979): 115-38.

(30) William V. Harris, *Ancient Literacy* (Cambridge, Mass.: Harvard University Press, 1989), 141, 267.

(31) Theodore P. Lianos, "Aristotle on Population Size," *History of Economic Ideas* 24, no. 2 (2016): 11-26; Plato B. Jowett, "Plato on Population and the State," *Population and Development Review* 12, no. 4 (1986):

781–98; Theodore Lianos, "Population and Steady-State Economy in Plato and Aristotle," *Journal of Population and Sustainability* 7, no. 1 (2023): 123–38.

(32) 以下を参照のこと。Gregory S. Aldrete and Alicia Aldrete, "Power to the People: Systems of Government," in *The Long Shadow of Antiquity: What Have the Greeks and Romans Done for Us?* (London: Continuum, 2012). 以下も参照のこと。Eeva-Maria Viitanen and Laura Nissin, "Campaigning for Votes in Ancient Pompeii: Contextualizing Electoral Programmata," in *Writing Matters: Presenting and Perceiving Monumental Inscriptions in Antiquity and the Middle Ages*, ed. Irene Berti et al. (Berlin: De Gruyter, 2017), 117–44; Willem Jongman, *The Economy and Society of Pompeii* (Leiden: Brill, 2023).

(33) Aldrete and Aldrete, *Long Shadow of Antiquity*, 129–66.

(34) Roger Bartlett, *A History of Russia* (Houndsmills, U.K.: Palgrave, 2005), 98–99; David Moon, "Peasants and Agriculture," in *The Cambridge History of Russia*, ed. Dominic Lieven (Cambridge, U.K.: Cambridge University Press, 2006), 369–93; Richard Pipes, *Russia Under the Old Regime*, 2nd ed. (London: Penguin, 1995), 18; Peter Toumanoff, "The Development of the Peasant Commune in Russia," *Journal of Economic History* 41, no. 1 (1981): 179–84; William G. Rosenberg, "Review of *Understanding Peasant Russia*," *Comparative Studies in Society and History* 35, no. 4 (1993): 840–49. だが、これらの農村自治体を民主制のモデルとして理想化することの危険性については、以下を参照のこと。T. K. Dennison and A. W. Carus, "The Invention of the Russian Rural Commune: Haxthausen and the Evidence," *Historical Journal* 46, no. 3 (2003): 561–82.

(35) Andrew Wilson, "City Sizes and Urbanization in the Roman Empire," in *Settlement, Urbanization, and Population*, ed. Alan Bowman and Andrew Wilson (New York: Oxford University Press), 171–72.

(36) これは大まかな推定だ。学者たちは、近世ポーランドの詳細な人口データを欠いており、ポーランドの人口の約半数が成人で、成人の半数が男性であるという前提に立っている。シュラフタの人口に関しては、ウルシュラ・アウグスティニアクは18世紀後半には全人口の8～10パーセントだったと推定している。以下を参照のこと。Jacek Jedruch, *Constitutions, Elections, and Legislatures of Poland, 1493–1977: A Guide to Their History* (Washington, D.C.: University Press of America, 1982), 448–49; Urszula Augustyniak, *Historia Polski, 1572–1795* (Warsaw: Wydawnictwo Naukowe PWN, 2008), 253, 256; Norman Davies, *God's Playground: A History of Poland*, vol. 1, *The Origins to 1795* (New York: Columbia University Press, 1981), 214–15; Aleksander Gella, *Development of Class Structure in Eastern Europe: Poland and Her Southern Neighbors* (Albany: State University of New York Press, 1989), 13; Felicia Roşu, *Elective Monarchy in Transylvania and Poland-Lithuania, 1569–1587* (New York: Oxford University Press, 2017), 20.

(37) Augustyniak, *Historia Polski*, 537–38; Roşu, *Elective Monarchy in Transylvania and Poland-Lithuania*, 149n29. およそ4万～5万という、はるかに大きな数を挙げる情報源もある。以下を参照のこと。Robert Bideleux and Ian Jeffries, *A History of Eastern Europe: Crisis and Change* (New York: Routledge, 2007), 177, and W. F. Reddaway et al., eds., *Cambridge History of Poland: From the Origins to Sobieski* (Cambridge, U.K.: Cambridge University Press, 1971), 371.

(38) Davies, *God's Playground*; Roşu, *Elective Monarchy in Transylvania and Poland-Lithuania*; Jedruch, *Constitutions, Elections, and Legislatures of Poland*.

(39) Davies, *God's Playground*, 190.

(40) Peter J. Taylor, "Ten Years That Shook the World? The United Provinces as First Hegemonic State," *Sociological Perspectives* 37, no. 1 (1994): 25–46, doi.org/10.2307/1389408; Jonathan Israel, *The Dutch Republic: Its Rise, Greatness, and Fall, 1477–1806* (Oxford: Clarendon Press, 1995).

(41)　近世オランダの民主的な特徴に関する考察については、以下を参照のこと。Maarten Prak, *The Dutch Republic in the Seventeenth Century*, trans. Diane Webb (Cambridge, U.K. : Cambridge University Press, 2023) ; J. L. Price, *Holland and the Dutch Republic in the Seventeenth Century : The Politics of Particularism* (Oxford : Clarendon Press, 1994) ; Catherine Secretan, "'True Freedom' and the Dutch Tradition of Republicanism," *Republics of Letters : A Journal for the Study of Knowledge, Politics, and the Arts* 2, no. 1 (2010) : 82–92 ; Henk te Velde, "The Emergence of the Netherlands as a 'Democratic' Country," *Journal of Modern European History* 17, no. 2 (2019) : 161–70 ; Maarten F. Van Dijck, "Democracy and Civil Society in the Early Modern Period : The Rise of Three Types of Civil Societies in the Spanish Netherlands and the Dutch Republic," *Social Science History* 41, no. 1 (2017) : 59–81 ; Remieg Aerts, "Civil Society or Democracy ? A Dutch Paradox," *BMGN : Low Countries Historical Review* 125 (2010) : 209–36.

(42)　Michiel van Groesen, "Reading Newspapers in the Dutch Golden Age," *Media History* 22, no. 3–4 (2016) : 334–52, doi.org/10.1080/13688804.2016.1229121 ; Arthur der Weduwen, *Dutch and Flemish Newspapers of the Seventeenth Century, 1618–1700* (Leiden : Brill, 2017), 181–259 ; "Courante," Gemeente Amsterdam Stadsarchief, April 23, 2019, www.amsterdam.nl/stadsarchief/stukken/historie/courante/

(43)　van Groesen, "Reading Newspapers in the Dutch Golden Age." 同じ頃に、ストラスブールやバーゼル、フランクフルト、ハンブルク、その他さまざまなヨーロッパの都市でも新聞が創刊されている。

(44)　Jürgen Habermas, *The Structural Transformation of the Public Sphere : An Inquiry into a Category of Bourgeois Society*, trans. Thomas Burger (Cambridge, U.K. : Polity Press, 1989) ; Benedict Anderson, *Imagined Communities : Reflections on the Origin and Spread of Nationalism* (London : Verso, 2006), 24–25（ベネディクト・アンダーソン『定本　想像の共同体――ナショナリズムの起源と流行』、白石隆・白石さや訳、書籍工房早山、2007 年）; Andrew Pettegree, *The Invention of News : How the World Came to Know About Itself* (New Haven, Conn. : Yale University Press, 2014).

(45)　1828 年には、863 紙の新聞が毎年約 6800 万部を印刷していた。以下を参照のこと。William A. Dill, *Growth of Newspapers in the United States* (Lawrence : University of Kansas Department of Journalism, 1928), 11–15. 以下も参照のこと。Paul E. Ried, "The First and Fifth Boylston Professors : A View of Two Worlds," *Quarterly Journal of Speech* 74, no. 2 (1988) : 229–40, doi.org/10.1080/00335638809383838 ; Lynn Hudson Parsons, *The Birth of Modern Politics : Andrew Jackson, John Quincy Adams, and the Election of 1828* (New York : Oxford University Press, 2009), 134–35.

(46)　Parsons, *Birth of Modern Politics*, 90–107 ; H. G. Good, "To the Future Biographers of John Quincy Adams," *Scientific Monthly* 39, no. 3 (1934) : 247–51, www.jstor.org/stable/15715 ; Robert V. Remini, *Martin Van Buren and the Making of the Democratic Party* (New York : Columbia University Press, 1959) ; Charles N. Edel, *Nation Builder : John Quincy Adams and the Grand Strategy of the Republic* (Cambridge, Mass. : Harvard University Press, 2014).

(47)　Alexander Saxton, "Problems of Class and Race in the Origins of the Mass Circulation Press," *American Quarterly* 36, no. 2 (Summer 1984) : 211–34.

(48)　"Presidential Election of 1824 : A Resource Guide," Library of Congress, 2024 年 1 月 1 日に以下で閲覧。guides.loc.gov/presidential-election-1824/ ; "Bicentennial Edition : Historical Statistics of the United States, Colonial Times to 1970," U.S. Census Bureau, Sept. 1975, 2023 年 12 月 30 日に以下で閲覧。www.census.gov/library/publications/1975/compendia/hist_stats_colonial-1970.html ; Charles Tilly, *Democracy* (Cambridge, U.K. : Cambridge University Press, 2007), 97–98. 1824 年の有権者の数に関する情報については、以下を参照のこと。Jerry L. Mashaw, *Creating the Administrative Constitution : The*

Lost One Hundred Years of American Administrative Law (New Haven, Conn.: Yale University Press, 2012), 148; Ronald P. Formisano, *For the People: American Populist Movements from the Revolution to the 1850s* (Chapel Hill: University of North Carolina Press, 2008), 142. これらのパーセンテージは推定であり、成人を厳密にはどう定義するか次第であることに注意。

(49) Colin Rallings and Michael Thrasher, *British Electoral Facts, 1832–2012* (Hull: Biteback, 2012), 87; John A. Phillips, *The Great Reform Bill in the Boroughs* (Oxford: Clarendon Press, 1992), 29–30; Edward Hicks, "Uncontested Elections: Where and Why Do They Take Place?," House of Commons Library, April 30, 2019, commonslibrary.parliament.uk/uncontested-elections-where-and-why-do-they-take-place/ イギリスの国勢調査の情報は、以下より。*Abstract of the Answers and Returns Made Pursuant to an Act: Passed in the Eleventh Year of the Reign of His Majesty King George IV* (London: House of Commons, 1833), xii. 以下で閲覧可能。www.google.co.uk/books/edition/_/zQFDAAAAcAAJ?hl=en&gbpv=0 1841 年よりも前の国勢調査の情報は、以下で閲覧可能。1841census.co.uk/pre-1841-census-information/

(50) "Census for 1820," U.S. Census Bureau, 2023 年 12 月 30 日に以下で閲覧。www.census.gov/library/publications/1821/dec/1820a.html

(51) 初期アメリカの民主制の性質に関するさまざまな見方については、以下を参照のこと。Danielle Allen, "Democracy vs. Republic," in *Democracies in America*, ed. Berton Emerson and Gregory Laski (New York: Oxford University Press, 2022), 17–23; Daniel Walker Howe, *What Hath God Wrought: The Transformation of America, 1815–1848* (New York: Oxford University Press, 2007).

(52) "The Heroes of July," *New York Times*, Nov. 20, 1863, www.nytimes.com/1863/11/20/archives/the-heroes-of-july-a-solemn-and-imposing-event-dedication-of-the.html

(53) Abraham Lincoln and William H. Lambert, "The Gettysburg Address. When Written, How Received, Its True Form," *Pennsylvania Magazine of History and Biography* 33, no. 4 (1909): 385–408, www.jstor.org/stable/20085482; Ronald F. Reid, "Newspaper Response to the Gettysburg Addresses," *Quarterly Journal of Speech* 53, no. 1 (1967): 50–60.

(54) William Hanchett, "Abraham Lincoln and Father Abraham," *North American Review* 251, no. 2 (1966): 10–13, www.jstor.org/stable/25116343; Benjamin P. Thomas, *Abraham Lincoln: A Biography* (Carbondale: Southern Illinois University Press, 2008), 403（B・P・トーマス『リンカーン伝』（上・下）、坂西志保訳、時事通信社、1956 年）.

(55) Martin Pengelly, "Pennsylvania Newspaper Retracts 1863 Criticism of Gettysburg Address," *Guardian*, Nov. 16, 2013, www.theguardian.com/world/2013/nov/16/gettysburg-address-retraction-newspaper-lincoln

(56) "Poll Shows 4th Debate Had Largest Audience," *New York Times*, Oct. 22, 1960, www.nytimes.com/1960/10/22/archives/poll-shows-4th-debate-had-largest-audience.html; Lionel C. Barrow Jr., "Factors Related to Attention to the First Kennedy - Nixon Debate," *Journal of Broadcasting* 5, no. 3 (1961): 229–38, doi.org/10.1080/08838156109385969196l; Vito N. Silvestri, "Television's Interface with Kennedy, Nixon, and Trump: Two Politicians and One TV Celebrity," *American Behavioral Scientist* 63, no. 7 (2019): 971–1001, doi.org/10.1177/0002764218784992. 1960 年の国勢調査のときには、アメリカの人口は 1 億 7932 万 3175 人だった。以下を参照のこと。"1960 Census of Population: Advance Reports, Final Population Counts," U.S. Census Bureau, Nov. 15, 1960, www.census.gov/library/publications/1960/dec/population-pc-a1.html

(57) "National Turnout Rates, 1789–Present," U.S. Elections Project, 2024 年 1 月 2 日に以下で閲覧。www.electproject.org/national-1789-present; Renalia DuBose, "Voter Suppression: A Recent Phenomenon or an American Legacy?," *University of Baltimore Law Review* 50, no. 2 (2021), article 2.

(58) これに続く全体主義の考察の多くは、この現象に関する以下の古典的研究に依拠している。Hannah Arendt, *The Origins of Totalitarianism* (New York: Harcourt, 1973)（ハンナ・アーレント『全体主義の起原　1　反ユダヤ主義』（新版）、大久保和郎訳、みすず書房、2017年；ハンナ・アーレント『全体主義の起原　2　帝国主義』（新版）、大島通義・大島かおり訳、みすず書房、2017年；ハンナ・アーレント『全体主義の起原　3　全体主義』（新版）、大久保和郎・大島かおり訳、みすず書房、2017年）; Carl Joachim Friedrich and Zbigniew Brzezinski, *Totalitarian Dictatorship and Autocracy* (Cambridge, Mass.: Harvard University Press, 1965); Karl R. Popper, *The Open Society and Its Enemies* (Princeton, N.J.: Princeton University Press, 1945)（カール・ポパー『開かれた社会とその敵　第1巻　プラトンの呪縛　上』、小河原誠訳、岩波文庫、2023年；カール・ポパー『開かれた社会とその敵　第1巻　プラトンの呪縛　下』、小河原誠訳、岩波文庫、2023年；カール・ポパー『開かれた社会とその敵　第2巻　にせ予言者――ヘーゲル、マルクスそして追随者　上』、小河原誠訳、岩波文庫、2023年；カール・ポパー『開かれた社会とその敵　第2巻　にせ予言者――ヘーゲル、マルクスそして追随者　下』、小河原誠訳、岩波文庫、2023年）; Juan José Linz, *Totalitarian and Authoritarian Regimes* (Boulder, Colo.: Lynne Rienner, 1975)（ホアン・J・リンス『全体主義体制と権威主義体制』、睦月規子ほか訳、法律文化社、1995年）. より新しい解釈も参照した。特に Gessen, *Future Is History*（ゲッセン『ロシア　奪われた未来』）、および Marlies Glasius, "What Authoritarianism Is . . . and Is Not: A Practice Perspective," *International Affairs* 94, no. 3 (2018): 515–33.

(59) Vasily Rudich, *Political Dissidence Under Nero* (London: Routledge, 1993), xxx.

(60) たとえば、以下を参照のこと。Tacitus, *Annals*, 14.60（タキトゥス『年代記――ティベリウス帝からネロ帝へ』（上・下）、国原吉之助訳、岩波文庫、1981年）. 以下も参照のこと。John F. Drinkwater, *Nero: Emperor and Court* (Cambridge, U.K.: Cambridge University Press, 2019); T. E. J. Wiedemann, "Tiberius to Nero," in Bowman, Champlin, and Lintott, *Cambridge Ancient History*, 198–255.

(61) Carlos F. Noreña, "Nero's Imperial Administration," in *The Cambridge Companion to the Age of Nero*, ed. Shadi Bartsch, Kirk Freudenburg, and Cedric Littlewood (Cambridge, U.K.: Cambridge University Press, 2017), 48–62.

(62) この数字は、軍団兵と補助兵の両方を含む。以下を参照のこと。Nigel Pollard, "The Roman Army," in *A Companion to the Roman Empire*, ed. David Potter (Malden, Mass.: Blackwell, 2010), 206–27; Noreña, "Nero's Imperial Administration," 51.

(63) Fik Meijer, *Emperors Don't Die in Bed* (London: Routledge, 2004); Joseph Homer Saleh, "Statistical Reliability Analysis for a Most Dangerous Occupation: Roman Emperor," *Palgrave Communications* 5, no. 155 (2019), doi.org/10.1057/s41599-019-0366-y; Francois Retief and Louise Cilliers, "Causes of Death Among the Caesars (27 BC–AD 476)," *Acta Theologica* 26, no. 2 (2010), www.doi.org/10.4314/actat.v26i2.52565

(64) Millar, *Emperor in the Roman World*. 以下も参照のこと。Peter Eich, "Center and Periphery: Administrative Communication in Roman Imperial Times," in *Rome, a City and Its Empire in Perspective: The Impact of the Roman World Through Fergus Millar's Research*, ed. Stéphane Benoist (Leiden: Brill, 2012), 85–108; Benjamin Kelly, *Petitions, Litigation, and Social Control in Roman Egypt* (New York: Oxford University Press, 2011); Harry Sidebottom, *The Mad Emperor: Heliogabalus and the Decadence of Rome* (London: Oneworld, 2023).

(65) Paul Cartledge, *The Spartans: The World of the Warrior-Heroes of Ancient Greece, from Utopia to Crisis and Collapse* (New York: Vintage Books, 2004); Stephen Hodkinson, "Sparta: An Exceptional Domination

of State over Society?," in *A Companion to Sparta*, ed. Anton Powell (Hoboken, N.J.: Wiley-Blackwell, 2017), 29–57; Anton Powell, "Sparta: Reconstructing History from Secrecy, Lies, and Myth," in Powell, *Companion to Sparta*, 1–28; Michael Whitby, "Two Shadows: Images of Spartans and Helots," in *The Shadow of Sparta*, ed. Anton Powell and Stephen Hodkinson (London: Routledge, 2002), 87–126; M. G. L. Cooley, ed., *Sparta*, 2nd ed. (Cambridge, U.K.: Cambridge University Press, 2023), 146–225; Sean R. Jensen and Thomas J. Figueira, "Peloponnesian League," in Bagnall et al., *Encyclopedia of Ancient History*; D. M. Lewis, "Sparta as Victor," in *The Cambridge Ancient History*, ed. D. M. Lewis et al. (Cambridge, U.K.: Cambridge University Press, 1994), 24–44.

(66) Mark Edward Lewis, *The Early Chinese Empires: Qin and Han* (Cambridge, Mass.: Harvard University Press, 2010), 109.

(67) Fu, *China's Legalists*, 6, 12, 23, 28.

(68) Xinzhong Yao, *An Introduction to Confucianism* (Cambridge, U.K.: Cambridge University Press, 2000), 55, 187–213; Chad Hansen, "Daoism," in *The Stanford Encyclopedia of Philosophy*, ed. Edward N. Zalta, Spring 2020, 2024年1月5日に以下で閲覧。plato.stanford.edu/cgi-bin/encyclopedia/archinfo.cgi?entry=daoism

(69) Sima Qian, Raymond Dawson, and K. E. Brashier, *The First Emperor: Selections from the Historical Records* (Oxford: Oxford University Press, 2007), 74–75; Lewis, *Early Chinese Empires*; Frances Wood, *China's First Emperor and His Terra-Cotta Warriors* (New York: St. Martin's Press, 2008), 81–82; Sarah Allan, *Buried Ideas: Legends of Abdication and Ideal Government in Early Chinese Bamboo-Slip Manuscripts* (Albany: State University of New York Press, 2015), 22; Anthony J. Barbieri-Low, *The Many Lives of the First Emperor of China* (Seattle: University of Washington Press, 2022).

(70) 秦と漢の両帝国に関するこの説明については、以下を参照のこと。Lewis, *Early Chinese Empires*, chaps. 1–3; Julie M. Segraves, "China: Han Empire," in *The Oxford Companion to Archeology*, vol. 1, ed. Neil Asher Silberman (New York: Oxford University Press, 2012); Robin D. S. Yates, "Social Status in the Ch'in: Evidence from the Yun-Men Legal Documents. Part One: Commoners," *Harvard Journal of Asiatic Studies* 47, no. 1 (1987): 197–237; Robin D. S. Yates, "State Control of Bureaucrats Under the Qin: Techniques and Procedures," *Early China* 20 (1995): 331–65; Ernest Caldwell, *Writing Chinese Laws: The Form and Function of Legal Statutes Found in the Qin Shuihudi Corpus* (London: Routledge, 2018); Anthony François Paulus Hulsewé, *Remnants of Ch'in Law: An Annotated Translation of the Ch'in Legal and Administrative Rules of the 3rd century BC Discovered in Yün-meng Prefecture, Hu-pei Province, in 1975* (Leiden: Brill, 1975); Sima Qian, *Records of the Grand Historian*, trans. Burton Watson (New York: Columbia University Press, 1993); Shang, *Book of Lord Shang* (商鞅『商君書』); Yuri Pines, "China, Imperial: 1. Qin Dynasty, 221–207 BCE," in *The Encyclopedia of Empire*, ed. N. Dalziel and John M. MacKenzie (Hoboken, N.J.: Wiley, 2016), doi.org/10.1002/9781118455074.wbeoe112; Hsing I-tien, "Qin-Han Census and Tax and Corvée Administration: Notes on Newly Discovered Materials," in *Birth of an Empire: The State of Qin Revisited*, ed. Yuri Pines et al. (Berkeley: University of California Press, 2014), 155–86; Charles Sanft, *Communication and Cooperation in Early Imperial China: Publicizing the Qin Dynasty* (Albany: State University of New York Press, 2014).

(71) Kotkin, *Stalin*, 604.

(72) McMeekin, *Stalin's War*, 220.

(73) Thomas Henry Rigby, *Communist Party Membership in the U.S.S.R.* (Princeton, N.J.: Princeton University Press, 1968), 52.

(74) Iu. A. Poliakov, ed., *Vsesoiuznaia perepis naseleniia, 1937 G.* (Institut istorii SSSR, 1991), 250. 密告者

に関しては、以下で1951年に1000万人という数が挙げられている。Jonathan Brent and Victor Naumov, *Stalin's Last Crime: The Plot Against the Jewish Doctors, 1948–1953* (New York: HarperCollins, 2003), 106.

(75) Kotkin, *Stalin*, 888.

(76) Stephan Wolf, *Hauptabteilung I: NVA und Grenztruppen* (Berlin: Bundesbeauftragte für die Stasi-Unterlagen, 2005); Dennis Deletant, "The Securitate Legacy in Romania," in *Security Intelligence Services in New Democracies: The Czech Republic, Slovakia, and Romania*, ed. Kieran Williams (London: Palgrave, 2001), 163.

(77) Kotkin, *Stalin*, 378.

(78) Ibid., 481.

(79) Robert Conquest, *The Great Terror: Stalin's Purges of the Thirties* (New York: Collier, 1973), 632（ロバート・コンクェスト『スターリンの恐怖政治』（上・下）、片山さとし訳、三一書房、1976年）.

(80) さまざまな伝記の調査が、以下でなされている。N. V. Petrov and K. V. Skorkin, *Kto rukovodil NKVD 1934–1941: Spravochnik* (Moscow: Zvenia, 1999), 80–464.

(81) Julia Boyd, *A Village in the Third Reich: How Ordinary Lives Were Transformed by the Rise of Fascism* (New York: Pegasus Books, 2023), 75–84.

(82) David Shearer, *Policing Stalin's Socialism: Repression and Social Order in the Soviet Union, 1924–1953* (New Haven, Conn.: Yale University Press, 2009), 133; Stephen Kotkin, *Magnetic Mountain: Stalinism as a Civilization* (Berkeley: University of California Press, 1995).

(83) Robert William Davies, Mark Harrison, and S. G. Wheatcroft, eds., *The Economic Transformation of the Soviet Union, 1913–1945* (Cambridge, U.K.: Cambridge University Press, 1993), 63–91; Orlando Figes, *The Whisperers: Private Life in Stalin's Russia* (New York: Picador, 2007), 50（オーランドー・ファイジズ『囁きと密告——スターリン時代の家族の歴史』（上・下）、染谷徹訳、白水社、2011年）.

(84) Kotkin, *Stalin*, 16, 75; R. W. Davies and Stephen G. Wheatcroft, *The Years of Hunger: Soviet Agriculture, 1931–1933* (New York: Palgrave Macmillan, 2004), 447.

(85) Davies and Wheatcroft, *Years of Hunger*, 446–48.

(86) Kotkin, *Stalin*, 129; Figes, *Whisperers*, 98（ファイジズ『囁きと密告』）.

(87) Figes, *Whisperers*, 85（ファイジズ『囁きと密告』）.

(88) Kotkin, *Stalin*, 29, 42; Lynne Viola, *Unknown Gulag: The Lost World of Stalin's Peasant Settlements* (New York: Oxford University Press, 2007), 30.

(89) スターリンの宣言の歴史的文脈と重要性については、以下を参照のこと。Lynne Viola, "The Role of the OGPU in Dekulakization, Mass Deportations, and Special Resettlement in 1930," *Carl Beck Papers* 1406 (2000): 2–7; Kotkin, *Stalin*, 34–36.

(90) ソ連の当局は1930年1月の時点で、集産化（と、併せてクラークの根絶）を主要な穀物生産地域では遅くも1931年春までに、それほど重要ではない地域では遅くも1932年春までに終えることを目指していた。以下を参照のこと。Viola, *Unknown Gulag*, 21.

(91) Ibid., 2（役人たちの説明）; V. P. Danilov, ed., *Tragediia sovetskoi derevni: Kollektivizatsiia i raskulachivanie: Dokumenty i materialy, 1927–1939* (Moscow: ROSSPEN, 1999), 2:123–26 (3～5パーセントという目標を掲げた、役人たちによる決議草案). クラークの数に関するそれ以前の推定値については以下を参照のこと。Moshe Lewin, *Russian Peasants and Soviet Power: A Study of Collectivization* (New York: Norton, 1975), 71–78（M・レヴィン『ロシア農民とソヴェト権力——集団化の研究 1928-1930』（新装版）、荒田洋訳、未來社、1992年）; Nikolai Shmelev and Vladimir

Popov, *The Turning Point: Revitalizing the Soviet Economy* (New York: Doubleday, 1989), 48–49.

(92) この政治局令は、以下で英語で読むことができる。Lynne Viola et al., eds., *The War Against the Peasantry, 1927–1930: The Tragedy of the Soviet Countryside* (New Haven, Conn.: Yale University Press, 2005), 228–34.

(93) Viola, *Unknown Gulag*, 22–24; James Hughes, *Stalinism in a Russian Province: Collectivization and Dekulakization in Siberia* (New York: Palgrave, 1996), 145–46, 151–53, 239–40nn32 and 38; Robert Conquest, *The Harvest of Sorrow: Soviet Collectivization and the Terror-Famine* (Oxford: Oxford University Press, 1986), 129（ロバート・コンクエスト『悲しみの収穫　ウクライナ大飢饉――スターリンの農業集団化と飢饉テロ』、白石治朗訳、恵雅堂出版、2023年）; Figes, *Whisperers*, 87–88（ファイジズ『囁きと密告』）. 数字の水増しについては、以下を参照のこと。Figes, *Whisperers*, 87,（ファイジズ『囁きと密告』）and Hughes, *Stalinism in a Russian Province*, 153.

(94) Conquest, *Harvest of Sorrow*, 129–31（コンクエスト『悲しみの収穫　ウクライナ大飢饉』）; Kotkin, *Stalin*, 74–75; Viola et al., *War Against the Peasantry*, 220–21; Lynne Viola, "The Second Coming: Class Enemies in the Soviet Countryside, 1927–1935," in *Stalinist Terror: New Perspectives*, ed. John Arch Getty and Roberta Thompson Manning (Cambridge, U.K.: Cambridge University Press, 1993), 65–98; Figes, *Whisperers*, 86–87（ファイジズ『囁きと密告』）; Sheila Fitzpatrick, *Stalin's Peasants: Resistance and Survival in the Russian Village After Collectivization* (New York: Oxford University Press, 1994), 55; Hughes, *Stalinism in a Russian Province*, 145–57, 239–40; Viola et al., *War Against the Peasantry*, 230–31, 240.

(95) Figes, *Whisperers*, 88（ファイジズ『囁きと密告』）. この村ソヴィエトが管轄する地区内には、288世帯あった。以下を参照のこと。*Naselennye punkty Ural'skoi oblasti*, vol. 7, *Kurganskii okrug* (Sverdlovsk, 1928), 70, elib.uraic.ru/bitstream/123456789/12391/1/0016895.pdf　この村ソヴィエトに課された17世帯というノルマは、地区内の全世帯の5.9パーセントに相当する。

(96) Kotkin, *Stalin*, 75. 一部の著述家は、家を追われた農民について、最多で1000万までの数字を挙げている。たとえば、以下を参照のこと。Norman M. Naimark, *Genocide: A World History* (New York: Oxford University Press, 2016), 87; Figes, *Whisperers*, 33（ファイジズ『囁きと密告』）.

(97) Conquest, *Harvest of Sorrow*, 124–41（コンクエスト『悲しみの収穫　ウクライナ大飢饉』）; Fitzgerald, *Stalin's Peasants*, 123.

(98) Figes, *Whisperers*, 142（ファイジズ『囁きと密告』）; Conquest, *Harvest of Sorrow*, 283–84（コンクエスト『悲しみの収穫　ウクライナ大飢饉』）; Viola, *Unknown Gulag*, 170–78.

(99) Figes, *Whisperers*, 145–47（ファイジズ『囁きと密告』）.

(100) Ibid., 122–29; Fitzpatrick, *Stalin's Peasants*, 255–56.

(101) Conquest, *Harvest of Sorrow*, 295（コンクエスト『悲しみの収穫　ウクライナ大飢饉』）. コンクエストが引用している、1934年5月21日付けのロイター通信の報道は、以下で閲覧可能。archive.org/stream/NewsUK1996UKEnglish/May%2022%201996%2C%20The%20Times%2C%20%2365586%2C%20UK%20%28en%29_djvu.txt

(102) Robert W. Thurston, "Social Dimensions of Stalinist Rule: Humor and Terror in the USSR, 1935–1941," *Journal of Social History* 24, no. 3 (1991): 544.

(103) Figes, *Whisperers*, xxxi（ファイジズ『囁きと密告』）.

(104) I. S. Robinson, *Henry IV of Germany, 1056–1106* (Cambridge, U.K.: Cambridge University Press, 2009), 143–70; Uta-Renate Blumenthal, "Canossa and Royal Ideology in 1077: Two Unknown Manuscripts of *De penitentia regis Salomonis*," *Manuscripta* 22, no. 2 (1978): 91–96.

(105) Thomas F. X. Noble, "Iconoclasm, Images, and the West," in *A Companion to Byzantine Iconoclasm*,

ed. Mike Humphreys (Leiden: Brill, 2021), 538–70; Marie-France Auzépy, "State of Emergency (700–850)," in *The Cambridge History of the Byzantine Empire, c. 500–1492*, ed. Jonathan Shepard (Cambridge, U.K.: Cambridge University Press, 2010), 249–91; Mike Humphreys による以下への序文。*A Companion to Byzantine Iconoclasm*, ed. Mike Humphreys (Leiden: Brill, 2021), 1–106.

(106) Theophanes, *Chronographia*, AM 6211, 以下での引用。Roman Cholij, *Theodore the Stoudite: The Ordering of Holiness* (New York: Oxford University Press, 2002), 12.

(107) Peter Brown, "Introduction: Christendom, c. 600," in *The Cambridge History of Christianity*, vol. 3, *Early Medieval Christianities, c. 600–c. 1100*, ed. Thomas F. X. Noble and Julia M. H. Smith (Cambridge, U.K.: Cambridge University Press, 2008), 1–20; Miri Rubin and Walter Simons による以下への序文。*The Cambridge History of Christianity*, vol. 4, *Christianity in Western Europe, c. 1100–c. 1500*, ed. Miri Rubin and Walter Simons (Cambridge, U.K.: Cambridge University Press, 2009); Kevin Madigan, *Medieval Christianity: A New History* (New Haven, Conn.: Yale University Press, 2015), 80–94.

(108) たとえば、以下を参照のこと。Piotr Górecki, "Parishes, Tithes, and Society in Earlier Medieval Poland, c. 1100–c. 1250," *Transactions of the American Philosophical Society* 83, no. 2 (1993): i–146.

(109) Marilyn J. Matelski, *Vatican Radio: Propagation by the Airwaves* (Westport, Conn.: Praeger, 1995); Raffaella Perin, *The Popes on Air: The History of Vatican Radio from Its Origins to World War II* (New York: Fordham University Press, 2024).

(110) Jaroslav Hašek, *The Good Soldier Švejk*, trans. Cecil Parrott (London: Penguin, 1973), 258–62, 280 (ハシェク『兵士シュヴェイクの冒険』(一－四)、栗栖継訳、岩波文庫、1972–1974年).

(111) Serhii Plokhy, *Atoms and Ashes: A Global History of Nuclear Disaster* (New York: W. W. Norton, 2022); Olga Bertelsen, "Secrecy and the Disinformation Campaign Surrounding Chernobyl," *International Journal of Intelligence and CounterIntelligence* 35, no. 2 (2022): 292–317; Edward Geist, "Political Fallout: The Failure of Emergency Management at Chernobyl," *Slavic Review* 74, no. 1 (2015): 104–26; "Das Reaktorunglück in Tschernobyl wird bekannt," *SWR Kultur*, April 28, 1986, www.swr.de/swr2/wissen/archivradio/das-reaktorunglueck-in-tschernobyl-wird-bekannt-100.html

(112) J. Samuel Walker, *Three Mile Island: A Nuclear Crisis in Historical Perspective* (Berkeley: University of California Press, 2004), 78–84 (J・サミュエル・ウォーカー『スリーマイルアイランド――手に汗握る迫真の人間ドラマ』、西堂紀一郎訳、ERC出版、2006年); Plokhy, *Atoms and Ashes*; Edward J. Walsh, "Three Mile Island: Meltdown of Democracy?," *Bulletin of the Atomic Scientists* 39, no. 3 (1983): 57–60; Natasha Zaretsky, *Radiation Nation: Three Mile Island and the Political Transformation of the 1970s* (New York: Columbia University Press, 2018); U.S. President's Commission on the Accident at Three Mile, *Report of the President's Commission on the Accident at Three Mile Island: The Need for Change, the Legacy of TMI* (Washington, D.C.: U.S. Government Printing Office, 1979).

(113) Christopher Carothers, "Taking Authoritarian Anti-corruption Reform Seriously," *Perspectives on Politics* 20, no. 1 (2022): 69–85; Kaunain Rahman, "An Overview of Corruption and Anti-corruption in Saudi Arabia," Transparency International, Jan. 23, 2020, knowledgehub.transparency.org/assets/uploads/helpdesk/Country-profile-Saudi-Arabia-2020__PR.pdf; Andrew Wedeman, "Xi Jinping's Tiger Hunt: Anti-corruption Campaign or Factional Purge?," *Modern China Studies* 24, no. 2 (2017): 35–94; Jiangnan Zhu and Dong Zhang, "Weapons of the Powerful: Authoritarian Elite Competition and Politicized Anticorruption in China," *Comparative Political Studies* 50, no. 9 (2017): 1186–220.

(114) Valerii Soifer, *Lysenko and the Tragedy of Soviet Science* (New Brunswick, N.J.: Rutgers University Press, 1994), 294; Jan Sapp, *Genesis: The Evolution of Biology* (New York: Oxford University Press, 2002),

173; John Maynard Smith, "Molecules Are Not Enough," *London Review of Books*, Feb. 6, 1986, www.lrb.co.uk/the-paper/v08/n02/john-maynard-smith/molecules-are-not-enough; Jenny Leigh Smith, *Works in Progress: Plans and Realities on Soviet Farms, 1930–1963* (New Haven, Conn.: Yale University Press, 2014), 215; Robert L. Paarlberg, *Food Trade and Foreign Policy: India, the Soviet Union, and the United States* (Ithaca, N.Y.: Cornell University Press, 1985), 66–88; Eugene Keefe and Raymond Zickel, eds., *The Soviet Union: A Country Study* (Washington, D.C.: Library of Congress Federal Research Division, 1991), 532; Alec Nove, *An Economic History of the USSR, 1917–1991* (London: Penguin, 1992), 412; Sam Kean, "The Soviet Era's Deadliest Scientist Is Regaining Popularity in Russia," *Atlantic*, Dec. 19, 2017, www.theatlantic.com/science/archive/2017/12/trofim-lysenko-soviet-union-russia/548786/

(115) David E. Murphy, *What Stalin Knew: The Enigma of Barbarossa* (New Haven, Conn.: Yale University Press, 2005), 194–260; S. V. Stepashin, ed., *Organy gosudarstvennoi bezopasnosti SSSR v Velikoi Otvechestvennoi voine: Sbornik dokumentov*［大祖国戦争におけるソ連の国家安全保障機関——文書集］, vol. 2, book 2 (Moscow: Rus', 2000), 219; A. Artizov et al., eds., *Reabilitatsiia: Kak eto bylo. Dokumenty Prezidiuma TsK KPSS i drugie materialy*［名誉回復——実態。ソヴィエト連邦共産党中央委員会最高幹部会議文書その他の資料］(Moscow: Mezhdunarodnyi Fond "Demokratiia," 2000), 1:164–66; K. Simonov, *Glazami cheloveka moego pokolennia. Razmyshleniia o I. V. Staline*［我が世代の人の目を通して。I・V・スターリンについての考察］(Moscow: Kniga, 1990), 378–79; Montefiore, *Stalin*, 305–6（モンテフィオーリ『スターリン』）; David M. Glantz, *Colossus Reborn: The Red Army at War, 1941–1943* (Lawrence: University Press of Kansas, 2005), 715n133.

(116) McMeekin, *Stalin's War*, 295.

(117) Ibid., 302–16.

(118) Ibid., 319.

(119) Figes, *Whisperers*, 383（ファイジズ『囁きと密告』）; McMeekin, *Stalin's War*, 96, 451; Catherine Merridale, *Ivan's War: Life and Death in the Red Army, 1939–1945* (New York: Metropolitan, 2006); Roger Reese, *Why Stalin's Soldiers Fought: The Red Army's Military Effectiveness in World War II* (Lawrence: University Press of Kansas, 2011); David M. Glantz, *Stumbling Colossus: The Red Army on the Eve of World War* (Lawrence: University Press of Kansas, 1998); Glantz, *Colossus Reborn*; Alexander Hill, *The Red Army and the Second World War* (Cambridge, U.K.: Cambridge University Press, 2017); Ben Shepherd, *Hitler's Soldiers: The German Army in the Third Reich* (New Haven, Conn.: Yale University Press, 2016), 114–15.

(120) Evan Mawdsley, *Thunder in the East: The Nazi-Soviet War, 1941–1945*, 2nd ed. (London: Bloomsbury, 2016), 208–9; Geoffrey Roberts, *Stalin's Wars: From World War to Cold War, 1939–1953* (New Haven, Conn.: Yale University Press, 2006), 133–34; Merridale, *Ivan's War*, 140–59; Glantz, *Stumbling Colossus*, 33.

(121) Montefiore, *Stalin*, 486–88（モンテフィオーリ『スターリン』）; Roy Medvedev, *Let History Judge: The Origins and Consequences of Stalinism* (New York: Knopf, 1972), 469（メドヴェーデフ『共産主義とは何か』（上・下）、石堂清倫訳、三一書房、1973-1974 年）.

(122) Joshua Rubenstein, *The Last Days of Stalin* (New Haven, Conn.: Yale University Press, 2016); Brent and Naumov, *Stalin's Last Crime*; Elena Zubkova, *Russia After the War: Hopes, Illusions, and Disappointments, 1945–1957* (Armonk, N.Y.: M. E. Sharpe, 1998), 137–38, 223nn21–25; Figes, *Whisperers*, 521（ファイジズ『囁きと密告』）.

(123) Robert Service, *Stalin: A Biography* (Cambridge, Mass.: Harvard University Press, 2005), 571–80; Montefiore, *Stalin*, 566–77, 640（モンテフィオーリ『スターリン』）; Oleg V. Khlevniuk, *Stalin: New*

Biography of a Dictator (New Haven, Conn.: Yale University Press, 2015), 1–6, 33, 36, 92, 142–44, 189–90, 196–97, 250, 309–14（オレーク・V・フレヴニューク『スターリン——独裁者の新たなる伝記』、石井規衛訳、白水社、2021 年）; Zhores Medvedev and Roy Medvedev, *The Unknown Stalin: His Life, Death, and Legacy* (New York: Overlook Press, 2005), 19–35.

(124) Arthur Marwick, *The Sixties: Cultural Revolution in Britain, France, Italy, and the United States, c. 1958–c. 1974* (London: Bloomsbury Reader, 1998); Peter B. Levy, *The Great Uprising: Race Riots in Urban America During the 1960s* (Cambridge, U.K.: Cambridge University Press, 2018).

(125) これと以前の「半導体戦争」の興味をそそる見識に満ちた研究については、以下を参照のこと。Chris Miller, *Chip War: The Fight for the World's Most Critical Technology* (New York: Scribner, 2022), 43（クリス・ミラー『半導体戦争——世界最重要テクノロジーをめぐる国家間の攻防』、千葉敏生訳、ダイヤモンド社、2023 年）.

(126) Victor Yasmann, "Grappling with the Computer Revolution," in *Soviet/East European Survey, 1984–1985: Selected Research and Analysis from Radio Free Europe/Radio Liberty*, ed. Vojtech Mastny (Durham, N.C.: Duke University Press, 1986), 266–72.